중국과 비(非)중국 그리고 인터 차이나
타이완과 홍콩 다시보기

백원담 엮음

진인진

중국과 비(非)중국 그리고 인터 차이나: 타이완과 홍콩 다시보기

초판 1쇄 발행 | 2021년 5월 30일

엮　　음 | 백원담
지은이 | 백원담, 장정아, 천신싱, 베리 사우트먼·옌하이롱, 백지운, 샹뱌오, 천광싱, 웡익모
편　　집 | 배원일, 김민경
발행인 | 김태진
발행처 | 진인진
등　　록 | 제25100-2005-000003호
주　　소 | 경기도 과천시 별양상가 1로 18 614호(별양동 과천오피스텔)
전　　화 | 02-507-3077-8
팩　　스 | 02-507-3079
홈페이지 | http://www.zininzin.co.kr
이메일 | pub@zininzin.co.kr

ⓒ 성공회대 동아시아연구소 2021
ISBN 978-89-6347-467-0 93300

* 책값은 표지 뒤에 있습니다.

* 이 저서는 2018년 대한민국 교육부와 한국연구재단의 지원을 받아 수행된 연구임 (NRF-2018S1A6A3A01080743)

* This work was supported by the Ministry of Education of the Republic of Korea and the National Research Foundation of Korea (NRF-2018S1A6A3A01080743)

목차

머리말 새로운 동행(同行)을 위하여 **백원담**　　5

제1부 중국과 비(非)중국과 인터 차이나: 타이완과 홍콩 다시보기　　29

제1장 '이 폐허를 응시하라':
　　　 홍콩 우산혁명과 그 이후의 갈등이 드러낸 것 **장정아**　　31

제2장 타이완 정부의 '비중국 요인' 조절과
　　　 양대국 사이의 '신남향 정책' **천신싱/연광석**　　73

제3장 홍콩 본토파와 '메뚜기론':
　　　 신세기의 우익 포퓰리즘 **베리 사우트먼 · 엔하이룽/연광석**　　97

제4장 탈냉전의 사상과제로서 일국양제 **백지운**　　145

제5장 홍콩을 직면하다: 대중운동의 민주화 요구와 정당정치 **샹바오/박석진**　　163

제6장 모든 것이 정치다: 2019년 홍콩 시위의 기억과 유산 **장정아**　　205

제7장 불가능의 자리가 품은 가능성: 국가안전법 이후의 홍콩 **장정아**　　229

제2부 대담 253

제8장 타이완과 홍콩 그리고 사상의 일대일로 **백원담·천광싱** 255

제9장 홍콩은 우리 한복판에도 있다 **백원담·웡익모** 307

출처 347

. . .

머리말 **새로운 동행(同行)을 위하여**[1]

백원담

1. 홍콩/대만이라는 장소성

2016년 6월 30일 홍콩행 비행기에 몸을 실었다. 그리고 도착하자마자 우산혁명의 '센트럴을 점령하라(占領中環)' 최초 점거지역이었던 정부청사 앞 광장으로 갔다. 우산혁명은 2014년 9월 행정장관(행정수반) 완전직선제를 요구하며 홍콩인들이 폭발적으로 전개한 대규모 도심 점거 시위이다. 시위대가 경찰의 최루액을 우산으로 막아내 '우산혁명'으로 불리는 점거 시위가 벌어진 79일간 각계에서 정치적 제한 없는 직선제 시

---

[1] 이 글은 원래 계간 『황해문화』 2016년 가을호(92호)에 특집 '중국과 비(非)중국'을 기획하며 권두언으로 게재되었던 것을 2021년 시점에서 동일한 주제로 책으로 출간하게 되면서 수정·보완하여 머리글로 다시쓰기 한 것이다. 당시는 2014년 우산혁명의 여파 속에서 일국양제 하의 홍콩을 아시아의 홍콩으로 다시 보기하며 복수의 중국이 새롭게 구성되는 과정에 아시아적 시좌의 필요성을 제기하는 입장에서 '비(非)중국'의 개념을 가져오기 하였다.

행을 요구했지만, 당국은 이를 수용하지 않은 채 1천 명에 달하는 시위 참가자를 체포했다. 우산혁명 이후 홍콩의 젊은 층에서는 중국과 홍콩 당국에 대한 불신이 확산되어왔다.

특히 우산혁명 당시 경찰관 7명의 시위자 집단 폭행 사건에 대한 조사는 1년간 지연시킨 홍콩경찰이 2015년 3월에 일어난 중국 보따리상 반대 시위 당시 여성 시위 참가자가 가슴으로 경찰관을 폭행했다며 체포했다. 그리고 그해 10월에는 출판계에 종사하는 이들의 실종사건도 일어났다. 중국 당국을 비판하는 서적을 판매한 홍콩 출판업자 5명이 잇따라 실종되면서 중국 당국의 납치설이 제기되었지만, 홍콩 당국의 조사는 역시 미진했다. 따라서 홍콩 당국과 경찰이 중국 공안당국과 비슷해지고 있다는 인식이 사회적으로 확산되었다. 또한 2016년 2월에는 이른바 어묵혁명2이 일어났다. 어묵혁명은 우산혁명 당시 평화적 기조와 달리 격렬한 폭력시위를 특징으로 한다. 50년 동안 홍콩에 대한 일국양제 체제를 유지하기로 한 시진핑주석이 집권한 이후 보다 직접적인 통치의지를 가시화한 가운데 2047년 반환 20주년을 앞둔 시점에서 홍콩 사회

---

2 어묵 혁명Fishball Rebolution은 2016년2월8일 설날 홍콩 까우룽(九龍)반도 몽콕(旺角)에서 보건당국의 노점상 단속에 대한 반발로 일어난 폭력시위를 일컫는다. 우산혁명보다 격렬하게 전개되어, 130여 명이 부상하고 65명이 체포됐다. 인권문제와 중국의 간섭에 대한 우려가 높은 가운데 어묵노점상들이 급격하게 줄어드는 것에서 확인되듯이 홍콩경제의 곤경이 생계문제로 노정된 측면이 있다. 또한 2047년 반환 20년을 앞둔 시점에서 홍콩사람들 특히 젊은이들은 중국정부의 광둥어 대신 대륙 보통화를 강요하는 등 중국화에 대한 불안감과 불만이 고조된 것이다. 관련보도로는 다음을 참고해볼 수 있다. 최현석기자, "〈격랑의 홍콩〉 ①반환 20주년 앞 팽배한 對중국 불신…'어묵혁명' 도화선",「연합뉴스」, "Hong Kong's Mong Kok clashes: More than fishballs', BBC 2016.2.18. https://www.bbc.com/news/world-asia-china-35529785

에는 홍콩이라는 장소성과 홍콩인의 정체성에 대한 자각이 커지면서 정치적으로 9월에 있을 입법원 선거에서 이른바 민주세력의 약진을 기대하는 분위기가 형성되고 본토주의 단체들이 증가하는 가운데 자치와 민주주의 수호의 요구가 커지는 추세였다. 거기서 어묵혁명은 자치라는 정치 민주화 요구와 함께 홍콩사태가 경제적 곤경의 반영임을 반증하며 격화되는 추세로 드러난 것이라고 할 수 있다.

나는 당시 아시아 23개 대학 문화연구관련 학과와 연구소들의 컨서시움 사업의 하나로 아시아 공동의 지식생산과 문화생산을 위해 2년에 한번 진행하는 인터아시아 여름학교에 강의를 맡아 홍콩을 방문하였고 여름학교의 그날 수업은 이동식 민주교실(流動民主敎室)에서 진행되고 있었기 때문에 나는 설레임으로 그 장소에 이른 것이다.

저녁 6시가 다 되어가는 무렵, 작은 광장에 둘러앉은 50여 명의 아시아 각지에서 온 석박사과정 학생들은 아열대 모기들의 무차별 공격과 진땀나는 무더위에도 불구하고 끊임없이 질문을 쏟아내었고, 우산혁명의 주역들은 하나하나 성실하게 답변해나갔다. 이동식 민주교실은 우산혁명 당시 학생들의 수업거부운동을 지지하기 위해 몇몇 교수들이 시작했다고 한다. "수업은 거부해도 공부는 쉬지 않는다"는 민주교실의 기치는 이후 점령운동이 확산됨에 따라 여러 단체가 책임분담을 통해 운영되며 누구나 마이크를 잡고 토론이 가능한 홍콩 우산운동의 '비폭력과 민주' 가치를 상징하는 기제라고 할 수 있다.

그런데 바로 그 의미있는 장소에 아시아에서 온 학생들이 함께 모여 앉아 우산혁명에서 어묵혁명에 이르는 홍콩의 역사적 현재에 대한 이해를 구하고 교감하고 자기의 경험과 관심사를 투영시키고 문제인식을 공유하고 있는 것이니, 국가 간 공식외교관계나 국가대표선수가 아니라 아시아의 오늘을 살아가는 대다수 아시아민의 입지에서 새로운 관계

지향을 고민하고 모색하는 작은 공론장은 그런 식으로 열릴 수도 있는 것이었다. 물론 그 공론장의 언어가 영어로 한정될 수밖에 없는 한계는 분명했다. 그리고 그 민주교실에서 아시아 학생들이 원용하는 이미지와 언어는 대개는 서구담론에서 가져온 것이다. 그리고 그 자리에서는 표출되지 않았지만 시간과 공간을 달리 할 때 그 학습의 장 밖에서는 종족갈등이나 다른 신분 정체성 문제가 작동할 수도 있다.

그러나 대륙에서 온 학생들과 우산혁명 주역 간의 진솔한 대면과 소통, 대만에서 온 학생들도 함께 양안삼지(兩岸三地) 문제에 공동으로 직면해보는 경험과 아시아인이라는 하나의 정체성으로 상호 미러링을 통해 성찰적 교감을 이루어가는 것은 소중한 과정이 아닐 수 없었다. 해가 저물고 노란 불빛 아래 오롯하게 남은 이 다양한 청춘들이 주고받는 교감의 광경을 지켜보면서 아시아 각지에서 온 우리 교수진은 일단 안도의 눈웃음을 나누었다.

2010년 아시아에서 공동의 지식과 문화 생산을 목표로 컨서시움을 맺고 2년에 한 번씩이지만 이렇게 아시아의 교수진과 학생들이 함께 만들어가는 여름학교 열기를 참 잘했구나. 그런데 아시아의 젊음들이 서로의 역사와 현실을 대면하고 교감하고 참조체계를 만들어나가는 장이 이렇게 구체적인 실천운동의 맥락에서 이처럼 빨리 다가올 줄은 몰랐다. 2005년 쇼핑천국 홍콩에서 일어난 반 WTO 투쟁[3] 당시 한국의 농민들과 운동단체들의 시가전과 촛불시위에 기함했던 홍콩시민들과 학생들

---

3 당시 홍콩에서 열린 WTO 각료회의 반대투쟁에 한국원정대의 활동 정황은 다음 기사에서 확인할 수 있다. 홍콩취재팀, "바다를 헤엄치고, 도로를 뚫어 진격하고: 농민200여 해상 집회 전개, 노동자들 진격 선봉 투쟁에 나서기도", 「민중언론 참세상」, 2005.12.13.
http://www.newscham.net/news/view.php?board=news&nid=30998

이 이제는 당당히 자기문제의 해결당사자로서 아시아의 시선들을 모아 세우고 중국의 대국굴기와 그에 대한 주체적 대응의 맥락을 만들어가는 공간장을 열어 내리라고는 누구도 예기치 못했던 것이다.

그리고 다음날 7월 1일은 홍콩반환 기념일이었다. 그날은 해마다 홍콩시민들이 다양한 입장을 가지고 참여하는 거리행진이 있었다. 따라서 우리 인터아시아 교수진과 학생들은 함께 거기에 동참하기로 했다. 오후 세시부터 시작이었지만 금융중심가 센트럴(中環)지역과 빅토리아 공원주변에는 시위행진에 참여하는 사람들로 가득하고 각기 다른 선전물들과 구호들로 사람들의 관심을 주목시키고 있었다. 전체 스펙트럼을 파악하기 위해 되도록 하나도 빠짐없이 나누어주는 유인물과 스티커 등을 받아 챙기며 행렬들을 뒤따라갔는데 시위대오의 끝이 보이질 않았다. 주최측 추산 11만 명 정도라고 했다.

눈에 두드러진 것은 젊은 층의 제도권정치에 진입정도가 빠르게 진행되는 듯 나누어주는 유인물들이 선거공약집에 해당하는 것이 많은 점이었다. 아닌 게 아니라 우산혁명 이후 젊은 층들이 구의회나 입법회 선거에 진출이 두드러진다고 하는데 젊은 층들은 스스로도 이러한 변화가 놀라운 듯 보였다. 모두들 열정적으로 구호를 외치고 선뜻 다가와 자신들의 입장을 설명해주는데 폭력운동으로의 전화를 주장하는 세력이 젊은 세대들의 압도적 지지를 받는다는 것은 확실히 한국 사회운동 흐름과는 다른 분위기가 아닌가 한다. 그러나 전체적으로 보면 정말 다양한 입장들이 혼란스럽다 할 정도로 개진되고 있었다. 특히나 '홍콩을 되찾자'를 넘어 '영국으로의 반환'을 외치거나 원색적인 반공주의 입장들과 같은 극우의 목소리도 만만치 않은 가운데 구름다리 밑에서 반중국의 문제점을 제기하는 몇몇 젊은이들의 어두운 표정을 마주한 순간의 난감함이라니…

우산혁명 이후 세계적인 관심을 받고 있는 홍콩에서 정치적 의제는 단연 '행정장관 직선제 관철'로서 민주적 자치정부의 실현이 그 목표이다. 그러나 시위행렬에 직접 참가를 해보니 정말 다양한 문제군들이 도처에 산재해있었다. 우산혁명은 일관되게 비폭력과 민주를 표방해왔고, 그것으로 중국정부의 강변일변도에 대해 평화적으로 대응한다는 점에서 입장의 우위를 가지고 있다고 자부해왔다. 그러나 우산혁명의 현실적 패배 앞에서 일부 주도자들은 더이상 평화운동이 아닌 폭력적 전화를 주장하기에 이르렀다고 한다. 그렇다면 과연 오랜 피식민 지배를 받아온 조건에서 계급적 기반도 없이 무력혁명으로 건설된 중국을 상대로 도시폭동과 같은 폭력혁명이 가능할 것인가. 그것이 어떤 사회적 의미를 획득해낼 수 있을지 그리고 그 정치적 지향의 수렴과정은 어떻게 이루어질 것인지 당시로서는 쉽지 않을 것이라는 생각이 지배적이었다.

그러나 2019년 범죄인 중국송환법 반대투쟁이 격발되고, 700만 홍콩인구의 30% 이상이 폭발적으로 일어나고 지속적으로 항쟁을 지속해가는 과정, 거기서 중국대륙에 대한 홍콩의 정치적 자치와 그 제도화문제, 극심한 빈부격차와 청년층의 기회박탈과 같은 경제적 문제 해결[4]에

---

4 샹뱌오(項飆)는 홍콩의 민주화문제는 경제문제와 직결되어 있음을 논파한다. "홍콩 사람들은 중국 중앙이 홍콩을 통치하기 위해 홍콩의 부동산 산업 및 금융 자본과 연계를 맺고 그들을 지지해서 사회불평등이 더 심화되었다고 생각한다. 그래서 이러한 문제들이 '민주'와 결부된 것이다. '홍콩인에 의한 홍콩 통치'는 사실상 '상인(商人)에 의한 홍콩 통치'였던 것이다. 게다가 중공의 고위직들이 홍콩을 불법 자산 처리 기지로 삼은 것이 중국 본토의 반부패 정책 중 끊임없이 드러났는데, 이로 인해 홍콩 사람들은 붉은('사회주의'를 의미-옮긴이 주) 집권 세력과 자본이 공동으로 홍콩을 통치하는 것에 대해 공포심을 갖게 됐다. 최근 폭로된 홍콩 공무원의 부패와 전통 주류 매체(특히 TV 방송국)의 중립성 결핍 역시 중국 본토 정부가 지나치게 간섭한 결과로 인식되고 있다. 일부 홍콩 사

이르기까지 분명한 의제들이 제기되고 어린 학생들까지 홍콩당국의 폭력진압에 저항해나가는 상황은 중국이 일국양제라는 정치모델을 제대로 이행해가지 못하는 한계를 직시하게 한다. 홍콩 사람들은 대만과 마찬가지로 중국 중앙이 홍콩 통치전략으로 홍콩의 부동산 산업 및 금융자본과 연계 속에서 그들의 이해에 따라 정책을 가져감으로 사회불평등 구조가 격화된 것으로 비판한다.

무엇보다도 송환법반대투쟁과정에서 홍콩민들은 홍콩사회 자체의 지난 역정에 대한 성찰과 민주홍콩에 대한 절박한 요구와 수행실천들이 지속적으로 개진되었다는 점에 주목할 필요가 있다. 2020년 중국 양회에서 국가보안법이 통과·시행되고, 2021년 올해 양회에서 홍콩선거제도 개편을 강행하여 홍콩사회가 절망에 빠져있는 와중에서도 2014년 우산혁명, 2019년 송환법반대항쟁으로 격화된 궐기의 경험들과 변혁적 지향들은 결코 탄압에 굴복하지 않는 새로운 힘으로 분출될 것이라는 전망을 가능하게 한다.

문제는 홍콩 사태가 '민주 홍콩'과 '독재 중국'로 대치되는 과정에 대해 중국이 강압적 대응으로 일관하는 것이 타당한가, 그리고 그것은 중국의 향후 정치경로에 대해 어떤 그늘을 드리울 것인가 하는 것이다. 중국에서 정치발전은 정치민주화보다는 정치제도화 차원에서 이루어지고 있고, 그런 점에서 개혁개방 초기부터 중국에서는 싱가포르와 함께

람들은 진정한 보통선거가 실현되지 않으면 홍콩 정부는 홍콩인들의 의견을 중시하지도 않고 현실을 바꾸려고 하지도 않을 것으로 생각한다."(상뱌오/박석진, "홍콩을 직면하다: 대중운동의 민주화 요구와 정당정치", 「민중언론 참세상」 2019.9.5.)

이는 대만의 해바라기운동이 중국공산당과 대만독점자본의 밀실 회동에 따른 부의 편재와 대만경제의 불평등구조를 야기했다는 문제와도 연관된다.

홍콩의 행정체제를 도입하기 위해 많은 노력을 하였으며 실제로 지금의 홍콩의 정치제도는 영국이 중국에 홍콩을 반환하기 이전 개혁체제를 고스란히 수렴한 것이다. 그리고 그것은 대륙중국에서도 중국공산당 일당제를 강화하는 것을 기본으로 '행정개혁과 의회개혁 사법개혁, 중앙-지방 관계 조정 등에 적용해왔다'고 해도 과언이 아니다.[5] 그런 과정에서 정치개혁의 기본목표가 정치제도화를 통한 경제발전에 기여하는 차원으로 이루어져 왔으므로 중국의 정치개혁은 경제발전을 위한 수단적 의미가 강했고 그로서 이제 공산당 일당체제의 강화와 안정적 유지는 이루었으나 그로 인한 정치권력의 집중과 부패 및 정책 실패가 만연한 문제를 넘어서지 못하고 있다. 그런 점에서 홍콩문제는 단순히 홍콩에 한정된 문제가 아니라 중국의 정치개혁, 그런 점에서 정치발전모델을 새롭게 가져가는 문제와 직결되어 있고, 그 문제 자체라는 점을 강조하지 않을 수 없다. 중국공산당의 권력집중으로 인한 부정부패문제와 정책적 실패 등의 문제들이 정치적 발전 곧 정치적 민주의 문제와 결부되는 것과 마찬가지로 홍콩문제도 일국양제의 제도적 실험이 실질화되는 자치민주와 관련되지 않을 수 없는 것이다.

여기서 문제는 홍콩운동이 본토파의 대두와 같이 정체성정치로 치닫는 것인데 그것은 일국양제와 같은 탁월한 제도가 홍콩독립과 홍콩인 정체성문제로 전화되어 출로를 열지 못하는 상황이다. 일국양제의 정치적 제도의 구현으로 국민국가의 새로운 존립유형이 가시화될 수 있다면 대만과의 양안관계는 물론 한반도나 오키나와와 같은 비국민국가 지향의 운동흐름은 좋은 참조체계를 가질 수 있게 될 터이다. 그러나 이를 위해서는 당장의 중국의 권위주의체제에 대항하여 공간을 만들어내는 것

---

[5] 관련논의로는 조영남(2019), 장윤미(2015), 옌이룽(鄢一龍) 외(2015)를 참조할 수 있다.

이 절실하고 이 문제는 21세기 중국이 정치민주화로서 정치적 발전을 이루어나가는 중요한 계기로서 의미화하고 그 현실적 타개책을 마련해나가지 않으면 안될 것이다. 한편 홍콩을 중국과의 관계에서만이 아니라 아시아 홍콩의 역사적 경험과 위상을 이해하고 다양하고 중층적인 연대체계를 만들어가는 작업이 함께 이루어가지 않으면 안될 것이다. 이를 위해서는 홍콩항쟁과 작금의 곤경을 제대로 이해할 수 있는 시각과 경험의 공유가 이루어져야 함은 물론이다.

중국 광저우(廣州)에서 동력화되고 있는 노동운동이 중국정부의 지속적 탄압으로 어려움에 처해있지만 그것은 그동안 대만이나 홍콩의 사회단체의 지속적 지원과 관계 속에 성장하고 있다는 점에서 다른 가능성은 얼마든지 열릴 수 있다. 무엇보다 정치적 주체로서 자기를 정위하고 새로운 정치사회를 만드는 일이 이 엄혹한 자본의 전지구화시대에 홍콩에서 일어나고 있다는 것은 그저 그런 일이 결코 아닌 것이다.

그런데 시위현장에서 정작 나의 눈길을 끈 것은 다름아닌 빅토리아 공원 한쪽 그 무더위를 견디며 맨땅에 자리를 깔고 삼삼오오 휴식을 취하고 있는 인도네시아에서 온 이주노동여성들의 엄청난 도시점령 풍경이었다. 규모도 중앙공원을 점거한 필리핀 이주여성노동자들보다 결코 적다고 할 수 없는데, 우산혁명의 '반중국' 조류가 대륙에서 온 중국민 여행객들은 물론 대륙의 중국민 전체를 메뚜기떼로 몰아붙이는 심각성 정도에 비추어 볼 때, 이 포용과 인정의 정치가 갖는 함의는 과연 무엇인지 심각하게 고민해보지 않을 수 없다.

바로 그러한 문제의 복잡성 차원에서 '아시아적 시좌' 혹은 인터아시아의 호출은 더욱 중요할 것이다. 중국과 대만, 중국과 홍콩, 혹은 양안 삼지의 익숙한 관계와 교통의 결들이 동남아시아나 서아시아 중앙아시아 동북아시아 북한 등 다른 아시아에서 이동하는 노동, 결혼이주, 문화교통 등과 중첩되고 교차되면서 인터아시아적 견지에서 보면 또달리 새롭게 구성되고 구축되고 있는 것이 바로 아시아라는 권역이기 때문이다. 실제로 그 부분 점거 실천 속에서 다양한 매체를 통한 새로운 방식의 소통공간이 창출되고 정례화되고 있는 것을 쉽게 발견할 수 있다. 특히 한류 등 아시아 문화상품의 소비는 어떤 강한 정동적 교감의 풍경을 끊임없이 양산해내고 있는 와중이고 실제로 인도네시아 여성노동자들과 한류 드라마와 K-Pop을 통해 소통이 가능했다. 하지만 거기에는 다른 분산된 문화스펙터클 또한 작동하면서 새로운 교착과 굴절·절합을 거쳐 그들의 신분정체성에 새로운 균열과 통합을 이루며 아시아성을 담지하게 할 것이다. 그리고 칸토팝과 뉴웨이브 영화로 아시아 문화교통을 주도했던 홍콩 혹은 대만은 그 가장 빈번한 접속과 교통과 관계가 가장 저급한 수준에서 가장 고급의 차원까지 역동적으로 이루어지는 주체들의 장소라는 점에서 그 아시아가 만들어지는 홍콩 혹은 대만이라는 장소의 실천성을 예의 주시할 필요가 있다.

그리고 지금 그 장소는 미얀마에서 민주화를 위한 결사항전으로 확산되어 있다. 홍콩 및 대만에 대한 지지와 연대는 한국의 촛불운동으로 이어졌고 그것은 다시 홍콩 항쟁으로 옮겨갔으며, 이제 미얀마를 향한 상호관계성의 인식과 연대운동이 활성화되고 있다. 그것은 전구적 지역화의 후과이지만 그러나 그 관계는 경제적으로 대상화하는 자본의 논리가 아니라 함께 근현대사의 탈식민과 근대적 국민국가 건설과정의 정치민주화의 경험을 공유하고 그것을 새로운 미래지향을 위한 사상자원으로 담지하고 현실의 모순에 공동대응해나가는 연대의 실천이다.

이 책은 애초에 홍콩의 중국반환 20주년을 앞두고 '중국몽(中國夢)'과 '일대일로(一帶一路)'와 같이 중국의 대 세계전략과 아시아 전략이 경제를 중심으로 한 기획으로 가시화된 상황에서 일국양제(一國兩制)로서 중국에 편입된 홍콩사회와 비중국으로서 양안관계(兩岸關係)에 있는 대만사회의 변화와 향후 추이를 문제 삼아보고자 기획되었다.

2014년부터 우산혁명과 해바라기(太陽花)운동으로 중국과의 관계에 대해 주체적인 문제제기를 시작한 홍콩과 대만사회는 과연 내부 전개에 있어 어떤 내재적 문제를 안고 있으며, 그것의 해결과정을 중국과의 관계 속에서 풀어나가지 않으면 안되는 어떤 외재적 관계문제를 안고 있는 것인가. 그것은 중국의 정치적 발전모델의 재구성과 국가자본주의적 경제발전모델의 호혜적 전환문제와 직결되어 있다. 따라서 2016년의 시점과 2019년, 그리고 현재의 중국공산당 창당 100년의 시점에서 이를 복수의 중국이 새롭게 구성되는 인터 차이나의 경로로 이해하고 접근할 필요가 절실하다. 또한 인터 차이나 만이 아니라 전지구적 지역화의 아시아가 그 중첩된 관계의 모순을 풀어나가는 계기로서 대만과 홍콩의 경험을 아시아적 맥락에 재정위하는 작업도 긴요하다 하겠다.

2021년 코로나 팬데믹이라는 신자유주의 세계화와 그 통치성이 야기한 지구적 위기가 1년여를 넘어 지속되면서 사람들의 삶은 황폐지경에 있다. 그러나 재난자본주의는 또다시 위기적 재편을 통해 4차산업과 비대면경제 기획을 각축하면서 생명정치의 위기를 극대화하는 가운데 이에 대응한 아래로부터의 정치지형 또한 곳곳에서 만들어지고 있는 와중이다. 이 책은 그 서로에 대한 관심을 관계의 지향으로 만드는 작업의 일환이라고 할 수 있다.

2. 중국과 중국 아님, 구성되는 복수의 중국 혹은 인터 차이나

이 책은 우선 위의 문제에 홍콩과 대만이라는 경계지역의 역사적 존립과 현실적 전개를 그곳에서 살아가는 대다수 홍콩인과 대만인의 입지에서 접근해보고자 하였다. 아울러 역사적 아시아와 동시대의 아시아를 살아가는 지역민의 입지에서도 위 문제에 접속할 필요가 있음을 제안한다. 무엇보다 식민과 냉전, 전지구화에 규정받아온 아시아적 살이의 부침 속에 역상(逆像)과 공통궤적을 그려온 홍콩과 대만 사회의 경험을 공유하고 그 음영을 우리의 문제와 전치해봄으로써 난공불락같은 분단 한반도의 새로운 미래를 열어나가는 다른 참조체계를 얻을 수 있을 것 또한 기대하였다.

이 책은 원래 『황해문화』 2016년 가을호 특집으로 기획되어 총론과 4개의 관련 글을 편성하고자 했다. 그러나 총론부분은 글보다는 대담형식으로 진행하였다. 그것은 당시 마침 대만의 천광싱(陳光興)교수가 한국을 방문하여 동아시아잡지회의[6] 참석과 조사연구, 무엇보다 새로운 아시아사상기획을 가지고 한국의 지식사회 및 문화사회에 광범한 토론을

---

[6] 2016년 6월 「동아시아 비판적 잡지회의」가 "동아시아에서 '대전환'을 묻다(A Great Turning in East Asia: Where and How?)"주제로 창비사옥에서 열렸다. 동아시아 비판적 잡지회의는 2006년 6월 9~10일 창간 40주년을 맞은 계간 『창작과비평』이 서울에서 처음으로 '동아시아 비판적 잡지 회의'(공동주제는 "동아시아의 연대와 잡지의 역할(Solidarity of East Asia and the Role of Magazines)"). 제4차 회의는 2011년 6월 17~18일 상하이(上海)에서 아시아현대사상계획토론회(亞洲現代思想計畫討論會, Modern Asian Thought Project : 2011 East Asian Critical Journals Workshop in Shanghai)을 가지면서 아시아사상지형을 구축해가는 작업에 돌입했다. 한국에서는 『창작과 비평』, 『황해문화』, 중국에서는 『독서(讀書)』, 『개방시대(開放時代)』, 『열풍학술(熱風學術)』등 일본은 『현대평론(現代評論)』, 오키나와의 『케에시까제(けーし風)』, 대만의 『대만사회계간(臺灣社會研究)』, 『인간사상(人間思想)』(季刊), *Inter-Asia Cultural Studies Journal* 등이 참가한다.

조직하고 있는 와중이었기 때문에 좀더 생생한 공론장을 열어보자는 의도가 있었다. 한편 이 책에는 2019년 홍콩에서 범죄인 중국송환반대 투쟁이 거세게 폭발하면서 그 투쟁의 중심에 있었던 민주인권전선의 웡익모(黃奕武) 부대표와의 대담 또한 함께 담았다. 2016년 시점에서는 홍콩과 대만 모두 우산혁명과 해바라기운동으로부터 다소 시공간적 거리를 두고 볼 수 있는 여건이 조성되었다고 한다면, 2019년은 홍콩의 경우 범죄신 중국송환반대투쟁이 격화됨에 따라 한국에서도 지지와 연대의 흐름이 광범위하게 일어났다. 그런 점에서 홍콩사태에 대한 보다 직접적인 이해와 전망이 필요하고, 2020년 중국 양회(兩會, 전국인민대표대회와 중국인민정치협상회의)에서의 홍콩보안법 통과와 2021년 올해 중국 양회에서 홍콩선거제도 개편이 전격적으로 이루어짐으로써 홍콩의 민주항쟁은 오히려 세계의 관심(이해관계를 포함하여)이 집중되는 계기를 맞았다고도 할 수 있다. 대만의 경우도 최근 중미갈등이 고조되는 지점으로 긴장상태에 있다는 점에서 홍콩사태에 따른 차이잉원(蔡英文)정권의 대두와 그 친미반중적 행보에 대해서 다시 맥락적으로 짚어볼 계기를 갖는 의미가 있다고 하겠다.

그러나 이 책에서는 대담을 제2부로 편제하고 주제에 따른 논문들을 제1부에 수록하였다.

제1부 '중국과 비(非)중국'에는 모두 일곱 개의 전문 논문들을 수록했다.

우선 첫 번째 글은 장정아 인천대교수의 「'이 폐허를 응시하라': 홍콩 우산혁명과 그 이후의 갈등이 드러낸 것」으로 장정아선생님은 인류학자이자 홍콩전문가답게 칸토니즈와 보통화를 구사하는 언어소통의 힘으로 직접 발로 뛰어 확인한 우산혁명의 전 궤적이 밀도 있게 소개하며 그 '새로운 경험'의 이후 전화에 주목한다. '사건으로서의 우산혁명', '아무 것도 극본대로 되지 않았다' '무엇이 새로웠는가' '하생은 순수한가?: 순수함에 대한 지지의 한계' '지도부는 필요없다!: 군중의 자발성, 그 힘과 무정형성' '민주란 무엇인가: 갈망과 혼란' '폭력의 아포리아: 비폭력적 불복종에서 무장혁명까지' '징후로서의 우산혁명: 균열이 드러낸 가능성' 등 소제목은 생동감이 넘치는 문제인식이 그대로 선명하게 드러나있다.

이 글은 우산혁명에서 피어난 공동체와 유토피아를 사건으로 주목하면서도 그것을 끊임없이 문제화함으로서 오히려 우산혁명의 덕목들이 주저앉은 지점, 그것에서 드러나는 심연을 희망으로 관주하고자 한다. 예컨대 홍콩의 핵심 정체성으로 누구도 의심치 않던 '법치'가 꼭 절대적으로 지켜져야 하는 것인가 하는 질문을 던지기 시작한 바로 지점에서 사건 이후 '후사건적 주체의 실천'이 필요한 때임을 역설하는 것이다. 한편 이 글은 2016년에 쓰여졌다는 점에서 장정아교수는 2021년의 시점에서 쓴 보론을 다시 집필, 이 책의 제7장에 수록하였다.

대만 세신대의 천신싱(陳新行)교수는 대만의 비판적인 사회과학계의 중추로서, 그「타이완 정부의 '비중국 요인' 조절과 양대국 사이의 '신남향 정책'」이라는 제하의 글은 특히 대만자본주의 전개의 역사궤적을 밝히는 가운데 중국공산당과 국민당의 정상(政商)관계가 대만 내 야기한 새로운 계급분화와 국족문제 또한 선명하게 해명해낸다. 그리고 대만 민진당 정부의 신남향정책이 갖는 준제국 인종주의 문제를 대만사회 내부의 동남아 이주자들의 존재양식의 변화와 동남아지역에 진출한 대만자본의 혹독한 노동착취, 그리고 대륙에서의 노동착취 측면에서 온전히 드러내주고 있다. 그리고 그 '공민 민족주의'의 허구성은 비단 대만사회만이 아니라 한국사회에도 엄존하고 있음을 정확하게 꿰뚫어내고 있다. 이 글은 차이잉원(蔡英文)정부의 신남진정책이 리덩후이(李登輝)정부의 남진정책에 투영된 준제국의 환상을 그대로 계승한 것으로 대만사회에 팽배한 중국요인의 문제를 대체하고자 비중국요인을 가져오지만 그로 인한 관계모순에 빠지게 되는 난처함의 진상 또한 여실히 보여준다. 여기서 중국요인에 비해 미국요인이 은폐되고 자연화되는 문제의 지적은 한반도의 사드배치와 남중국해의 갈등국면에서 더없이 적실하다.

한편 홍콩에서 옌하이룽(嚴海蓉)교수와 베리 사우트먼Barry Sautman 교수는 「홍콩 본토파와 "메뚜기론": 신세기의 우익 포퓰리즘」라는 글을 통해 홍콩에서 메뚜기이미지의 양산과 소비로 표출되는 반중국 정서를 일람하고, 그에 내재된 홍콩신분 정체성 문제를 식민현대성과 냉전 승리라는 두 가지 요소로 예리하게 분석해낸다. 아울러 홍콩 사회의 빈부격차가 홍콩과두 독점자본에서 기인함에도 불구하고 사실은 이를 홍콩과 내지(대륙)의 모순으로 치환하고 그로서 중국을 끊임없이 외부화하고 중국민을 대상화하며 배척하고 적대시하는 문제가 영국 독립당이 이민에 대해 갖는 생각과 유사한 것임을 밝혀낸다. 그리고 그것이 신세기 우익 포퓰리즘의 세계적 연동 속에서 작동하는 방식을 생생하게 해명해내고 있다. 이 글의 초점은 대다수 홍콩의 인공소수자들이 비인간화되는 것, 그중에서도 내지인들이 더욱 강한 대상이 되는 현실에 있다.

백지운교수의 「탈냉전의 사상과제로서 일국양제」는 중국 비판적 지식인의 대표격인 왕후이(汪暉)교수의 대만 해바라기운동에 대한 논의의 정리와 쟁론을 통해 대만과 홍콩의 문제는 다음 세기의 세계질서를 주도할 강국으로서 중국이 인류에 어떤 미래가치를 선사할 수 있느냐 하는 물음을 제기한다. 백지운은 왕후이가 사회주의중국이 이데올로기적 기능을 작동하지 못한 탈정치화로 인해 대만과 홍콩의 문제가 야기되었다는 외재적 요인분석에 대해 비판한다. 따라서 이 글은 중국이 서구의 근대가 만들어낸 자유민주주의라는 보편가치를 무조건 부정·폐기할 것이 아니라 모순과 한계에 직면한 자유민주주의의 가치에 새로운 생명을 붙어넣는 제도적 틀과 도덕 규범을 창조적으로 모색해나갈 것을 역설했다. 아울러 중국이 자기 내부에 존재하는 이질성과 차이, 그 갈등들을 제대로 해결해나갈 때에야말로 비로소 중국의 권위에 대한 세계의 지지는 자연스럽게 형성될 것이므로, 그런 점에서 홍콩문제와 양안문제는 글로벌 리더로서의 중국의 가능성을 가늠하는 중대한 시금석임을 제기했다.

한편 이 책에는 홍콩 우산혁명에 관하여 중요한 논의를 포함시켰다. 다름아닌 영국 옥스퍼드대학 사회문화인류대학의 샹뱌오(項飈)교수의 홍콩 우산혁명에 대한 분석글 「홍콩을 직면하다: 대중운동의 민주화 요구와 정당정치」이다. 이 글은 2014년 우산혁명을 중환점령과 같은 홍콩 사회운동에 대한 논의에서 구별짓는다. 중환점령을 주도해온 홍콩의 사회운동은 중국 공산당과 정부의 당-국가 체제를 주요한 수행주체로서 일국양제에 대한 문제를 제기한 것이고, 우산혁명은 홍콩정부를 향한 홍콩 대중운동의 민주화요구와 정당정치 차원에서 확산된 것이라는 것이다. 홍콩 사회운동 세력의 우산혁명 이전 중환 점령은 북경을 대상으로 규모는 제한적이지만 목표는 거대했던 정치운동이었고, 우산혁명의 금종 점령은 상당 부분 홍콩 정부를 대상으로 규모는 크지만 목표는 제한적이었던 운동으로 변별하는 것이다. 이 글은 홍콩사태를 1989년 중국의 천안문사태의 연장선상에서 그리고 2014년 대만의 해바라기 운동과의 연계 속에서 파악한다. 그리하여 이 글은 이들 양안삼지에서의 사회운동이 장기적 사회 변화의 역량으로 전화되지 못하고 그러한 역사경험을 사상적 자원으로 만들지 못한 문제를 제기한다. 그러나 그 운동들은 이미 새로운 정치적 과정을 만들어냈다는 점이 중요하고 그것을 본토주의와 같은 단절의 정체성 정치가 아니라 대중역량의 광범위한 조직화와 정치발전, 정당정치와 같은 제도화와 민주화의 경로를 여는 차원으로 전환되어야 할 것을 역설한다. 이는 한반도나 다른 아시아 사회에서의 정치민주화운동 특히 한국의 촛불혁명이 정권교체는 이루었으나 그 광범한 정치사회적 요구들과 투쟁경험들을 새로운 정치사회의 모델로 전화하는 사상동력과 사상전선을 만들어내지는 못했기 때문이다.

제6장은 2019년 송환법반대투쟁에 대한 장정아교수의 글 「모든 것이 정치다: 2019년 홍콩 시위의 기억과 유산」이다. 이 글은 홍콩 범죄인 송환법 반대투쟁의 생생한 실상을 소개하고 그것이 갖는 의미와 한계지점들을 정치문제로 제기해내고 있다. 이 글은 홍콩사태를 정치적 발전의 측면에서 접근하면서 누구도 누구를 대표하지 않는 새로운 대표성정치의 대두라는 문제를 전향적으로 포착하고 이들이 열어내는 다양한 정치공간들 세심하게 포착해낸다. 한국언론에서는 홍콩과 중국의 대립관계에만 집착하지만 국제정세는 홍콩과 중국에서 역할이 커지고 있고 홍콩도 중국도 그 구성적 외부를 가지고 있다는 점에서 홍콩사태를 양자관계의 프레임에서 승패논리로만 보지 않을 것을 촉구한다. 이 글은 특히 홍콩의 새로운 구성에 초점을 두고 대륙 또한 홍콩과의 좌절된 접속 속에서 새롭게 구성되어가는 와중임을 새로운 정치지형으로 포착한다. 대다수 홍콩민들이 정치적 민주의 측면에서는 대륙보다 우위에 있다는 우월의식이 있지만 그것이 실은 영국식민통치의 산물이다. 중국의 당-국체제 또한 식민홍콩으로 문제삼지만 정작 1980년대 영국의 정치개혁 모델을 중국이 그대로 유지온존한 채 통치성을 강화하는 형태로 홍콩을 복속하고자 획책한다. 바로 이 지점에서 대다수 홍콩민들은 경제가 정치가 되는 지점을 확인하고 미래세대를 위하여 새로운 정치의 공간을 열어낼 필요성을 절감하고 있음을 이글은 치열하게 타전하고 있다.

제7장은 제1장의 보론 형식으로 새로이 집필되었다. 「불가능의 자리가 품은 가능성: 국가안전법 이후의 홍콩」에서 장정아교수는 최근 국가보안법 통과 이후의 홍콩의 근경을 펼쳐보이며 그것이 홍콩의 제도

뿐만 아니라 일상 구석구석을 바꾸어놓은 상황에 대한 이해를 돕는다. 그것은 송환법 반대시위를 통해 빛을 발한 민간의 힘, 그리고 새로운 연결들, 중국대륙 출신자들과 남아시아에서 온 이주노동자들, 송환법 반대 투쟁은 폭발적이고 광범위한 만큼 견고환 환상들, 법치의 환상조차 모두 다 깨어져 나가면서 국가안전법으로 조국의 광폭한 감시체제에서 애국자로서의 자기증명을 하며 순응하기를 강요당하고 있다. 그러나 이들이 펼쳐냈던 가능성과 숨가쁜 연결의 경험까지 없던 일로 만들 수는 없을 것이다. 신체에 각인된 항거의 경험들, 이 사회는 진정 항쟁을 장기간의 생활 속에 녹여내기를 원하는가 필자는 자문한다.

제2부는 대담들로 구성되었다.

첫 번째 대담 「타이완과 홍콩 그리고 사상의 일대일로」는 매우 광범위한 차원의 주제를 가지고 전개되었고 할 수 있다. 천광싱은 무엇보다 아시아 사상문화기획의 총괄자답게 대만과 홍콩의 문제를 역사적 범주에서 바라보고 비민족주의적이고 아시아 권역적인 견지에서 재맥락화할 것을 요구했다. 그리고 해바라기운동과 우산운동의 실패원인은 담론이 아니라 실제적인 '식민' 상태의 연속성에서 있다고 역설하며 식민화는 정치적 국가독립과 함께 극복된 것이 아니라 정신·경제·제도적으로 연속되어 왔다는 점에서 민족국가의 틀 속에서 단절된 역사서술이 아닌 양안삼지(兩岸三地)가 상호 내재적 관계 속에서 새로운 역사서술을 해나갈 것을 새로운 지식기획으로서 제안했다.

또한 자본운동에 대한 보다 능동적인 개입을 촉구하며 제국주의적 경쟁에 복속하는 분할정치가 아니라 아시아의 통일 곧 아시아의 독립이라는 입장에서 대륙을 단위로 하는 정치상상을 촉구했다. 그 구체적 실천단위는 아시아사회연구위원회와 다른 세계 센타Another World Center

이다. 물론 지금 시점에서 이 실천단위들은 개진되지 못했다. 천광싱교수 개인이 병마에 시달린 문제가 크지만 그보다 이를 추동할 수 있는 역량의 부재가 근본적인 원인이라고 하겠다. 그러나 당시의 제안은 여전히 유효할 수 있다는 점에서 문제인식을 적시해두고 가능한 경로를 모색해 보아야 할 것이다.

두 번째 대담은 홍콩의 민간인권전선의 윙익모 부대표와 송환법 반대투쟁의 와중에 진행한 것이다. 우산운동에 대한 단순 지지로부터 전격적으로 운동에 뛰어든 윙익모선생의 입장에서 홍콩사태의 변화추이와 투쟁 목적, 다중대표성과 정치화 경로, 투쟁의 전망 등에 대해 설명을 듣고 폭넓은 대화를 나눈 자리였다. 이 대담을 통해 중국이 일국양제를 유지한다고 하지만 홍콩의 자치에 대해 일방적으로 중국의 입장을 관철하면서 양제보다 일국에 더 방점이 찍히고 그 수순을 밟아가는 것의 문제에 대해 공감을 했다. 홍콩 또한 영국의 통치유산들에 대해 성찰해보면 영국이 '민주'보다 '자유'만을 허용했고, 반환 이전 홍콩민들의 정치개혁에 대한 지속적 요구와 투쟁의 결과로서 참정권의 확대 등이 가능했다는 점을 재확인했다. 그리하여 홍콩 의회의 특성상 민주파의 입법회의 의석이 한정되어 있다는 점에서 직접선거를 통한 제도적 해결의 방안을 찾아가는 것을 목표로 한다는 것, 따라서 중국 정부도 홍콩인 스스로 발전시킨 민주적 제도의 합법성을 인정하고 중국이 새롭게 구성되어가는 열린 과정을 이끌어가야 할 것임 제기했다. 홍콩 송환법반대투쟁의 목표는 정치적으로 보통선거와 홍콩의 자치를 실현하는 것이지만 경제적인 위기감 또한 크다는 점에서 홍콩과 홍콩민이 갖는 생존적 위기감이 보편화되어 있다는 점에 착근하여 다중적 대표성의 정치화과정이 진작되고 있고 항쟁의 확산방식에 있어서도 전체 시민사회가 움직일 수 확대 방안을 모색해나가는 노력을 확인할 수 있는 대담이었다.

그러나 지금은 국가안전법과 선거법개정으로 홍콩의 항쟁은 말그대로 '진압'되고, 홍콩민이 아닌 중국인이고 애국자임을 자기증명해내야 하는 힘겨운 상황에 이르렀다는 점에서 안타깝기 그지없다. 그럼에도 불구하고 대담 당시의 흥분과 격정을 돌이키면 그 함께 경험했던 홍콩의 민주열망과 새로운 정치화의 노력들은 홍콩민들과 그들을 지켜보며 걱정하며 환호하고 함께 분노했던 그 시간의 경험들로 우리들의 신체와 기억에 선명하게 남아있다는 점에서 절망에 반항한 다른 가능성에 대한 모색 노력을 기대하며 아시아의 오늘을 살아가는 우리들 또한 새로운 연대의 경로를 여는 일을 어디서든 개진해야 할 것으로 생각한다.

3. 책을 엮어내며

이 책을 다시 엮어내기까지 동의를 해주시고 수정·보완을 해주신 필자 선생님들과 대담에 응해주신 선생님들께 머리 숙여 깊은 고마움을 전한다. 또한 귀한 원고를 게재하도록 허락해준 샹뱌오선생님과 번역자 박석진선생님에게도 특별한 감사를 드린다.

    나의 중국 쟁점계열 기획은 계간『황해문화』지면을 통해 어쩌면 자율주행처럼 이루져왔고 앞으로도 그러한 행보가 어렵지 않으리라 생각한다. 그것은 무엇보다 110권에 달하도록 아낌없이 핵우산이 되어주신 지용택이사장님의 넉넉하면서도 밝은 품과 혜안이 없이는 불가능한 일임을 잘 알고 있다. 김명인 편집주간을 비롯한 편집위원분들과 전성원편집장과 이강택팀장 등 편집진의 무한한 지지와 가차없는 질책 또한 서슴없는 기획을 가능하게 하는 든든한 버팀목이다.

    그리고 내가 몸담고 있는 성공회대학교 중어중국학과의 이남주교수와 장영석교수 등 동료교수들은 중국에 대한 새로운 시각과 전망을 갖는데 더할 나위 없는 동학이자 지원세력이다. 또한 성공회대 동아시아연구소의 연구진들은 내가 공부를 게을리하지 않도록 경계하고 독려하며 한국연구재단의 기초인문학사업부터 인문한국사업HK+2을 수행하는 오늘에 이르기까지 함께 공부하고 쟁론하면서 학술의제들을 함께 만들고 우리의 연구공동체 진지를 늘 새롭게 구성하는 탁월한 동행들이다. 특히 오영숙교수님은 이 책이 세상에 나오도록 끊임없이 부추기고 수고로운 일들을 도맡아 주셨다.

또한 내가 국내외 회의 참석과 원고를 요청할 때 언제나 전격적으로 호응해주고 나서주고 생산적인 담론장을 열어준 국내외의 많은 동학들과 연구진들 및 활동가들, 그리고 차세대 학문역량들의 진지한 학문열정과 사회변화의지에 진정한 경의를 표한다. 박다짐과 류채원, 전소현을 비롯한 많은 조교들의 성실한 노고에도 고마움을 전한다.

중국 공부길에 들어서고 전문학술저서를 지속적으로 출간하지 못한 처지에 우선 이 책을 엮음형태로 내는 심경은 한반도와 아시아의 오늘을 살아가는 대다수 사람들의 입지에서 생산적인 담론공간을 열어내고자 하는 어떤 절박함과 간절함에서 비롯된 것이 아닌가 한다.

이 책을 홍콩과 대만에서 그리고 대륙 중국에서 박투하며 내일의 다른 세상을 일궈가는 참사람들에게 바칩니다.

2021년 5월
항동골에서
백원담

참고문헌

옌이룽(鄢一龍) 외(2015), 『중국공산당을 개혁하라: 중국 청년학자들의 격정토론』, 성균중국연구소 옮김, 성균관대학교 출판부.
장윤미(2015), 「중국의 사회주의민주정치 구상; "인민의 복귀(bring the people back)"」, 『국가전략』21, 세종연구소.
조영남(2019), 「중국의 정치개혁; 성과와 한계」, 『개혁 중국; 변화와 지속』, 이현정 책임편집, 서울대학교 중국연구소, 한울.

중국 쟁점 기획 계열 2

중국과 비(非)중국 그리고 인터 차이나:
타이완과 홍콩 다시보기

제1부 중국과 비(非)중국과 인터 차이나: 타이완과 홍콩 다시보기

제1장 '이 폐허를 응시하라':
홍콩 우산혁명과 그 이후의 갈등이 드러낸 것 ········· 장정아

제2장 타이완 정부의 '비중국 요인' 조절과
양대국 사이의 '신남향 정책' ········· 천신싱/연광석

제3장 홍콩 본토파와 '메뚜기론':
신세기의 우익 포퓰리즘 ········· 베리 사우트먼·엔하이롱/연광석

제4장 탈냉전의 사상과제로서 일국양제 ········· 배지은

제5장 홍콩을 직면하다: 대중운동의 민주화 요구와 정당정치 ········· 샹뱌오/박석진

제6장 모든 것이 정치다: 2019년 홍콩 시위의 기억과 유산 ········· 장정아

제7장 불가능의 자리가 품은 가능성: 국가안전법 이후의 홍콩 ········· 장정아

장정아(張禎娥)

인천대 중어중국학과 교수, 인천대 중국·화교문화연구소 소장, 문화인류학자. 주요 저서(공저)로 『Intangible Cultural Heritage in Contemporary China』, 『민간중국』, 『여성연구자, 선을 넘다』, 『경독(耕讀): 중국 촌락의 쇠퇴와 재건』, 『도시로 읽는 현대중국』, 『종족과 민족: 그 단일과 보편의 신화를 넘어서』, 『중국관행연구의 이론과 재구성』, 『아시아 인권의 현장담론』 등이 있다.

제1장 '이 폐허를 응시하라':
홍콩 우산혁명과 그 이후의 갈등이 드러낸 것[1]

장정아

1. 사건으로서의 우산혁명

우산운동이 남긴 문화적 충격은 아주 크다. 젊은이들은 부모가 밥도

---

[1] 이 글은 『황해문화』 2016년 가을호(92호) 특집에 실렸던 글로, 당시의 시점에서 씌어진 글이다. 이 책의 다른 글들과 통일성을 기하고 당시의 현재성을 살리기 위해 거의 그대로 실었다. 우산운동에 대해 그 후 국내외에서 나온 문헌들 소개는 주석에 추가했다.
'우산혁명' 또는 '우산운동'이라는 용어의 사용에 대해 간단히 설명하면, '우산혁명'은 외신에서 붙여진 이름이고, 시위대는 당시 '혁명'보다 '운동'이란 표현을 선호했다. 그러나 2014년에는 한국에서 우산'운동'보다 우산'혁명'이라는 용어를 많이 쓰고 있었고, 우산'운동'이라고 하면 모르는 사람도 있었다. 따라서 이 글이 『황해문화』에 게재될 당시엔 이 용법을 따라 제목에 '혁명'이라고 쓰고 본문에서는 '운동'과 번갈아가며 썼다. 2021년에 새로 쓴 보론 성격의 이 책 9장에서는 우산'운동'이라고 썼다.

떠먹여 주며 곱게 키운 애들인데 처음으로 화장실 청소까지 하며 남을 위해 일하는 경험을 해보았다. 다시 집에 가선 똑같을 수도 있지만, 그런 경험을 해봤다는 건 그 전과 같을 수 없다. 그런다고 그 애들이 꼭 다 좋은 사람이 되리라는 보장은 없지만, 홍콩 사회는 분명 달라질 것이다. 일반인 역시 유토피아를 경험해봤다. 그 이전과 이후는 다를 수밖에 없다.[2]

우산혁명은 사건이었다. 2014년 지도자 직선을 요구하며 반환 후 최대 규모인 100만 명 이상의 시민이 도로를 점령한 이 운동은, 그동안 홍콩에서 볼 수 있었던 평화행진이 아니다. 도심 심장부 세 곳이 79일 동안 점거되었다. 역사상 한 번도 없던 일이다. 시위나 농성에 참여해본 적이 없던 사람도 거리로 뛰쳐나왔고, 후반부엔 그런 사람이 30~40%였다. 평화적 시위뿐 아니라 길거리 곳곳에서 피어난 예술 창작품들에 홍콩인 스스로도 놀랐다.

무엇보다 큰 변화는 홍콩의 분리와 독립까지도 주장하는 과격파 세력들이 우산혁명을 거치며 영향력을 크게 확장해 정치무대에 등장한 것이다. 홍콩이 독립 주권국가가 되어야 한다는 주장이 대학생회 이름으로 발표되고 있다. 올해(2016년)는 홍콩민족당이 생겨나는 등 민족·독립·건국 논의가 쏟아져나온다. 몇 년 전만 해도 상상할 수 없었던 일이다. 여기에는 우산혁명의 영향이 컸다. 그런데 긍정적 영향이 아니라 부정적 영향으로서 그러했다. 즉 우산혁명이 '실패'했다고 여겨지는 지점에서 강경하고 급진적인 논의들이 폭발적으로 나오고 있다.

---

[2] "문화유산보존 활동에 적극 참여해온 홍콩의 40대 사업가와 필자의 우산운동 직후 인터뷰", 2015.2.3.

"나에게 사건이란 비가시적이었던 것 또는 사유불가능하기까지 했던 것의 가능성을 나타나게 하는 어떤 것입니다."(알랭 바디우 · 파이뱅 타르비, 2015: 25-26) 우산혁명은 홍콩을 뒤흔들고 전 세계를 놀라게 했다는 점에서뿐 아니라, 홍콩 사회에서 당연시되던 관념과 핵심 가치까지 뒤흔들었다는 점에서 사건이었다. 나는 우산혁명 자체가 하고자 한 것을 넘어, 그 후 격심해진 갈등에 주목하고자 한다. 우산운동이 해산된 후 홍콩 사회, 특히 운동 진영에서는 상호비난과 충돌이 심해지고 있다. 겨우 1년여 년 전 길거리에서 형성했던 것이 과연 공동체였는지 믿기지 않을 정도다.

우산혁명은 여러 면에서 새로웠다. 그 새로움은 열광을 낳았지만 혼란도 가져왔다. 아무도 겪어본 적 없는 대규모 점령 현장에서 등장한 군중의 자발성은 놀라웠지만, 점점 폭력과 충돌이 심해졌다. 그들은 그 동안 당연하게 받아들여온 '비폭력'과 '민주'가 과연 무엇인지 처음으로 의문을 던지기 시작했다. '순수한' 학생을 보호하려는 시민들의 지지로 촉발된 우산운동은 무장혁명을 주장하는 학생들을 낳았다. 우산운동은 실패인가? 우산운동을 통해, 그리고 그 이후 갈등을 통해 무엇이 드러났는가? 무엇이 깨져나갔는가? 깨진 부분은 다시 봉합되어야 하는가? 나는 이 질문들에 답하고자 한다.

2. 아무것도 극본대로 되지 않았다

타이완의 한 교수는 나에게, 홍콩 우산운동이 타이완에서 바로 몇 달전 있었던 해바라기[太陽花]운동을 보고 배운 거라고, 자기가 보기에 완전히 똑같다고 했다. 2014년 3월 타이완 대학생들은 중국과의 서비스무역

협정체결에 반대하며 23일간 입법원을 점거했다. 이는 정부의 정책에 항의하며 학생들이 정부 기관 점거를 시도하여 정치의 주역으로 역사의 한 장을 썼다는 점에서는 유사성을 가진다.[3] 그러나 홍콩의 우산운동은 이미 1년 반 전부터 계속 토론되어왔기에 가능했다. 무엇보다 홍콩에서 처음 제안된 것은 학생이 아니라 지식인 등 오피니언 리더들의 평화적 점거와 자발적 체포라는 불복종운동이었다. 이는 거부감이 덜하고 참신한 주장이었기에 반향이 컸고, 장기간 토론을 통해 공감대가 형성되었다. 그렇게 오래 토론하고 준비해왔지만, 정말 점령이 벌어질 거라고는 상상하기 어려웠고, 실제 진행은 계속 예기치 못한 일들의 연속이었다.

우산혁명은 왜 여러 이름을 가지고 있는가? 우산혁명인가 우산운동인가, 센트럴(中環) 점령인가 불복종운동인가? 이런 용어의 혼란 자체가 바로 극본대로 진행되지 않았음을 보여준다.

원래 홍콩대 베니 타이(戴耀廷) 교수가 2013년 1월 신문에서 처음 제안한 것은 평화로운 시민불복종civil disobedience(중국어로는 公民抗命) 형태의 '일시적' 점령운동이었다. 법과 질서를 지켜야 한다는 생각이 강한 보수적인 홍콩에서 시민의 정의감을 촉발시키려면 이런 방법이 최선이었다. 언론을 비롯한 다양한 공간에서 토론이 벌어졌다. 그러나 일반

---

[3] 필자가 어느 대학에서 우산운동에 대한 특강을 할 때 한 학생이 2011년 서울대에서 있었던 법인화 반대 본관 점거농성이 연상된다고 했다. 이후 찾아보니 학생들이 28일간 본관을 점거하며 본부 공간을 구획화해서 활용하고 재치있는 패러디 창작물이 많이 등장한 점, 비폭력을 강조하며 저항을 축제로 만든 점, 기말고사 기간이라 본부 복도에 자습실을 만들어 열람실이라고 이름 붙인 것 등 초기 우산운동과 유사점이 많았다. 또한 서울대 점거 참여자들이 스스로를 '원자' 즉 '특정 정치세력에 속하지 않는 개인으로서의 학생'이라고 부르는 점도 주목할 만했다.

대중이 이런 불복종운동을 금방 받아들인 것은 아니었다.

3월 센트럴 점령운동("사랑과 평화로 센트럴을 점령하자")을 정식으로 제안하고 목사, 의사, 변호사, 교사, 기자, 교수, 문화계 인사 등이 참여하여 사무국을 꾸렸다. 6월 22일 2017년의 지도자 직선제 관련 몇 가지 방안에 대해 시민투표를 실시했다. 자유로이 참여하는 것이므로 참여율이 낮으리라 예상했다. 그런데 거의 80만 명이 참여하여 주최 측도 놀랐다. 그만큼 2017년 선거는 제대로 된 직선제로 치를 수 있을 거라는 기대와 열망이 높아진 상태였다.

7월 1일 매년 벌어지는 반환기념일 행진이 끝난 후 학생단체들은 센트럴 점령 예행연습까지 하고 아침에 평화롭게 해산하자는 제안에 따라 센트럴 지역에서 밤새 농성을 했다. 그러나 새벽에 경찰은 이들을 강제 해산하며 학생들을 잡아갔고 동정과 지지 여론이 생겨났다. 이는 점령운동 발기인들이 미리 계획하거나 예상한 사건이 아니었다. 잡혀갔다 나온 학생들은 곳곳에서 시민들의 지지가 늘어나고 있음을 느꼈다. 그때까지도 점령운동은 10월 1일 중화인민공화국 건국기념일로 예정되어 있었다.

8월 31일 중국 정부는 2017년 지도자 직선제 입후보 자격 제한에 대한 결정을 발표했다. 민주파가 배제될 수밖에 없는 불완전한 직선제 발표에 반발이 터져나왔다. 그날 점령 발기인들과 대학생회연합 등은 불복종의 시대에 진입했음을 선언했다. 대학생회연합은 9월 22일부터 5일간 수업을 거부했고, 중고등학생은 하루 동안 동참했다. 1만여 명이 넘는 학생들이 참여한 홍콩 역사상 최대 규모의 수업거부운동이 되었다. 학생들을 지지하기 위해 몇몇 교수는 길거리 강좌(이동식 민주교실[流動民主教室])을 기획하여 진행했다. 처음엔 조심스러워하던 지식인들도 점점 호응하여 100여 명 이상 참여했다.

수업거부 마지막 날인 26일, 중고등학생단체 학민사조(學民思潮, 2011년 5월 29일 결성된 학생운동 조직) 대표 조슈아 웡(黃之鋒)[4]은 정부청사 앞 광장(일명 '公民廣場')에서 "이 광장은 우리 것이다. 오늘 밤 우리가 이 광장을 되찾아오자"며 150여 명의 학생과 함께 철문을 넘어 진입을 시도하다가 잡혀갔고, 이를 지지하는 학생과 시민들이 밤새워 주위를 지켰다. 그러자 학생들이 잡혀간 데 대한 동정과 불만이 커져갔다. 최초제안자인 베니 타이는 계획보다 앞당겨 28일 새벽 센트럴 점령을 선포했다. 애초 계획한 센트럴은 도시의 심장부를 의미하는 상징적 공간이었지만, 실제 점거를 시작하게 된 곳은 센트럴 근처 정부청사 앞이었다.

그날 오후 사람들은 차로로 돌진해나갔고, 경찰은 9시간 동안 최루탄을 쐈다. 예상보다 강경한 진압에 대학생회연합은 시민들에게 철수하자고 했으나 사람들은 물러서지 않았다. 점령지역은 세 군데로 퍼져나갔고, 29일부터 3일 동안 20만 명이 참가했다. 이제 더이상 처음에 기획했던 '센트럴' 점령이 아니었다. 경찰에 맞서지 않고 최대한 평화적으로 스스로를 지키기 위해 우산으로 최루탄을 막는 시위대를 보며 외국 언론들은 '우산혁명' 또는 '우산운동'이라 이름붙였다. 그러나 시위 당사자들은 '혁명'이란 표현이 중앙정부를 자극할까봐 '운동'이란 표현을 선호했다.

학생단체는 대표로 정부와 담판을 여러 번 시도했으나 성과가 없었고, 베이징에 가서 중앙정부와 면담하려다 출경을 거부당했다. 곳곳의 대학 졸업식에서 졸업생들이 노란 우산을 펴들어 우산운동 정신을 알렸고 일부 총장은 이들에게 졸업증 주기를 거부했다. 중국 대륙에 입경을 거부

---

4 조슈아 웡이 2012년 이끈 국민교육(중국식 애국교육) 반대운동을 통해 청소년이 처음으로 사회운동의 주역이 되었고, 학생의 사회참여에 대한 긍정적 여론이 생겨났다.

당하는 학생들이 늘어났다. 두어 번 입법회와 정부청사 진입 시도가 있었으나 실패로 돌아갔다. 결국 12월 초 우산운동은 강제 해산되었다.

3. 무엇이 새로웠는가

1) 몇 십 년의 정치·운동 모델이 깨지다

우산운동은 비록 그동안 사회운동을 주도해오던 민간단체들이 지도부와 협의하며 진행했지만 기본적으로 기존의 운동과 정치 모델이 깨지는 과정이었다. 그때까지 홍콩의 민간단체가 매년 민주를 비롯한 요구를 표출하는 가장 큰 활동은 반환기념일인 7월 1일의 행진이었다. 특별한 이슈가 없는 이상 이것이 거의 유일한 '운동'이었다. 이 행진은 비록 홍콩 시민사회의 힘을 보여주는 것이지만 매년 똑같은 예측 가능한 모델로서 힘이 점점 빠지고 있었다.

그림 01 이동식 민주교실(2014년 필자 촬영)

그러나 갑작스러운 점거로 시작된 우산운동은 새로운 방식으로 사람들을 모았고 정부와 경찰은 당황했다. 그동안 주로 목소리를 내던 민주파 정치인들은 우산운동에 개별적으로 측면 지원만 할 뿐 전혀 영향력이 없었다. 더구나 후반부로 갈수록 새로운 인물과 단체가 출현하며 점점 운동은 예측 불가능해졌다. 기존의 민간단체와 학생단체에서 하던 의사결정 모델에 대해 비민주적이라는 비판이 생겨났고, 지도부는 내분까지 겪으며 혼란스러워했다.

우산운동에는 학자를 비롯한 각 분야 전문가도 어느 때보다 대거 참여했다. 우산운동 직전 학생들의 수업거부를 지지하기 위해 몇몇 학자는 "수업은 거부해도 공부는 쉬지 않는다"는 슬로건을 내세워 '이동식 민주교실'을 조직하여 큰 반향을 일으켰다. 길거리에서 강의하면 위법이 아닌지 걱정하던 일부 학자들은 위법이 아니라는 변호사의 확인을 받고서야 비로소 마음놓고 참여했다. 민주교실 기획자는 수업거부기간인 5일간만 하고 끝날 줄 알았지만, 민주교실은 점령 후 계속되어 세 점령구로 퍼져나가 여러 단체의 분담으로 운영되었다. 각 분야 전문가들이, 그리고 나중엔 누구나 마이크를 잡고 거리에서 토론하는 민주교실은 홍콩 우산운동의 중요한 장면으로 남았다.

2) **운명에 순응하지 않겠다: 항명 정신의 출현**

우산운동을 거치며 홍콩에는 '불복종[抗命]'이라는 인식이 널리 퍼졌는데 이는 큰 변화였다. 식민시절부터 홍콩의 민주 진영이 가장 많이 부르는 노래는 영어로 된 「We shall overcome」이었다. 언젠가 어려움을 극복할 거라고 추상적으로만 저항을 표현하는, 더구나 영어 노래이기에 더 추상화되어 거부감이 덜한 이 노래는 오랜 기간 홍콩의 민주화 요구를 상징하는 대표적 노래였다. 2003년 사스 극복 캠페인 때도 이걸 편집한

그림 02 우산운동의 주 무대 '운명 자주'(2014년 필자 촬영)

노래가 불렸고, 우산운동이 최후에 해산될 때 입법회 의원 등 주요 인사들이 자발적으로 잡혀갈 때에도 사람들은 이 노래를 불렀다.

그러나 우산운동 기간에는 새로 만들어진 광둥어 노래들이 불려졌다. 더이상 영어가 아닌 자신의 언어로, 현지 문화예술인들이 자발적으로 만든 노래로 저항을 표현하게 된 것이다. 무엇보다 "운명을 받아들이지 않고 저항한다[抗命不認命]"는 구호가 등장한 데서 의식의 변화를 포착해볼 수 있다. '운명에 저항한다'는 뜻의 항명(抗命)은 영어로는 불복종 disobedience이다. 불복종이라는 구호는 미국의 월가 점령 때 이미 등장했다는 점에서 그 연속선에 있다고 볼 수도 있지만 '불복종'이 중국어로는 '抗命不認命'이라는 구호가 되면서 운명에 순응하지 않고 저항한다는 강력한 의미를 가지게 되었다.

센트럴 점령 운동을 최초로 제안했던 베니 타이 교수는 1984년 중국과 영국이 홍콩의 미래를 논의할 때 홍콩대 학생회 간사 자격으로 중국의 자오쯔양 총리에게 편지를 보냈었다. 자오쯔양이 학생들에게 보낸 "반환 후 홍콩의 민주적 통치는 당연한 것"이라는 답신을 그는 지금도 갖고 있다며 공개했다. 당시 그 약속을 믿었다는 베니 타이는 30년이 지난 2014년 8월 31일 무대 위에서 "홍콩은 항명시대에 진입했다"고 선언했다. 운명에 따르고 순응하는 한, 민주는 주어지지 않을 것이다. 중국 국민이되 중국의 운명 결정에 참여할 수도 없고, 홍콩의 운명조차 결정할 수 없는 채로 살아온 홍콩인은 이제 운명에 대한 저항을 선언한것이다.

물론 우산운동은 불복종이되 평화와 질서가 강조되었다. "평화로운 불복종(항명)이 홍콩정신"이라는 구호는 집회에서 자주 들려왔다. 다만 후반부에는 비폭력과 질서를 강조하는 지도부에 대한 반발이 심해졌다. 폭력과 비폭력 중 어느 쪽을 강조하든, 우산운동 내내 '운명을 순순히 인정하지 않겠다'는 정서는 지배적이었고 '항명'은 홍콩의 새로운 키워드로 떠올랐다.

3) 문화 사막 탈피: 문화예술 활동의 만개

> 우산운동은 분명히 많은 것을 남겼다. 무엇보다 문화예술 속에 정치가 스며들었다. 문화예술인들이 정치 이야기를 많이 하기 시작했다. 홍콩은 정말 그렇지 않았다. 한국 싸이의 강남스타일 노래에 사회문제가 들어가 있다는 걸 알고 우리는 굉장히 신선해했다. 홍콩은 절대 그런 분위기가 없었는데, 이제 그들이 노래 가사에 정치 이야기를 담고 참여하기 시작했다. 이렇게 문화예술 속에 정치가 한 번 스며들고 나면 쉽게 없어지지 않을 것이다. 이건 큰 변화다.
> – 우산운동이 무엇을 남겼다고 생각하느냐는 필자의 질문에 대한 홍콩 시사교양(通識)교육교사연합회 주석의 답, 2016. 2. 24.

우산운동 기간 곳곳에서 생겨난 문화예술 활동은 전 세계의 주목을 받았다. 문화 사막이라 오랫동안 비웃음당해온 홍콩의 길거리에 예술이 꽃피었다. 자습실과 계단 등 실용적 장치부터 시작해서 숱한 예술품이

그림 03 우산운동 기간 붙은 포스터 중 하나
(2014년 필자 촬영)

매일 만들어져나왔다. 이는 누구도 미리 예상하지도 계획하지도 않은 것이었다. 많은 주제가를 만들어 부른 문화예술가뿐 아니라 시민과 학생도 한껏 아이디어를 뽐냈고 매일 밤 자고 나면 새로운 창작품이 쏟아져나와 "이토록 창의적인 홍콩은 평생 처음"이라며 모두들 놀랐다. 영국의 빅토리아 앤드 알버트 미술관의 관계자들이 창작자들과 접촉하여 수집해 갔고, 국제 잡지 「GOOD」은 "좋은 도시 지표 2014" 1위로 홍콩을 꼽으며, 우산운동 기간 전 세계인들에게 준 영감을 이유로 들었다.

존 레논의 노래 「이매진(Imagine)」의 한 구절 "당신은 내가 몽상가라 하겠지만 난 혼자가 아니야"를 써서 걸어놓아 애드미럴티 점령구의 상징이 된 플래카드는 누가 누가 걸었는지 아무도 모른다. 포스트잇에 소망을 써붙인 '레논벽', 우산을 주제로 쏟아지는 아이디어를 담은 창작물들, 점령구 애드미럴티의 중국명인 金鐘과 발음이 비슷한 한국 연예인 김종국의 이름을 따서 이름 붙인 물자보급소 '金鐘閣', 최루탄을 피하며 도망치다 망가진 우산을 모아 만든 우산 조각보 작품, 몽콕 점령구에 등장한 관우 사당, 근처 조그만 가게들을 방문하여 커뮤니티를 살리자며 길바닥에 그린 점령구 근처 가게 지도, 사람들의 소망이 담긴 메시지와 "나는 진짜 보통선거를 원한다"는 글씨를 사방에 레이저로 쏘고, 홍콩 정신의 상징인 사자산을 비롯한 곳곳에 이 구호를 플래카드로 거는 등의 이 모든 활동은 누가 하는지 다 알 수도 없었다.

공공 공간에 대한 엄격한 통제관리로 박물관과 미술관에만 갇혀 있던 예술은 처음으로 길거리로 나와 펼쳐졌다. 우산운동 기간 만들어진 문화예술 창작품을 지키기 위한 '우산문물 보존팀'도 자발적으로 조직되어 스스로 만든 조끼를 입고 활동했다. 우산운동 최고의 상징은 후반부에 등장한 '우산 인간(엄브렐라 맨)' 동상이었다. 빗속에서 경찰관에게 우산을 씌워주던 한 시위자의 사진에서 영감을 받아 기타리스트와 친구들이 만든 것이다. 점령구는 일반인과 거리가 멀었던 정치와 예술이 행복하게 결합하는 무대였다. 정치가 즐거울 수 있음을, 이토록 많은 사람들이 즐기며 정치적 행동을 할 수 있음을, 홍콩인들은 거의 처음으로 깨닫고 있었다.

4. 학생은 순수한가?: 순수함에 대한 지지의 한계

"학생은 죄가 없다. 학생을 보호하자!"[5]

---

[5] 우산혁명을 촉발시킨 학생들의 정부청사 앞 광장 점거 시도와 체포 후 이들

우산운동에 대한 광범한 시민의 지지 여론은 우산운동 직전 학생들의 수업거부에서부터 생겨나고 있었다. 대학생회연합과 중고등학생 단체가 주도한 수업거부 집회에 나온 중학2년생은 "저들이 학생을 가장 두려워 한다는 걸 안다. 그래서 우리 학생들이 일어났다"고 했다. 9월 22일부터 5일간의 수업거부(중고등학생은 하루만 참여)가 끝나는 날 밤 정부청사 광장을 점거하려다 조슈아 웡 등 학생들이 체포되고 지지자들이 밤새워 주위를 지킨 다음날, 이들을 지지하기 위해 모인 시민들은 "학생은 죄가 없다", "학생은 폭도가 아니다"를 외쳤다. 센트럴 점령운동을 제안했던 교수와 목사 그리고 천주교 추기경도 격려하러 왔다. 현장의 학생들은 이들에게 점령을 앞당겨 발동해달라고 요구했다.

"학생들은 당신들에게 그토록 많은 것을 해주었다. 이제 당신들 차례다. 당신들은 학생을 위해 무엇을 했나? 점령을 앞당겨 달라!"

베니 타이 교수는 처음엔 거절했으나, 결국 그날 밤(28일 새벽) 점령 행동 개시를 선포했다. 이렇듯 우산혁명은 수업거부와 체포를 통해 자기희생을 한 학생에 대한 전폭적 지지로 시작되었다.

이번 우산운동을 포함한 주요 사회운동을 젊은 세대가 이끄는 걸 보며 한국을 비롯한 외국에선 놀라는 사람이 많다. 원래 홍콩에서 젊은이의 사회참여가 많은지 묻는 사람들이 많아졌고, 한국의 젊은층은 홍콩에 비해 사회의식이 낮다는 '자성'이 나오기도 했다. 홍콩의 젊은층은 이제 사회운동뿐 아니라 정치에도 적극 참여하여, 구의회나 입법회 선거에서도 성과를 거두고 있다. 올해(2016년) 초 입법회 보궐선거에는 폭력투

을 지지하기 위해 모인 시민들의 구호.

쟁을 통한 홍콩 독립을 주장하는 홍콩대 학생이 "홍콩을 되찾자, 이것은 시대적 혁명이다"라는 구호를 내걸고 출마하여 전체 15%에 해당하는 6만 6천표를 얻는 돌풍을 일으켰다. 비록 중산층·중년층의 지지를 얻은 온건 민주파 후보에게 10만 표 차이로 졌지만 빈곤층 젊은이 사이에선 폭발적 지지를 얻었다. 올해(2016년) 초 '어묵혁명'이라 불리운 몽콕 충돌도 20대가 주도했다.[6]

그러나 홍콩에서 젊은 세대가 정치의 주역이 된 것은 최근의 일이다. 젊은 세대는 많은 사회에서 그렇듯 홍콩에서도 불신의 대상이었다. 젊은 층이 처음 사회참여로 주목을 받은 것은 2006년 스타페리 부두·종탑, 그리고 2007년 황후부두 철거 반대 농성이었다.[7] 자신의 이익과 상관없는 홍콩의 '집단기억'을 보존해달라며 싸우다 잡혀가는 젊은이들의 모습은 시민들에게 놀라움을 줬다. 이는 반환 후 사회운동에서 젊은 세대의 첫 등장이었지만, 전문가를 비롯한 많은 민간단체도 함께 참여했기 때문에 아직 본격적인 주역은 아니었다. 2012년 16세의 조슈아 웡이 국민교육반대운동을 이끌며 드디어 젊은이는 더이상 조연이 아닌 주연으로 떠올랐다. 단식투쟁을 하는 중고등학생을 보고 기성 세대는 부끄러움을 느끼며 뛰쳐나왔다.

최근 홍콩에선 '청년'이라는 이름의 선언과 정치조직이 늘어나고 있

---

[6] 어묵으로 대표되는 음식 노점상은 설(춘절) 기간에 관례적으로 허용되었으나 올해(2016년) 초 강하게 단속하자 항의하러 간 시민들과 경찰 사이에 충돌이 발생했다. 처음엔 일반 시민도 많았으나 주로 20대의 과격파가 주도하여 경찰에 물건을 던지면서 일반 시민은 자리를 떴고, 밤새 길거리 곳곳에서 방화와 무력충돌이 이어졌다.

[7] 토착운동의 새로운 장을 연 이 반대시위의 의미에 대해서는 장정아(2008), 이종화(2018), 羅永生(2014)을 참고.

다. 올해(2016년) 홍콩대 학생회는 독립 주권국가와 헌법 제정을 주장하는 '홍콩청년 시대선언'을 발표했다. 그러나 홍콩에서 청년이 확고한 정치적 주체로 형성되었다고 보기는 힘들다. 2015년 만들어져 주로 20대 청년으로 구성된 정치조직 청년신정(青年新政)도, 새로운 이념을 제시하기보다 반(反)중국과 홍콩이익을 우선적으로 강조할 뿐이다.

홍콩에서 사람들이 가시적인 집단으로 인식하고 지지를 보내는 것은 청년이라기보다 학생이다. 이때 학생에는 중고등학생과 대학생이 모두 포함된다. 그리고 학생에겐 반드시 '순수함'이라는 상상이 덧붙여진다. 한국을 비롯한 다른 사회에서도 학생 등 순수하다고 상상되는 존재들이 더 지지를 얻고 중요한 상징이 되곤 한다.[8] 그러나 홍콩은 시민사회와 사회운동의 전통이 약하고 정치적 행동에 대한 혐오가 뿌리깊은 사회적 분위기로 인해 특히 이런 현상이 심하다. 사회에 해를 끼치지 않고 그럴 의도도 없는, 아직 성장 중이고 순수하다고 상상되는 학생은 어떤 경우에도 보호해줘야 할 대상이 될 뿐이다. 중국 톈안먼 사건에 대한 홍콩인의 폭발적 지지에는 자신에게 곧 닥칠 미래에 대한 두려움도 작용했지만, '순수한 학생'의 행동이라 여겼기에 너 나 할 것 없이 지지했던 것이다.

그렇다면 홍콩에는 세대갈등이 없는가? 아니다. 젊은층은 윗 세대가 황금시기에 살며 열매를 따먹고는 다음 세대에 더 나은 사회를 물려

---

[8] "4·19 혁명과 6월 항쟁, 2002년 촛불시위 등 역사적 시위의 공통점 중 하나는, 추모의 대상이 대학생이나 어린 소녀들처럼 어떤 이해관계도 대변하지 않는 '순수한' 존재라는 점이다. 그들은 위대한 투사라서가 아니라 오히려 평범하고 꿈 많은 젊은이들이었기 때문에 민족 전체를 상상적으로 포괄하는, 거대한 애도공동체의 구심점이 될 수 있었다", 김현경, "애도공동체와 오래된 미래", 「한겨레」 2016.6.29.

주지 않았다는 불만이 강하다. 우산운동도 기성 세대 모두가 지지한 것은 결코 아니다. 특히 생계에 타격을 받은 사람들은 불만이 컸다. 다만 취업난을 비롯한 많은 문제가 사회구조의 문제이고, 자주적 결정권이 없어서 홍콩을 위한 정책이 부족하다는 점, 그리고 이는 바로 민주사회를 만들기 위한 부모 세대의 싸움과 희생이 없어서라는 공감대는 점점 확산되고 있다.

그러나 여기서 필자는 홍콩인이 학생에게 보내는 전폭적 지지가 결코 무조건적 지지가 아니라는 점에 주목한다. 학생은 '순수할' 때만 지지를 받는다. 언제나 가장 존중받는 듯 보이지만 이 지지와 존중은 사실 '순수함'에 대한 '보호'로서 극히 보수적인 정서이다. 즉 질서를 해치지 않고 순수할 때에만 보호하겠다는 조건적 존중이며 사실상의 존중이 아니다. 이렇게 순수함의 상징으로 끊임없이 호명되는 학생은 '오염'되었다고 여겨지는 순간 순식간에 공격의 대상이 될 수 있다. 이런 공격은 이미 시작되었다. 우산운동 직후 2015년 초 홍콩 지도자 렁춘잉은 홍콩대학생회가 펴낸 『홍콩민족론』과 "홍콩 민족의 운명을 스스로 결정한다"는 학생회 간행물 특집이 법에 어긋나는 주장이라며 강도 높게 비판했고, 대학생이 순수하지 않다는 인식은 부정적 여론을 만들어냈다.

> 점령에 참여했던 학생 지도부와 가까운 정계 인사들께 부탁드립니다. 대학생은 미래의 기둥으로서 애호(愛護)를 받아 마땅하지만, 그렇기 때문에 더더욱 그들이 올바른 인식을 가지도록 이끌어주어야 합니다. – 렁춘잉의 연설

학생은 애호와 지도의 대상일 뿐이다. 정권을 전복할 의도가 없다고 강조하고 시민께 불편을 끼쳐드려 죄송하다고 사과할 때에만 그들은

지지를 얻는다. 이러한 조건부 지지는 언제든지 순식간에 거둬들여질 수 있다. 순수해야만 하는 이들로 규정되는 학생은, 그 순수함이 의심받는 순간 끌어내려질 이들로 '대상화'되고 있다. 학생은 아직 진정한 주체가 아니다. 또 학생에 대해서만 열광적 지지를 보내는 홍콩사회에서 학생이 아닌 참가자들의 자리는 어디인가?

5. 지도부는 필요없다: 군중의 자발성, 그 힘과 무정형성[9]

"무대 위의 지도부는 필요 없다. 오직 군중만이 있을 뿐", "누구도 나를 대표하지 않는다". 이는 우산운동 후반을 지배하는 슬로건이었다. 우산혁명의 촉발과 진행에서 자발성이 가장 큰 힘이었다는 점은 누구도 부정하지 않는다. 이는 여러 우발적 요소의 결합에서 기인하기도 했지만, 홍콩 시민사회의 약한 기반과도 연관된다.

식민시절 홍콩에서 시민사회는 취약했다. 1966~1967년 폭동 후 정부가 정책변화를 시도하며 공간이 넓어져갔지만 그 공간은 여전히 '허용되고 주어지는' 것이었다. 정당정치는 1980년대에야 비로소 시작되었지만 중국대륙의 정치경제적 혼란을 피해서 온 사람들로 구성된 홍콩에서,

---

[9] 이진경의 구분에 따르면, "주어진 자리를 벗어나 옆에 함께-선 사람에 감응하여 일정한 방향으로 함께 움직이기 시작할 때, 감응의 전염이 하나의 흐름을 형성할 때" 이를 대중이라 부르고, 이런 흐름을 형성하지 않은 '개체들의 집합'은 군중이다. 물론 흐름을 형성하는 대중 안에서도 특이점은 계속 생겨난다(이진경, 2012). 홍콩에서는 조직화되지 않은 이들을 가리킬 때 '군중(群衆)'을 사용하고 우산운동 내내 이 군중이 중요한 주체로 호명되었다는 점에서, 이 글에서는 그 어감을 살려 '군중'이라는 용어를 쓰겠다.

그리고 홍콩의 반환 결정, 톈안먼 사건 등 일련의 과정은 정치에 대한 뿌리 깊은 반감을 낳았다. 사회운동이나 정치 참여는 소수의 정치인과 민간단체 활동가에 국한되어 있었다. 그러나 2003년 국가안전법 입안 반대 시위에 50만 명이 참여하며 비로소 시민사회는 비약적으로 발전했다. 단체들 간 연대가 강해졌고, 매년 반환기념일 행진을 비롯한 활동 때마다 협조가 긴밀해졌다.

그래도 여전히 앞에 나서서 목소리를 내는 것은 소수의 유명인사뿐이었다. 2006~2007년 부두철거 반대운동을 계기로 젊은 세대가 등장했고, 최근 몇 년 사이 참여층이 확대되면서 대중적 기반도 조금씩 강화되고 있다. 그러나 여전히 시민사회는 탄탄하지 않으며, 민간단체의 발언이나 행동이 일반 대중에게 큰 영향을 준다고 보기도 어렵다. 다만 국민교육 반대운동 등 중요한 사건을 거치며 늘어난 학생에 대한 지지는 시민사회의 지형을 크게 바꾸어왔다.

우산운동도 지식인의 시민불복종운동 제안에서 시작되었지만 실제 과정에선 중고등학생과 대학생을 대표하는 두 학생단체가 중심이었고 정부와의 담판도 이들이 했다. 우산운동 지도부에는 이들 외에도 드러나지 않은 많은 민간단체와 민주파 정치인들이 관여했다. 예상보다 길어진 도시점거 과정에서 점점 지도부 내 의견조율이 어려웠다. 특히 새로 출현한 인물들이 행동의 수위를 높일 것을 주장하고 동조자가 많아지며 갈등은 극에 달했다. 이런 과정은 사실상 홍콩에 시민사회가 형성되지 않았음을 보여준다는 분석이 이후에 많이 나왔다.

전통적 인물들 대신 새로운 인물이 계속 등장하여 발언하고 자발적 토론이 활발해진 것은 우산운동 초반 많은 이를 끌어들이는 힘이기도 했다. 그러나 중국 정부나 홍콩 정부 모두로부터 얻어내는 것 없이 점거가 길어지며 충돌은 심해졌다. 11월 초 정부청사와 입법회 돌진 시도가 있었으나 모두 실패했다. 돌진 행동을 주도한 과격파는 사전에 집회에서 홍보하려 했으나 지도부는 반대했다. 행동 실패 후 과격파는 지도부를 향해 거센 비난을 시작했고, 집회 무대 철거 요구가 빗발쳤다.

정부청사를 중심으로 시작된 점령은 세 지역으로 퍼져나갔다. 정부청사가 있는 애드미럴티[金鐘], 코즈웨이베이[銅鑼灣], 그리고 몽콕[旺角]이었다. 시간이 지나며 각 점령구는 주도집단과 특색이 달라졌다. 애드미럴티는 가장 대표적인 큰 집회가 열리는 곳이었고 발언자 중 지식인이 많았다. '중앙무대를 철거하자'는 반대파의 주요 타깃은 여기였다. 몽콕은 좀더 과격한 정치적 입장을 가진 단체들이 장악했고, 중심 무대 없이 곳곳에서 산발적으로 소규모 토론이 이뤄졌다. 점령 반대파들과의 충돌도 여기서 가장 거세게 일어났다. 코즈웨이베이는 위 두 지역처럼 뚜렷한 특징이 있지는 않았다. 주로 몽콕과 애드미럴티가 비교되었고, '몽콕 사람', '애드미럴티 사람'이라는 표현까지 등장했다. 운동 지도부의 존재에 대한 반감은 점점 확산되었고, 이는 몽콕 점령구의 지배적 분위기였다.

필자 그런 조직 없는 자발성이 우산운동의 힘 아니었을까?

답 그렇게만 보기엔 문제가 너무 심했다. 몽콕에서 첫 강제 해산이 있던 날 1천여 명이 모여들어 항의의 뜻으로 여기저기 돌아다녔다. 나는 그렇게 아무 목표 없이 여기저기 우우거리고 돌아다니는 게 의미없게 느껴져 새벽에 왔다. 친구 한 명이 아침까지 있었다기에 내가 이렇게 물었다: 1천여 명이 모여있으면 길거리 하나를 점령할 수 있는데, 단 몇 시간만이라도 길거리를 점령하는 것과 그렇게 밤새도록 아무 목표 없이 돌아다니는 것 중 어느 게 낫냐고. 그러자 후자가 좋다고 하더라. 누가 자기를 이끄는 게 싫은 거다. 어떤 조직에도 이끌리기 싫은 거다. 그냥 자기 좋은 대로, 맘대로 하고 싶은 거다. 마치 인터넷에서처럼 '함께 있지만 혼자인' 걸 선호하는 심리가 팽배해 있다. 그게 도대체 무슨 의미가 있나?

-30대 평론가·활동가와의 인터뷰, 2015.2.2.

애드미럴티의 집회 무대는 대학생회연합을 비롯한 운동 지도부가 마련한 것으로서 발언자와 순서 등 모든 것이 사전 준비에 따라 이뤄졌다. 그러나 이런 방식이 비민주적이라는 비난이 거세지면서 나중에는 무대를 개방하였다.

무대 위의 명령자가 없고 서로 종속관계가 아니라는 것이 우산혁명의 본질이다.

Q 지도자가 없으면 어떻게 행동을 조직하나?
A 각 참가자와 조직이 자발적으로 기획하면 된다. 성과가 있으면 군중이 추인할 것이다.
Q 군중과 토론하지 않으면 그 다음 행동에 대해 어떻게 합의에 이르나?
A 합의가 꼭 있을 필요는 없다. 집단행동이어야 한다는 생각은 우산혁명의 자발성에 부합하지 않는다.[10]

타이완 태양화운동에 대해 중국 사상가 왕후이는 기존의 정당 정치

---

10 중앙무대 반대파에서 설명을 위해 쓴 글. "沒有大會 Q&A",「遮打革命Umbrella Revolution 페이스북 그룹」, 2014.10.20., https://www.facebook.com/umbrellarevolu-tionhk/posts/1558916504345110

가 호소력도 정치적 상상도 잃었음을 보여주었다고 평가했다.¹¹ 홍콩의 우산운동 역시 기존 정당정치가 무력해졌음을 보여주었다. 더이상 정당정치를 통해 뭔가를 실현할 수 있다는 기대를 누구도 하지 않는다는 점이 분명해졌고, 새로운 인물과 새로운 모델이 등장했다. 그런 점에서 우산운동은 미국의 월가 점령 당시 적극 참여한 지식인 데이비드 그래이버가 찬사를 보낸 아나키스트적 원리와 유사한 점이 있었다. 기존 정치제도의 정당성 인정 거부, 기존 법질서의 정당성 거부, 그리고 위계 만들기를 거부하며, 동의에 기반한 직접민주주의 형식을 만든다는 점에서 그렇다.¹² 그래이버의 평가대로라면 월가 점령에서는 이 원리들이 성공적으로 실행되었는지 모르지만, 우산운동은 결코 이런 움직임이 긍정적 결과를 남겼다고 보기 어렵다. 광범한 익명 대중의 집단적이고 자발적인 운동의 실험장이었던 것은 사실이지만, 진행 과정은 모두에게 고통스러웠다. 이는 모두가 길거리로 나온 이유인, 모두가 그토록 잘 안다고 생각했던 '민주'를 둘러싼 진통을 낳았다.

6. 민주란 무엇인가: 갈망과 혼란

홍콩에 일찍이 민주가 있었다면 정치적으로 복잡해져서 오늘날처럼

---

11 汪暉, "當代中國歷史巨變中的台灣問題【2】: 從2014年的'太陽花運動'談起", 「人民網」 2015.2.3.

12 데이비드 그래이버, "월스트리트 점거운동의 아나키스트적 뿌리(Occupy Wall Street's Anarchist Roots)", *Aljazeera*, 2011.11.30; 고병권(2012, 252–262) 참조.

성공하기 어려웠을 것이다.

　　　　　　　　　－ 영국 식민정부에서 오래 일했던 홍콩 엘리트의 말

　1970년대부터 본격적으로 형성된 강력한 홍콩 정체성의 핵심에는 중국대륙과 달리 자유와 법치가 보장되는 사회라는 자부심이 깔려 있다. 그러나 홍콩에서 조금씩 넓혀져온 자유의 공간은 중국대륙과의 관계 속에서 식민정부에 의해 그때그때 '주어졌을' 뿐이라는 사실은 잘 기억되지 않는다. 식민정부는 홍콩을 철저한 '경제자유도시'로 만들어왔고, 그 속에서 주어지는 안정과 '민주 없는 자유'에 홍콩인들은 어느 정도 만족했다.

　홍콩의 중국 반환이 결정된 1980년대부터, 특히 마지막 총독 때 입법회와 구의회의 직선이 크게 확대되었다. 반환을 앞두고 급속히 진행되는 정치개혁에 대해, 곧 홍콩을 돌려받을 중국 정부는 크게 반발했다. 홍콩인의 기억 속에 중국 반환은 곧 자유·민주의 박탈로 상상되기 시작했다. 반환 후 몇 번의 경제위기를 중국 정부의 도움으로 넘겼지만, 점점 심해지는 사회경제적 문제, 대륙 자본과 대륙인으로 인해 최소한의 생활조차 침범당한다는 위기감, 홍콩인을 위한 정책은 없다는 분노 속에서, 진정한 자치와 민주 없이는 한계가 분명하다는 인식이 생기며 '민주'를 향한 갈망은 커졌다. "식민시절은 민주사회였고 중국 반환으로 민주를 빼앗겼다"는 왜곡된 집단기억 속에서 홍콩인들은 과연 민주란 무엇인가, 홍콩이 진정한 민주사회였는가 하는 질문을 한번도 철저하게 성찰할 기회가 없었다.

　그런 홍콩에서 우산운동은 어쩌면 처음으로, 민주란 도대체 무엇인가라는 질문을 던지지 않을 수 없게 만들었다. 민주는 모두의 의견을 수렴하는 것인가? 그 '모두'는 어디까지 포함하는가? 어떻게 의견을 수렴하여 결정하는 게 민주적인가? 익명의 군중이 흩어져 있는 세 곳의 점령구에서, 더 많은 이들이 활동하는 온라인 공간에서, 점점 패색이 짙어가고 군대 출동 루머가 나도는 긴박한 상황에서, 민주적 과정을 통해 내일의 행동을 결정하는 것은 누구도 경험해보지 못한 어려운 일이었다.

운동 후반부에 시위자들이 초조해지며 행동 수위를 높여 정부 건물에 돌진해 들어가자는 주장이 계속 나왔고, 반대하는 지도부와 갈등이 격화되었다. "목소리를 인민에게 돌려달라"며 중앙무대 철거 주장이 확산되었다. 향후 방향을 토론하자며 대학생회연합이 점령구를 돌아다니자 "홍콩을 팔아먹는 도적이 점령을 해산시키려 한다"며 과격파와 지지자들은 야유하며 방해하여 토론을 무산시켰다. 특히 강경파가 장악한 몽콕에선 이런 현상이 더 심했다. "몽콕에 가지 않으면 사내 대장부가 아니다[不到旺角非好漢]"라는 말까지 등장하며, 이제 무엇을 위한 충돌인지도 모른 채로 충돌이 잦아졌다. 필자가 참석한 우산운동 직후 토론회에서 한 20대 청중은 이렇게 말했다. "몽콕에선 거의 매일 밤 여기저기서 사람들이 맞고 있었다. 그런데 애드미럴티는 너무 학자들 위주의 분위기라 굉장히 지루하더라. 나는 몽콕 쪽이 더 좋았다. 애드미럴티 점령구의 분위기는 별로 지지하고 싶지 않아서 잘 안 갔다." 모두의 호응과 지지 속에 운영되던 이동식 민주교실조차도 나중엔 이런 군중들의 타깃이 되었다.

한번은 침회대학 齊 교수가 강연할 때 누군가 우산을 펴들고 막으며 "누가 너희들 보고 오라고 권한을 줬어?"라고 했다. 내가 나서서, 군중이 결정하는 거라고, 우린 모두 자발적이니 누가 권한을 주고 말고 할 게 없다고 했다. 齊선생의 답은 더 멋졌다. "누가 권한을 줬냐고? 여기 있는 사람들이 모두 내 말을 듣고 있다, 됐냐?(현장의 50~60명이 박수침) 듣고 싶으면 당신도 앉고, 안 듣고 싶으면 비켜달라."

– 이동식 민주교실 기획·책임자의 인터뷰 기사[13]

우산운동 때 과격파들은 지도부도 무대도 집회도 다 없애는 게 민주라고 했지만, 그러다 보니 토론을 전혀 할 수가 없었다. 우리는 토론해야 할 게 많았다. 예를 들어 우산운동 중반쯤부터, 공개적으로는 아니고 몇 사람끼리 그런 토론을 했었다. 길을 좀 양보할까, 그렇게 해서 좀더 많은 시민으로부터 지지를 얻어내면 어떨까, 역량을 좀더 집중하면 어떨까…. 그런데 토론할 방법이 없었다.

사실 점령운동 1년 전부터 내내 시민들에게 이야기한 건 '센트럴 점령'이었지 않나? 그러다가 갑자기 세 곳을 점령하게 된 거다. 그럼 그렇게 세 곳이나 점령구가 생긴 데 대해 무슨 명분이 있을까? 시민들로부터 지지를 얻어낼 명분이 있어야 하지 않나? 이런 것들을 토론해야 하는데 할 수 있는 분위기가 아닌 거다. 토론하려고만 하면 야유를 보내며 막으니까. 앞으로가 더 문제다. 이제 어떤 단체도 나서서 운동을 조직할 엄두를 못 낼 거다.

– '미래민주대학'(민간단체) 발기인과 필자의 인터뷰, 2015.2.4.

우산혁명은 집단적이고 자발적인 대중운동의 실험장이었다. 그러나 민주에 대한 풍부한 실험과 상상의 공간은 닫혀가고 강경한 행동을 요구하는 목소리가 점점 커졌으며, 이에 대한 반대나 통제는 곧 비민주로 공격받았다. 월가점령에선 밑으로부터 합의를 만들어내는 것이 가능했는지 모르지만,[14] 우산운동은 그게 얼마나 어려운지를 전면적으로 드

---

13 "流動民主課室(下): 由抗爭現場走到日常的民主",「一小步사이트」, 2014.12.29.
14 데이비드 그레이버, "불가능한 것을 실행하기: 합의만들기에 관하여Enact-

러내며 막을 내렸다. 홍콩인들은 자신을 중국과 다르게 만들어주는 핵심이라며 자랑스러워하던, 그리고 반환 후 빼앗겼다며 그토록 갈망하는 민주가 무엇인지 사실 잘 모른다는 사실을 아프게 깨닫게 되었다.

7. 폭력의 아포리아: 비폭력적 불복종에서 무장혁명까지

> 평화적으로 대응하자. 사랑과 평화가 모든 것을 이긴다. 정부 건물이 아무리 높아도 우리의 도덕 정조가 더 높다.[15]

우산혁명은 처음부터 비폭력이 가장 중요한 원칙으로 제시되었다. 점령운동의 정식 명칭은 "사랑과 평화로 센트럴을 점령하라[讓愛與和平佔領中環]"였다. 비폭력·평화는 운동 초반 참가자들의 자랑이었고, 보통 시민의 지지를 널리 받은 핵심 요인이었다. 한국 언론도 평화적이고 질서를 지키는 우산운동이 수준 높은 시위문화를 보여준다는 보도를 하곤 했다. 홍콩의 비폭력성은 마치 중국대륙과 대비되는 홍콩의 특성처럼, 그리고 법치와 마찬가지로 영국 식민지배의 '긍정적' 유산처럼 여겨지는 경향이 있다. 그러나 이는 피상적인 시각이다. 우산시위에서 홍콩인들이 '비폭력'을 강조한 것은, 폭력을 조금이라도 쓰면 정부 측에 진압의 빌미를

---

ing the Impossible: On Consensus Decision Making", *Occupy Wall Street*, 2011.10.29; 고병권(2012, 159-162) 참조.

15 학생들의 광장 점거 시도 후 다음날 아침 격려하러 온 점령운동 발기인 중 한 명(陳健民교수)이 현장의 시민과 학생들에게 한 말. 그는 우산운동으로 인해 2019년부터 약 1년 수감된 후 출옥했다.

제공하게 될 거라는 전략적 고려도 있었지만, 홍콩에선 '대륙식 폭력'은 허용되어선 안 된다는 강박관념이 기저에 있다. 그리고 이는 홍콩인 정체성의 형성 과정에서 1967년 폭동이 안겨준 트라우마와 깊이 관련된다.

1967년 홍콩의 한 공장에서 벌어진 파업에 대한 폭력진압이 있었고, 다른 노동자와 학생의 항의가 이어지며 폭동으로 발전했다. 여기에는 물론 당시 대륙의 문혁 영향도 있었다. 폭동이 격렬해져 많은 사상자를 냈고, 좌파와 '대륙식 폭력'에 대한 두려움, 그리고 안정사회의 필요성에 대한 절감을 홍콩인들에게 깊이 남겼다. 이는 '대륙과 차별화되는 홍콩'의 정체성에서 중요한 지점이었고, 식민통치가 정당성을 얻는 결정적 계기가 되었다. 식민정부는 폭동 후 각종 복지제도와 변화를 대거 도입했고, 홍콩은 '공산사회' 중국에 맞서는 명실상부한 '자유사회'의 보루로 자리매김하게 되었다(장정아, 2005b; 孔誥烽, 1997 등 참고). 반환을 앞두고 1989년 대륙의 톈안먼 사건 당시 '조국'의 젊은이들이 유혈진압되는 광경은, 정치는 역시 폭력적인 것임을 느끼게 해주었다. 홍콩에는 정치와 폭력에 대한 극도의 반감이 뿌리깊게 자리잡았다.

이런 홍콩에서 도심점거가 시민의 지지 속에 가능할 수 있었던 것은, 처음 제안한 베니 타이의 아이디어가 자기희생과 비폭력적 불복종을 강조했기 때문이다. "시민불복종의 최대 살상력 있는 무기"라는 제목으로 처음 점령운동을 제안한 글에서, 베니 타이는 중요한 원칙으로 "온건하던 오피니언 리더들, 특히 과거에 위법 경험이 없거나 급진파에 속하지 않는 정치적 지도자들, 관원을 했던 이들, 종교적 지도자와 학자가 참여해야 한다"고 강조했다.

이처럼 처음 기획자들에게는 지식인과 종교지도자 등이 희생을 해야 시민의 지지를 얻을 수 있다는 생각이 컸다. 단순한 점거가 핵심이 아니었다. 며칠만 평화적으로 점거한 후 자발적으로 잡혀가서 법정에서 주장을 전달할 계획이었다. 계획과 달리 점령이 진행된 이후에도, 평화적으로 지지를 호소하는 정서는 참여자들 사이에 지배적이었다. 이를 보여주는 것은 우산운동 기간 수도 없이 등장한 무릎 꿇는 장면이다.

처음에 잡혀간 학생들을 지지하러 모인 집회에서 빗발치는 요구에 응하여 베니 타이가 점령을 앞당겨 개시한다고 선포했을 때 일부 시민이 갑작스러운 점령 선언에 반발하며 떠나려 하자, 유명한 민주파 입법회 의원 렁콕홍(梁國雄)은 시민들 앞에 여러 번 무릎을 꿇으며 떠나지 말아달라고 호소했다. 운동을 지지하는 한 평범한 시민은 길을 막아서 미안하다며 무릎 꿇고 시민들에게 사과하고 단식농성을 했다. 최루탄을 쏘고 '총을 쏜다'는 경고문을 꺼내든 경찰에게 시민들은 울며 무릎을 꿇고 "제발 침착해달라, 당신도 자식이 있잖냐"고 호소했다. 운동 후반 시민들이 점령시위 때문에 길이 막혀 힘드니 이제 그만해달라는 부탁 편지를 대학생회연합에게 무릎 꿇고 전달하여 대학생들도 무릎 꿇고 편지를 받았다.[16]

우산운동 직전 6월 중국 정부가 "일국양제하에서 홍콩이 누리는 모

---

16 예전에 어느 중국 교수는 "우리는 하늘에게만 무릎을 꿇지 사람에겐 무릎을 잘 안 꿇는다. 그래서 중국에 진출한 어느 한국 기업이 중국인 직원들에게 잘못했으니 무릎 꿇으라고 했을 때 부정적 여론이 크게 일어났다. 한국 드라마에서 여자친구나 부모에게 무릎을 쉽게 꿇는 걸 보며 놀랐다. 이런 문화의 차이가 한중간에 오해가 커지게 만드는 것 같다"고 했다. 홍콩에서도 무릎 꿇는 행위가 흔한 것은 아니지만, 최근 우산운동 전까지는 요구를 표현하는 방식이 워낙 한정되어 있어서 주로 평화행진이나 관원에게 편지 전달이 전부였으므로, 절박함을 표현하기 위해 생각할 수 있는 최대한이 무릎을 꿇는 것이었다. 필자가 2000년대 초 홍콩인의 대륙자녀의 거주권 문제를 조사할 때에도 부모들은 관원에게 편지를 전달할 때 종종 무릎을 꿇었다.

그림 04 시위를 지지하며 혼자 단식농성한 시민. 뒤에는 "사람들의 마음을 점령하려면 희생이 필요하다"고 적혀있음(2014년 필자 촬영)

든 권력은 오직 중국이 부여하는 한에서만 존재한다"는 일국양제 백서를 발표한 후 8월 말 2017년 지도자 직선제의 입후보 자격 제한에 대한 결정을 내려 사실상 '진정한 직선'의 꿈이 깨지자, 대학생회연합 비서장은 "30년의 모욕도 아직 충분치 않은가? 무엇을 더 기다려야 하는가? 1980년대 홍콩 학생들이 품었던 '민주적 주권반환'의 꿈은 배신당했다. 오늘날 우리 학생은 '운명에의 저항[抗命不認命]'을 선언한다"고 외쳤다. 그래도 학생단체를 포함한 지도부는 끝까지 최대한 평화시위를 유지하려 했다. 중반부 이후 행동 수위를 높이자는 요구가 나와도 지도부는 동의하지 않았고, 위험을 경고하며 일부 점령구에서 시위대에게 철수하라고 하면서 '충돌'을 피하려 하다가 반발을 사기도 했다.[17]

---

[17] 마지막에는 결국 대학생회연합이 행동 수위를 높이자고 하여 정부청사 포위공격을 시도했으나 좌절된 후 실패를 인정했다. 행동수위를 높이자는 강한 요구와 긴박함 속에서 급하게 벌어진 이런 상황은 학생단체에 대한 신뢰를 크게

우산운동이 결국 무력하게 해산되며, 더이상 제도권 안의 '비폭력적' 방법으로는 아무것도 얻을 수 없다는 공감대가 확산되고 있다. 중산층 기성세대조차도 이런 폭력적 방식에 대한 거부감이 예전보다 약해지고 있고, 젊은층은 훨씬 더하다. 올해(2016년) 초 발생한 몽콕 충돌('어묵혁명')은, 조그만 일로도 폭력이 점점 쉽게 발생하고 그게 조금씩 받아들여진다는 것을 보여주었다. 노점 단속에 항의하는 이들이 모여 밤새도록 충돌과 방화가 이어졌고, 제어가 되지 않자 경찰은 하늘을 향해 공포탄을 쏘고 시위대에게도 총을 겨누어 충격을 주었다. 사건 직후 필자가 인터뷰한 상당수의 홍콩 젊은층은 시위대의 폭력을 지지하고 있었고, 경찰과 기자에게 폭력을 가하는 것이 정당하다는 생각을 가진 사람이 많았다.[18]

정치를 싫어하고 폭력을 혐오하던 홍콩에서, 이제 정치적 행동과 주장이 만개하고 폭력, 심지어 무장혁명까지도 긍정하는 분위기가 생겨나는 것은 일단 새롭고 놀라운 일이다. 그러나 이런 폭력 주장은 다소 일방적으로 행동주의를 향한다는 점, 그리고 폭력의 일차적 타겟이 평범한

떨어뜨렸다. 우산운동이 끝난 후 알렉스 차우(대학생회연합 비서장, 2021년 현재 미국 유학 중)는 언론 인터뷰에서, 당시 폭력에 대한 요구가 하도 강하니 그렇게 폭력을 사용해봐야 소용없다는 걸 깨닫게 해주기 위해서 일부러 공격을 시도한 것이라 하여 논란을 일으켰다.

18 이런 점에서 홍콩에서 한국의 민주화 운동에 관심을 가지는 사람이 많아졌다. 특히 민주화운동 과정에서 정부와 경찰, 기자에 대한 폭력이 어떻게 인식되었는지를 궁금해한다. 흥미로운 점은, 폭력을 주장하는 이들도 중국의 문혁이나 홍위병은 긍정적으로 평가하지 않는다는 것이다. 그들은 중국대륙의 모든 것을 부정하는 입장이기 때문이다. 문혁과 마오, 홍위병은 홍콩에서 언제나 부정적으로만 소환된다.

중국 대륙인과 홍콩의 온건 민주파들이라는 점에서 현재로서는 한계가 있다. 인민해방군이 주둔하는 홍콩에서 무장혁명은 비현실적이고 무책임한 주장이라는 비난도 나오고 있다.

> 많은 이들이 최후까지 밀고 가서 '무장혁명'을 제기한다. 이 주장은 반드시 성공할 가능성과 계획이 있어야 한다. 그게 아니라면 사람들을 죽음으로 내모는 것이다. 따라서 '무장혁명'을 제기하려면, 먼저 700만 홍콩인이 어떻게 홍콩에 주둔하는 해방군을 소멸시킬지, 그리고 중국대륙의 군대를 어떻게 막을지에 대한 계획을 명확히 제시해야 한다. 그게 아니면 공상에 지나지 않는다.[19]

현재 홍콩의 폭력 주장은 기존의 가치를 넘어서는 새로운 가치를 만들어내고 있다기보다, "홍콩 자신이 추락할지도 모른다는 공포감이요, 계속 항쟁함으로써만 공포에서 오는 허무감을 채울 수 있는"[20] 데 머무른다고 보는 게 더 정확할 것이다. 비폭력은 여전히 '중국보다 우월한' 홍콩을 지탱하는 핵심 가치이다. 그러나 중국에 저항하고 홍콩을 지키기 위해 이제는 폭력이 필요하다는 인식이 확산되고 있다. 폭력은 과연 홍콩을 지켜줄 수 있을까? 그동안 중국대륙의 전유물로 여겨지던 '폭력'은 이제 홍콩인들이 스스로를 지키기 위해 사용할 '폭력'과 어떻게 다른가? 그렇게 해서 지켜내야 할 홍콩은 어떤 홍콩일까? 이런 성찰이 시작되어야 할 때다.

---

19 司徒子朗(前 대학생회연합 집행부), "三種抗爭模式: 公民抗命, 不合作運動 與革命", 「香港獨立媒體」 2014.12.14.

20 "學苑出版'香港 年時代的宣言'文章倡香港成獨立主權國家", 「明報」, 2016.3.14.

8. 징후로서의 우산혁명: 균열이 드러낸 가능성

현재 홍콩인들이 일상에서 느끼는 가장 큰 불만의 대상은 사실 중국 정부가 아니라 대륙인, 즉 사스로 죽어가던 홍콩 경제를 살리기 위해 중국 정부가 보낸 선물인 대륙 여행객이다.[21] 그들 중 일부가 보따리장수 역할을 하며 물건을 싹쓸이해 가서 홍콩인이 살 물건이 부족한 것도 문제지만, 서로 익숙치 않은 태도와 행동은 끊임없이 충돌을 낳고 있다. 이런 갈등 현장이 담긴 숱한 동영상 중 2개의 영상에서, 질서를 지키지 않아 갈등을 일으키는 대륙인에게 서로 다른 홍콩인이 놀라울 정도로 똑같이 다음과 같은 말을 하고 있다.

> "당신이 나에게 예의없게 대하는 건 상관없다. 당신 스스로를 존중하라. 당신 스스로의 존엄을 지키라."

한 동영상에서는 홍콩 경찰이, 다른 동영상에서는 홍콩-마카오 페리의 여자직원이 이 말을 한다. 누가 시키지 않았는데도 똑같이 '당신 스스로를 존중하라'는 말을 하게 만드는 것이 바로 홍콩인의 무서운 자부심이다. 그것은 마치 비(非)문명을 대하는 문명의 자세이다. 상대가 나에게 예의없게 행동하는 것보다도, 상대가 인간으로서의 존엄을 잘 모른다는 걸 안타깝게 여기며 가르치는 것이다.

---

21 물론 여행객만이 아니고 대륙 임산부의 원정 출산도 몇 년 전까지 큰 문제였는데 제한 규정을 만든 후 최근엔 크게 줄었다. 그 외에도 매일 150명의 정원이 대륙인의 정식 이주에 대해 주어져 있는데, 이렇게 대륙에서 온 이들은 '신이민'으로 불리우며 공공연한 차별의 대상이 된다.

이것이 홍콩의 오랜 자긍이었다. 존엄을 지키는 사회, 각자의 자리에서 성실하게 일하면 보답받는 공평하고 개방적인 사회, 그런 사회에 대한 믿음으로 질서를 지키고 예의바르게 행동하는 홍콩인. 이것이 유지된다는 믿음이 있는 한, 정치적 자유보다 경제적 자유가 압도적이어도 감내할 수 있었다. 2003년 사스 때 마지막 순간까지 환자를 치료하다가 죽어간 의사와 간호사들은 바로 이렇게 자기 자리를 지키는 홍콩인들의 존엄을 상징하고 있었다.

그리고 이것은 분명한 영국 식민통치의 긍정적 유산으로 여겨졌다. 사회시스템에 대한 믿음, 부패하지 않은 관료와 공직자,[22] 인치(人治)가 아닌 법치사회, 이것이 바로 중국과 다르다는 자부심의 핵심이었다. 중국이 아무리 경제적으로 눈부시게 발전해도 절대 따라올 수 없는 홍콩의 위엄은 모두 식민통치가 남겨준 유산이었다. 비록 식민정부는 민주를 충분히 주지는 않았지만 자랑스러운 홍콩을 남겨주었다. 식민시절 내내 법정에선 흰 가발을 쓴 법관과 변호사들이 영어로만 대화하여 당사자들은 알아들을 수도 없었지만, 그래도 그들은 청렴한 법치사회에 대한 믿음이 컸다.[23] 식민시절부터 지금까지 홍콩의 통치방식은 시민의 의견을

---

22 많은 보통 시민의 기억과 달리, 식민 초기부터 홍콩의 공직자가 청렴했던 것은 결코 아니다. 식민정부는 1967년 폭동 이후 "사람들의 마음을 잡을 황금기회"를 놓치지 않고자 여러 가지 개혁을 시행했고, 그중 오늘의 홍콩을 만든 결정적인 것이 바로 1974년 '부패방지위원회[廉政公署]'의 설립이었다.

23 1987년까지 어떤 법조례도 중국어로 정식 번역되지 않았고, 영어를 몰라도 배심원을 할 수 있게 된 것은 1997년에 와서이다. 홍콩 법제에서 합리성의 기준은 영국이다. 홍콩의 법체계는 영국식(보통법)으로 중국 법체계(대륙법)와 다르다. 2000년대 초반 필자가 현지조사하던 홍콩인의 대륙자녀 분쟁 때도 법정에서 모든 심리는 영어로 이루어져, 대부분 중국 농촌 출신의 당사자들은 방청

형식적으로만 수렴하고 실질적으로는 소수가 결정하지만, 청렴하고 능력있는 엘리트가 사회를 발전시킨다는 홍콩인들의 믿음은 강했고, 공직자의 높은 연봉은 불만이 아닌 선망의 대상이었다.

그것이 무너지고 있다. 보수파도 급진파도 모두가 공유하는 것은, 홍콩이 무너져가고 있다는 비애이다. 우산운동 기간 동안 경찰의 폭력이 심해질 때 한 교수는 화가 나기보다는 슬프다고 필자에게 토로했다. 경찰은 홍콩에서 오랫동안 존경받던 직업 중 하나이다. 이런 전문직이 몇십년 간 쌓아온 존엄이 무너지는 게 바로 홍콩의 쇠락을 보여주기에 슬프다는 것이다. 몽콕 충돌이 준 가장 큰 충격도, 어묵을 파느냐 마느냐의 문제만으로도 몽콕 같은 상업지역이 밤새 '폭동' 지역으로 뒤바뀌어버린다는 점이었다. 한 평자는 이렇게 개탄했다. "어묵혁명이 말해주는 건, 홍콩이라는 도시가 정말로 죽어가고 있다는 것이다."

홍콩은 죽어가고 있다. 그렇다면 우산혁명은 잠시 섬광처럼 빛났던 유토피아의 순간인가? 그 빛을 마지막으로 홍콩은 소멸해가는가? 그 속에서 사람들이 언젠가 '정신을 차리고 각성하여' 우산을 다시 펴들 날을 기다려야 하는가?

> 우리는 우산운동이 처음 시작될 때부터 실패할 것임을 알았다. 그래서 교육이 중요하고 장기전이 중요하다고 생각했기에 이동식 민주교실을 점령 첫날부터 꾸렸다. 우산운동의 가장 큰 특징은, 우산운동 때

해서 들어도 소용이 없으니 영어를 아는 사람(민간단체 간사 등)에게 방청을 부탁해서 그들의 해석을 들어야 비로소 내용을 알 수 있었다. 당시 법정 앞에서는 매번 수백 명이 하루종일 기다려 이 영어 가능자의 '해석'을 들었다. 홍콩 법정에서 언어의 권력관계는 분명했다. 최근에는 광둥어로 하는 법정 심리가 늘어나고 있다. 홍콩의 법치와 식민주의의 관계에 대해서는 장정아(2005a) 참고.

사회운동에 처음 참여한 사람이 많다는 점이다. 그 사람들을 계속하게 만드는 게 가장 중요하다. 허무주의로 가지 않아야 한다.
- 이동식 민주교실 기획자들과 필자의 인터뷰, 2016.2.22.

우산운동 후 두 차례의 현지조사에서 만난 이들 중, 우산운동이 비록 실패했어도 많은 것을 남겼다며 낙관적인 사람들도 있었지만 비관적인 이들이 더 많았다. 정부 공격보다 운동진영 내부 공격이 더 쉽고 부담도 적으니 점점 인신공격과 비난이 심해지고, 폭력적 대항에 반대하는 이들은 모두 홍콩을 팔아먹는 적으로 매도당하는 분위기 속에서, 낙관적 입장은 점점 힘이 약해지고 있었다.

과격파들은 많은 걸 해보고 안 되니 폭력밖에 방법이 없다고 하지만 사실 홍콩인은 제대로 해본 게 아무것도 없다. 우산운동 끝날 때쯤 비협조운동하자고 했지만 결국 해내지 못했다. 우산운동도 겨우 3개월도 안 되고. 그런데도 다해봤는데 소용없다고 하고, 또 그 말에 다들 동조한다. 홍콩 사회의 문제점이 적나라하게 드러나고 있다. 너무 조급하고, 당장 성과가 없으면 소용없다고 생각한다.
- 2006~2007년 부두철거 반대운동을 이끌었던 활동가와 필자의 인터뷰, 2016.2.23.

이 지점에서 어쩌면, 우산운동에 대한 평가와 시각은 완전히 달라져야 하는지도 모른다. 지금까지 홍콩 내부를 비롯하여 일반적인 국내외의 시각은, 우산혁명이 만들어냈던 공동체가 너무나 빨리 사라진 데 대한 안타까움, 이제 냉소와 폭력만 남은 데 대한 우려가 지배적이다. 나는 마치 실패한 싸움처럼 기록되며 역사 속으로 묻혀지는 듯한 우산혁명이 멈춘 지점에 주목하고, 그 이후의 모든 갈등이 무엇을 드러내는지 직시해야 한다고 생각한다.

홍콩인들이 오랫동안 모두가 공유한다고 상상했던, 그것만은 누구도 부인할 수 없는 홍콩만의 아름다움이라 여겼던 가치들이 깨져나가고 있다. 비폭력·평화는 홍콩을 홍콩답게 지켜주는 최후의 보루였다. 적어도 그렇게 그들은 믿었다. 홍콩에서 폭력이 등장하는 순간 대륙과 다를 바 없어진다고, 그건 곧 홍콩의 몰락이라고 믿었고, 그래서 어떤 경우에도 평화적이어야 했다. 그것이 중산층과 엘리트로부터 일정한 지지를 얻어온 홍콩 민주파의 기반이었다. 매년 6월 4일 열리는 톈안먼 사건 추모 집회는, '민주'와 '평화'에 대한 갈망을 공유한다는 걸 확인하고, 대륙 바로 옆에 있는 이 조그만 홍콩이 바로 그것이 살아 있는 땅임을 다시 한 번 확인하며 공동체가 되는 자리라 여겨졌다. 그런데 그 강박증이 깨지고 있다. 폭력을 쓸 수도 있다고, 폭력을 사용하는 게 정당할 수도 있다고 생각하는 사람이 늘어나고 있다. 그토록 오래 사로잡혀 있던 강박에서 풀려나고 있다.

홍콩인이 가지고 있던 또 한 가지 강한 관념은 '순결한 학생'을 보호해야 한다는 강박이었다. 그것은 '학생'이 도덕적(=비폭력적)이고 순수해야 (=정치적 의도가 없어야) 한다는 관념, 그리고 그들을 '보호'할 때만 기성 세대의 도덕성이 보장받는다는 생각, 이 두 가지 모두에 대한 집착이었다. 홍콩인들이 보기에 이는 바로, 톈안먼에서 학생의 평화적 요구를 무력으로 진압한 대륙보다 홍콩이 절대적으로 우월한 점이었다. 이것도 조금씩 깨지고 있다. 학생은 이제 홍콩 독립을 외치고 무장혁명을 외치기 시작했다. 그들을 지지하는 무리가 길거리 곳곳에서 선전활동을 매일 벌인다. 정치에도 뛰어들었다. 더이상 홍콩인들은 '순수한 젊은이'의 주장이라는 이유로 무조건 지지할 수 없게 되었다. 당혹스럽지만, 오히려 이제야 비로소,

문제의 본질은 무엇인지를 직시할 수 있는 가능성이 열렸는지도 모른다.

이렇게 홍콩을 중국대륙과 차별화된 핵심 가치라 여겼던 것들이 깨져나가는 진통은 당연히 오래 지속될 것이다. 그 대안이 정말 폭력밖에 없는가에 대한 고통스러운 고민도 계속될 것이다. 지도자 '직선'은 오랜 세월 홍콩의 민주파에 대한 지지를 이끌어내는 동력이었다. 지도자 직선이 홍콩의 사회경제적 문제를 모두 해결해줄 수는 없지만, '우리 손으로 우리 운명을 결정하겠다'는 명쾌한 구호는 호소력이 있었다. 그러나 이제 홍콩인들은, 그토록 오래 직선을 주장했어도 바뀌는 게 없다는 생각이 들기 시작했다. 그에 대한 답으로 폭력을 주장하는 이들도 있지만, 정말 문제가 지도자 직선뿐인가 하는 생각도 하기 시작했다. 또 홍콩의 핵심 정체성으로 누구도 의심하지 않던 '법치'가 꼭 절대적으로 지켜져야 하는 것인가 하는 질문을 던지기 시작한 점도 의미를 가진다.

이렇게 단단하던 것이 무너진 듯 보이는 지점은 오히려 새로운 가능성을 열어주는 '로도스'가 될 수 있다. 균열은 일시적으로, 그러나 오래, 봉합되어 있었다. 그 봉합이 파열되고 있다. 그것은 다행이다. 우산혁명을 '짧았던 유토피아의 기억', '순수하고 아름다웠던 최고의 순간'으로 낭만화하는 시각이 오히려 위험할 수 있다. 우산혁명이 "정권의 부패에 맞서 도덕적 싸움을 했던 상식과 양지(良知)의 혁명이며, 학생들의 점령은 '진실(Truth)' 속에서 살고자 한 노력"(후이보경, 2015; Po-keung Hui & Kin-Chi Lau, 2015)이라는 내러티브는 지나친 단순화이다. 선과 악의 도덕적 대립구도 속에서 스스로를 '진실'과 등치시켜버린 후 할 수 있는 것은 별로 없다.

우산혁명은 뜨겁고 아름다웠던 순간으로만 기억되어서는 안 된다. 한국 광주항쟁의 제도화·신성화가 "도덕적 찬사와 미화 속에서 자칫 5·18 전사들을 에토스의 수인(囚人)들로 전락시키고 그들의 싸움을 우리 삶으로부터 분리된 것으로 신비화·물신화"해버리듯(박영균, 2011: 55-57), 우산혁명을 절대화할수록 역설적으로 그것은 다시 반복될 수 없는 역사 속 사건이 되어버린다. 우산혁명 때 악에 맞선 선의 공동체가 되었다는 담론은, 많은 가능성을 단일한 상상 속으로 환원시키고 봉쇄시켜버리는 것이다. 특히 초반의 평화롭던 우산운동이 가졌던 열정만을 찬미하는 순간, 우산혁명이 내포했던 가능성은 사라지고 단지 기억되고 기념되어야 할 과거로만 남게 된다. 우산혁명은 이제 징후로서 바라보아야 한다. 우산혁명이 멈추며 파열된 지점이 무엇을 드러내는지를 징후적으로 읽어내는 데서 시작해야 한다.

이 글의 제목 '이 폐허를 응시하라'는 레베카 솔닛의 책(원제 『지옥에 세워진 낙원 A Paradise built in Hell』)의 한글 번역본 이름에서 따왔다(레베카 솔닛, 2012). 이 책은 재난 속에서 만들어지는 군중의 공동체에 주목한다. 나는 이 제목을 따와서 거꾸로, 우산혁명에서 피어난 공동체와 유토피아에 주목하는 것이 아니라, 그것이 주저앉은 지점에 드러난 심연에 주목하자고 이야기하고 싶다. 레베카 솔닛은 "규칙들이 깨지고 많은 문이 열린다는 점에서 재난은 혁명과 비슷한 유토피아"라고 한다. 우산혁명도 그러했다. 규칙들이 깨지고 많은 문이 열리고 있다. 그러나 우산운동 자체가 그러했던 것은 아니다. 원래 주도자들이 기획했던 우산혁명은 오히려 그 규칙을 철저히 지키는 것이었다. 운동 과정에서 예기치 못한 인물과 일들이 빚어낸 갈등 속에서 규칙은 깨져나갔다. 진리는 우산운동 자체에 있다기보다, 모두가 '실패와 좌절'이라 이야기하는 현재의 폐허 속에 있다. 사건 자체를 회고하기보다 사건 이후 '후사건적 주체의 실천'이 필요한 때이다.[24]

---

24 "사건은 공백을 열어놓는다. 바디우의 '정치'는 '상황상태'를 만드는 '덧셈'

전무후무했던 대규모 도심 점거가 놀랍도록 평화롭고 유쾌하게 이루어지던 초기 우산혁명의 기억, 질서와 관리에 길들여졌던 홍콩인이 뛰쳐나와 금기를 하나하나 깨어가던 놀라움, 이것만 기억하고 그리워하면, 오직 초반부의 유토피아적 열정과 공동체의 기억만이 의미있는 것으로 남게 된다. 다시 도심을 점령하여 그 유토피아를 재현하는 것만이 유일한 출구가 된다. 그러나 그렇게 낭만화하기에는 그 이후의 과정이 너무 고통스러웠다. 아름다운 기억의 강조는, 후반부, 그리고 점거해산 후 격화된 갈등의 모든 고통을 의미없는 것으로 만들어버린다. 이것은 대단히 위험하다. 바로 그 고통 속에 서서, 거기서부터 새로운 상상을, 새로운 주체를 만들어나가야 한다. 우산운동 직후 열린 시민 간담회에서 운동 과정의 갈등에 대해 모두가 긴장감 속에서 이야기하며 아직 남아 있는 서로간의 간극을 확인한 후, 사회자는 마지막으로 이렇게 말했다.

"이 많은 아픔을 기억하자. 그렇지 않으면 다음에 또 아플 것이다."[25]

에 있는 것이 아니라 오히려 '공백'을 드러내며 '뺄셈'을 수행하는 후사건적 주체에 의해 이루어지는 것이다. (…) 따라서 변화를 일으키는 것은 진리 자체가 아니며 사건에 감화받은 주체들의 출현과 그들의 후사건적 실천이다."(박영균, 2014: 172).

25 우산운동에 대한 주요 국내 문헌으로 김동하(2015), 김진용(2016), 박광득(2014), 박서현(2015), 왕쯔웬·심준섭(2015)을 참고.
이 글이 2016년 『황해문화』에 게재된 후 홍콩 우산운동에 대해 외국에서 나온 주요 문헌은 다음과 같다. Francis Lee(2017), Jason Y. Ng(2016), Louis Augustine-Jean and Anthea Cheung(2018), Ming-sho Ho(2019), Ngok Ma and Edmund Cheng(2020), Ray Yep(2019), Simon Xu-Hui Shen and Wilson Wai Shun Chan(2019) 등.

참고문헌

고병권(2012), 『점거, 새로운 거번먼트:월스트리트 점거운동 르포르타주』, 그린비.

孔誥烽(1997), 「論述六七: 恐左意識底下的香港本土主義·中國民族主義與左翼思潮」, 羅永生編, 『誰的城市?: 戰後香港的公民文化與政治論述』, 牛津大學出版社.

김동하(2015), 「홍콩의 센트럴 점령 시위를 통해서 본 일국양제 고찰」, 『한중사회과학연구』 13집 4호.

김진용(2016), 「우산혁명은 왜 지속되지 못했는가?」, 『동아연구』 71권 0호.

羅永生(2014), 『殖民國家外』, Hong Kong: Oxford University Press.

레베카 솔닛(2012), 『이 폐허를 응시하라』, 펜타그램.

박광득(2014), 「홍콩 민주화 시위와 일국양제의 전망에 대한 연구」, 『대한정치학회보』 22권 4호.

박서현(2015), 「홍콩 민주화 시위에 나타난 정체성의 정치 분석」, 『글로벌교육연구』 7집 4호.

박영균(2011), 「사건으로서 5.18과 인권의 정치」, 『철학연구』 119집.

박영균(2014), 「알랭 바디우, 후사건석 수체와 눌의 철학」, 『진보평론』 59집.

알랭 바디우·파이뱅 타르비(2015), 「오늘날의 정치영역-좌/우의 대립, 합의」, 『철학과 사건』, 오월의봄.

왕쯔웬·심준섭(2015), 「홍콩의 '우산운동' 갈등에 대한 중국과 홍콩 언론의 뉴스 프레임 분석」, 『분쟁해결연구』 13권 3호.

이종화(2018), 「홍콩의 집단 기억과 시위 그리고 정체성 정치」, 『중소연구』 42권 3호.

이진경(2012), 『대중과 흐름:대중과 계급의 정치사회학』, 그린비.

장정아(2005a), 「홍콩의 법치와 식민주의:식민과 토착의 뒤틀림」, 『한국문화인류학』 38집 1호.

장정아(2005b), 「홍콩인, '국제도시의 시민'에서 '국민'으로」, 김광억 외, 『종족과 민족: 그 단일과 보편의 신화를 넘어서』, 소화.

장정아(2008),「우리의 기억, 우리의 도시:집단기억과 홍콩 정체성」,『동북아문화연구』17집.

후이보경(2015),「학습과 사유를 결여한 홍콩사회에서 '우산운동'을 사고한다」,『창작과 비평』통권 167호.

Francis Lee(2017), *Media, Mobilization and the Umbrella Movement*(Routledge).

Jason Y. Ng(2016), *Umbrellas in Bloom*(HK: Blacksmith Book).

Louis Augustine-Jean and Anthea Cheung(2018), *The Economic Roots of the Umbrella Movement in Hong Kong*(Routledge).

Ming-sho Ho(2019), *Challenging Beijing's Mandate of Heaven*(TEMPLE University Press).

Ngok Ma and Edmund Cheng(2020), *The Umbrella Movement*(Amsterdam University Press).

Po-keung Hui & Kin-Chi Lau(2015),"'Living in Truth'versus Realpolitk: Limitations and Potentials of the Umbrella Movement", *Inter-Asia Cultural Studies*, Vol.16, No.3.

Ray Yep(2019), "Confrontation, State Repression and the Autonomy of Metropolitan Hong Kong", Tai-lok Lui, Stephen Chiu and Ray Yep eds., *Handbook of Contemporary Hong Kong*(Routledge).

Simon Xu-Hui Shen and Wilson Wai Shun Chan(2019), *The Umbrella Movement in Hong Kong from Comparative Perspectives*(Imperial College Press).

천신싱(陳信行)
타이완 세신(世新)대학 사회발전연구소 교수. 주요논저로는 『科技.醫療與社會』, 『看見不潔之物: 工業社會中知識權威的文化實作』, 『工人開基祖: 台社勞工研究讀本』, 「全球化時代的國家、市民社會與跨國階級政治——從台灣支援中美洲工人運動的兩個案例談起」, 「My Wild Lily: A Self-Criticism from a Participant in the March 1990 Student Movement」 등이 있다.

번역 연광석
문학박사, 조선대학교 국제문화연구원 학술연구교수.

제2장 타이완 정부의 '비중국 요인' 조절과 양대국 사이의 '신남향 정책'

천신싱(陳信行)/연광석

1. 난처한 남중국해

2016년 7월 12일 네덜란드 헤이그의 상설중재재판소는 필리핀과 중국 사이에서 벌어지고 있는 남중국해 도초(島礁) 분쟁안의 중재 결과를 공표하여, 중국, 타이완, 베트남, 필리핀 등 국가가 모두 주권을 주장하고 있는 남사군도의 도초들이 모두 〈유엔 해양법 공약〉에 근거한 200해리 배타적 경제수역을 갖는 '도서(島嶼)'가 아니라고 판결하였다.

판결이 공표되자 타이완의 신임 총통 차이잉원(蔡英文)과 여러 노선의 여론은 심각하게 난처한 상황에 빠져들었다. 타이완은 남사군도의 타이핑다오(太平島, 영문명 Itu Aba)에 장기간 군대를 주둔시켜왔다. 중화민국은 1947년부터 이 해역의 주권을 공식적으로 주장해왔다. 중화인민공화국의 주장은 이 주장을 계승하는 것으로 현재 타이완 정부의 공식적인 명칭은 여전히 '중화민국'이다. 지난 5월 전임 총통 마잉주(馬英九)는 퇴임하기 전에 타이핑다오로 가서 이 섬의 물을 마시고, 이곳에서 재배한 채소를 시식함으로써 이 섬이 공약에서 규정한 '도서'의 정의에 부합함을 보여줬다(인류 공동체의 생존을 유지하는 데 필요한 안정적인 담수 등의 자원이 존재함). 영토 주권 문제는 통상적으로 민족주의의 화염을 만들어내는 중요한 연료다. 한국과 일본 사이의 독도/다케시마 문제와 마찬가지다. 타이완 사회에서 성행하는 몇 가지 민족주의 가운데 어느 것이든 이번 판결에 대해 엄중하게 항의를 해야 하는 상황이었다. 그래서 차이잉원 총통은 미사일 구축함 한 척을 타이핑다오에 해상 순시를 보냈고, 기항 전에 장병들에게 "당신들이 입고 있는 제복은 국민의 염원을 대표한다"고 훈시했다. 마치 남사군도에서 필리핀을 대상으로 작전을 하려는 듯했다.

주지하다시피, 이 군함 파견은 제스처였다. 필리핀 해군과의 충돌은 불가능한 일이었다. 필리핀은 도서 국가이지만 국가 규모에 부합하는 값비싼 해군 함대를 보유하고 있지 않고, 독립 이후로 수빅 만에 주둔하고 있는 미군 함대에 오랫동안 의존하고 있다. 물론 미국은 〈유엔 해양법 공약〉의 체결국이 아니며, 상설중재재판소의 관할권을 인정하고 있지도 않다. 이론적으로 보면 이 중재안과는 전혀 관계가 없는데, 중재안 공표 이전에 항공모함 두 척을 중심으로 하는 함대를 남사군도 부근 해역으로 보내 훈련을 진행해 현지에서 훈련하던 중국 함대와 은밀히 대치했다. 필리핀은 군도 국가가 필요로 하는 규모의 해안경비대를 보유하고 있지도 않다. 중재안 판결 공표 전후로 일본 해상보안청의 선박은 필리핀에서 필리핀 해안경비대와 연합해 '법집행' 훈련을 진행했다. 일본의 아베 정부는 이미 차관을 제공해 필리핀이 10여 척의 일본 순시선을 구매하도록 했고, 올해 8~9월에 인도될 예정이다.

따라서 조금도 에두를 것 없이, 이번 논란에서 필리핀이 대표하는 것은 미국과 일본의 입장이다. 필리핀 공화국 자신을 대표하는 것이 아니다. 미국과 일본 정부는 모두 정치적 요인으로 인해 중국과 '싸우면서 다치지 않으며', 모종의 긴장 관계를 유지할 필요가 있다. (중국 정부도 물론 이러한 긴장관계를 필요로 하고, 이 때문에 필리핀으로 하여금 중재 신청을 하도록 했던 인공섬의 군사건설을 계속 진행하고 있다.) 난처하고 반드시 은밀할 수밖에 없는 것은 타이완이 자신 외에 누구를 대표하고 있는가와 관련된다. 중국 대륙의 관방 미디어는 매우 들떠서 양안의 '형제가 함께 선조의 자산을 보호하자'고 호소하고 있는데, 타이완 정부는 호응할 수도 없고, 반박할 수도 없다. 호응할 수 없는 이유는 민진당과 그 지지자들의 입장이 줄곧 중국 대륙과의 통일에 반대하는 것이며, '형제', '선조의 자산' 등의 표현은 이러한 입장에 위배되기 때문이다. 반박할 수 없는 이유는 만약 양안이 두 국가라는 식의 입장을 표출하면, 중국 대륙이 반드시 타이완의 긴장 국면을 한 단계 높일 것이고, 미국 정부는 반드시 수동적으로 끌려 들어오게 되어 기분이 좋지 않을 것이기 때문이다. 지난번 민진당 집권 시기의 천수이볜(陳水扁) 정부는 이 문제로 당시 부시 정부를 불쾌하게 만든 바 있고, 미국은 천수이볜을 '사고뭉치trouble maker'라고 불렀다. 차이잉원은 선거 전에 그녀가 (중미간의) 사고뭉치가 되지 않을 것임을 여러 번 반복해서 표명한 바 있다. 그렇다 하더라도, 중미 양대국이 사고를 만들어내려고 할 때, 중간에 끼어 있는 타이완은 아주 쉽게 어느 쪽도 선택할 수 없는 상황이 된다.

차이잉원 정부가 '신남향정책'을 변호하는 이유 중 하나는 국제 정치적으로 '양대국 사이의 난처함을 줄이기' 위해서이다. 그래서 차이잉원은 동남아의 맹방을 끌어들여 중국과 미국 사이에 끼어 있는 타이완의 애매한 지위가 가져오는 여러 곤란함을 완화시키고자 한다. 2014년 3~4월에 학생들의 입법원 점거 행동을 최고점으로 하는 타이완과 중국

대륙의 서비스 무역 협정 반대 항의행동 중에, 점차 높아져 가는 타이완에 대한 중국의 경제 및 정치적 영향이 '중국 요인'으로 불렸다. 그러면 '신남향 정책'이 동원하고자 하는 것은 아마도 '비중국 요인'이라고 부를 수 있을 것이다. 지금 이야기하는 '비중국'은 1970년 이래로 타이완에 대해 확실하게 정치경제적으로 통제적 역량을 가졌던 국가인 미국과 일본을 가리키는 것이 절대 아니며, 오히려 중국을 대체하여 타이완 자본의 투자 목표국이 될 수 있는 동남아와 남아시아 각국을 가리키는 것이다.

1990년대 리덩후이 정부는 '남진 정책'을 추진한 바 있는데, 이는 불행히도 20세기 전반기 일본 제국주의가 타이완을 기지로 영토 확장에 매진했던 구호 '남진'을 계승한 것이었다. 차이잉원은 당시 리덩후이의 핵심 보좌관이었고, 국제경제무역 사무를 주로 관장했으며, '남진 정책'의 집행자 가운데 한 명이기도 했다. 새 정부의 설명에 따르면, 그녀가 이번에 제기한 '신남향 정책'이 '새로운' 이유는 대륙에 버금가는 인도, 방글라데시, 스리랑카, 파키스탄 등을 투자 목표국에 포함시키고 있기 때문이다. 남중국해 충돌이 주는 난처함은 바로 충돌의 대척점에 '신남향 정책'이 끌어안고자 하는 동남아 국가, 특히 베트남과 필리핀이 있다는 데 있다.

'신남향 정책'의 또다른 중요한 면은 타이완 자본의 대외 투자가 타이완 내부의 계급관계에 가져올 심원한 영향이다. '중국 요인'에 항의했던 목소리가 그렇게 우렁찰 수 있었던 데는 중국 공산당 정부에 대한 타이완 민중의 반감만 있었던 것은 아니었다. 항의 목소리의 더욱 많은 부분을 차지한 것은 중국 대륙으로 가서 투자하고 부를 축적한 타이완 자본가, 그리고 타이완 내부에서의 정경유착적인 권력귀족이 보이는 전횡과 패권에 대한 불만이었다.

홍콩과는 달리, 타이완 내부 사무에 대한 베이징 정부의 영향은 간접적이고 조심스러운 면이 있다. 전임 마잉주 정부가 8년 동안 집정하면서 타이베이(台北)와 베이징 사이의 정치 관계를 도모하고자 했고, 베이징 정부는 기본적으로 타이완의 내부 사무, 특히 선거에 대한 발언을 최대한 삼가했다. 1996년 타이완의 첫 번째 총통 직선 시기의 미사일 위기 이래로 타이완에 대한 베이징의 강경 발언은 자주 유권자의 반감을 격화시켰고, 공개적으로 중국에 대항하는 후보자가 더욱 많은 표를 얻기도 했다. 이로 인해 지난 8년간 타이완에서 선거가 있을 때마다, 베이징의 국무원 타이완사무판공실은 반발 효과를 낳지 않도록 신중을 기해 발언했다.

그러나 베이징이 직접적으로 타이완의 내부 사무에 개입하지 않았다고 하더라도, 중국 대륙에서 부를 축적한 타이완 자본은 타이완으로 돌아와 여러 사안에서 매우 오만한 행태를 보였고, 일반적인 타이완 민중의 반감을 끊임없이 격화시켰다. 특히 이러한 반감을 크게 격화시켰던 것은 20여 년 동안 타이완의 계급분화가 갈수록 첨예해졌던 점이다. 지구화 시대 모든 나라들의 상황과 마찬가지로, 타이완 국내총생산 가운데 임금이 차지하는 비율은 갈수록 적어지는데, 자본 소득의 비율은 점점 커졌다. 여러 업종의 실질임금은 1990년대부터 2010년대까지 전혀 오르지 않았고, 심지어는 구매력이 하락하기도 했다. 특히 과거에 전문직으로 간주되었던 화이트 칼라들의 상황이 그러한데, 산업의 외부 이전과 일자리 감소, 그리고 대학교육의 확대로 인한 기술인력 공급 증가 등과 같은 이중의 요인으로 임금은 정체되어 있다. 동시에 타이완계 자본은 자금을 타이완으로 가져와 부동산 투기를 했는데, 이는 절대 다수의 임금노동자 계층이 집을 살 수 없도록 집값 및 이와 연동된 물가를 올려놓았다. 이러한 발전이 30년 정도 진행된 것이고, 최근 10년의 속도가 특히 가파르다.

타이완 자본 기업이 대외 투자한 지난 수십 년 동안, 타이완은 1980년대의 아시아의 네 마리 용 가운데 분배가 균등하고, 중소기업이 가장 많으며, 계급 상하 이동 가능성이 가장 높았던 경제에서 이미 전형적인 자본주의 경제로 바뀌어버렸다. 대부분의 피고용자들이 계층 상승의 희망을 전혀 가질 수 없고, 소수 자본가들이 더욱 많은 경제활동을 독점하게 되었다. 이 과정에서 타이완 기층 민중에게 '중국 요인'은 눈을 뜨게 하는 하나의 요소였다. 서비스 무역 반대 항의의 목소리를 타고 국민당을 대체한 민진당 정부는 계급분화의 추세를 완화하는 데 별다른 유효한 행위를 할 수는 없겠지만, '중국 요인'을 완화하는 데는 비교적 적극적이다. '신남향 정책'은 '중국 요인'을 완화하는 정책 조치의 일환이다.

2. 양안 화해와 타이완 내부의 계급관계

매우 구체적인 의미에서 보면, '부르주아 민주주의'가 1990년대부터 지금까지 타이완의 국가 정체성이었다고 볼 수 있다. 남색 계열(친국민당-옮긴이 주)의 '중화민국'과 녹색 계열(친민진당-옮긴이 주)의 '타이완 독립'을 막론하고, 최대공약수는 '현상 유지'였다고 알려져 있다. 1992년 국회의 전면 재선거, 1996년 총통 직접 선거 이래로 거듭되는 선거에서 누가 승리하고 패배하는가와 상관없이 각 정당과 유권자들이 거듭 '민주'라는 관점을 강화해왔다. 즉, 선거로 세워진 정권은 우리에게 속하는 집단이라는 것이다. '자산계급'이라는 것은 가려져 있어서 분석과 해석을 거쳐야만 드러나는 성격이 아니고, 명확하게 일상의 정치적 언론 안에 존재하는 것이다. 사실상 1990년대 이래로 국제 지위를 쟁취하자는 타이완 역대 정부의 논의 가운데 가장 당연하게 제기된 한 가지 이유가 바로

"우리의 투자자가 보장을 받을 수 있다"는 것이었다. 타이완 자산계급의 이익과 시각은 자주 여러 종류의 민족주의 담론의 전제가 된다. 이로부터 타이완 자본 기업이 큰돈을 벌었고, 자주 저잣거리 보통 사람들의 대화 속에서 자랑스러운 일이 되었다. 한편 이러저러한 시장에서 한국 재벌이 타이완 기업을 이기면 보통 사람들에게 커다란 위협으로 간주되었다. 지구화 시대의 타이완 자본 기업은 아주 긴 시간 동안 보통 사람들의 마음속에 국가대표 축구팀이나 올림픽 대표팀 같은 배역을 맡아왔다.

1960년대 말부터 1980년대 말까지의 타이완 사회사는 현재 약 55세에서 75세 사이의 한두 세대의 보통 타이완 민중이 가진 광범위한 '자산계급 정체성'의 물질적 기초를 제공해줬다. 이 시기에 타이완의 수출 주도형 공업화 경제는 피라미드형 구조를 유지했다. 이는 정유, 철강, 대중교통, 은행 등 상류 산업을 국영으로 묶어두고, 플라스틱 원료, 화학섬유, 방직 등의 중류 산업을 십여 개의 특권 대기업(국민당의 당영 기업포함)이 당국가의 배분에 의해 독점하며, 하류의 플라스틱 제품, 기성복, 신발, 금속 등 제품은 수천 수만 개의 중소기업으로 형성된 상호 외주의 협력 네트워크에 의해 생산되어 미국 시장으로 팔려나갔던 것이다.

이와 같은 세 종류의 자본 간 위계는 매우 삼엄하며, 민간 중소기업은 대부분 국영이었던 은행으로부터 대출받기가 매우 힘들었다. 사영 대기업이 국영 독점 부분에 개입하고 싶어도 이는 불가능한 것이었다. 그러나 하층의 중소기업 간에는 이동 가능성이 매우 높았다. 자본금이 많지 않은 기업 사이에는 반드시 유연한 동맹이 필요했고, 상하류 사이의 협력네트워크를 조직해 미국 손님의 통 큰 주문에 대응했다. 소기업은 몇 차례의 성공적인 사업을 통해 중형 기업으로 성장할 수 있었다. 노동자 및 농민과 중소기업주 사이의 이동은 매우 빈번했다. 농촌 출신의 수많은 젊은이들이 공장에서 수년 일한 후 작은 작업장을 만들어 주문을 받아 자영업자가 되고, 또한 작은 고용주가 되기도 했다. 다른 한편, 소기업이 도산하면 고용주는 공장으로 돌아가 일을 하면서 다시 노동자가 되는 경우도 부지기수였다. 이와같이 변화무쌍한 중소기업의 망망대해 속에서 고용주와 노동자의 출신 배경, 정신 면모, 그리고 실제적인 일상 노동은 서로 가까웠다. 자본주의 진영의 문화적 분위기 속에서, 이러한 노동/고용주의 주요한 세계관은 아주 당연하게도 노동자가 고용주의 정체성을 갖는 것이 그 반대의 경우보다 훨씬 많았다. 물론 두 종류의 이동은 모두 현실적 기초를 가지고 있었다.

1990년대 타이완 자본이 대규모 해외 투자를 시작한 이후, 그리고 국영기업이 사유화되고, 각종 산업에 대한 관리가 '자유화'된 이후, 상술한 바의 모습은 거대한 전환을 겪게 된다. 국내에서 과거 중간층에 속했던 대형 사기업은 국영기업을 접수하여 경영하거나, 국영기업과 경쟁하는 부분으로 진입하기 시작했다. 타이완 플라스틱 회사가 정유 공업에 진입하고, 고속철도 및 타이베이101 빌딩이 사기업에 의해 건설된 것 등을 예로 들 수 있다. 국외에서는 과거의 중소기업이 동남아 및 중국 대륙에 투자해서, 현지의 염가 노동력에 기대어 미국 브랜드 OEM 생산을 계속했다. 그러나 개별 기업들 사이 규모의 격차는 갈수록 커지고 있다.

1980년대에 타이완은 50만이 넘는 기성복 산업 노동자, 10만여 개의 기성복 공장이 미국으로부터 주문을 받아 생산했고, 2000년대에 이르면 절대 다수의 타이완 기업이 접수한 미국 브랜드 기성복 주문은 취양(聚陽), 연흥(年興), 대남(台南) 등 세 대기업에 집중되었다. 운동화도 마찬가지였다. 십수만 개의 소기업이 지금은 보성(寶成, 즉 유원[裕元])과 풍태(豊泰) 두 회사로 집중되었다. 전 세계적으로(주로 중국 대륙) 보성이 고용한 노동자는 60만이 넘는데, 타이완 현지에서의 고용인원은 2천 명에 불과하다. 가장 유명한 사례는 전자제품의 조립이다. 이전에 수백여 개에 이르렀던 기업들이 현재는 폭스콘(鴻海) 하나에 고도로 집중되어 있다. 폭스콘은 2009년 이래로 세계 10대 고용 규모의 지위를 유지하고 있다. 고용인원은 130만 명(그 가운데 100만 명이 중국 대륙에 있고, 2만 명만이 타이완에 있다) 정도 되는데, 이는 타이완 정부가 고용하고 있는 군·관·학 부문의 인원(대략 60만 명)을 훨씬 뛰어넘는 규모이다. 이처럼 거대한 OEM 기업은 1990년대 중반부터 끊임없이 '착취공장'이라는 추문을 쏟아내면서 각지에서 현지 노동자를 학대하고, 현지 정부의 협조 아래 노동자의 노조 조직화 시도를 탄압해왔다. 가장 유명한 것은 2010년 폭스콘 투신 사건이다. 취양, 폭스콘 등과 같은 새로운 초국적 기업의 고용주는 거의 모두가 기층 현장 노동자 출신이고, 1970년대부터 1980년대에 스스로 소기업을 열어 1990년대에 외지로 이동한 후 동일한 배경을 가진 수만여 동종 기업 사이에서 두각을 나타낸 경우이다.

과거 중소기업이 초국적 대기업으로 성장한 소수 사례의 이면에는 수만 개의 중소 타이완 기업이 파산하고, 회사 사장이 노동자로 변한 상황이 있다. 이는 해외 투자를 했다가 실패한 경우도 포함하고, 자신은 타이완에서 경영을 지속하였으나 해외로 진출해서 생산원가를 낮추는 데 성공한 동종 기업과의 경쟁에서 뒤처진 경우도 포함한다. 도산한 사장은 더욱 참담했다. 상근직 일자리를 얻기도 힘들었고, 노동 유연화와 노동력 시장의 긴축이 있었던 2000년대 중년 실업자는 자신의 경험이나 기술은 거의 의미가 없는 저임금 파견공이 될 수밖에 없었다. 이와 같이 파탄한 기업주가 어느 정도로 분노했을지는 충분히 예상할 수 있다. 그리고 그들의 생애 궤적을 본받아, 기능을 배우고, 근검절약하며, 창업하여 노력하면서 계급적 상향 이동을 시도했던 젊은이들이 이러한 사례를 보면서 얼마나 낙담했을지도 예상 가능하다.

타이완 기업의 도산 사례가 출현했던 1990년대와 2000년대 초에 수많은 목소리는 이와 같은 계급 상향 이동이라는 꿈의 파멸을 '민주 법치를 결여'한 중국 공산당 정부의 책임으로 돌렸다. 확실히 공업의 국유제와 농촌의 집체소유제에서 사적 자본주의 경제로 나아간 중국 대륙에서 간부 부패와 정경유착은 무에서 유를 창조하듯이 사적 자본을 만들어내는 필수적인 수순이었다. 그런데 타이완 기업 또는 다른 외부 투자자들이 중국 대륙에서 왕성하게 발전하려 할 때, 관방의 협조는 불가결한 것이었다. 당정 요직에 대한 뇌물공세는 과거 수십 년간 타이완 자본가가 가져야 할 필수적인 기술이었다. 그래서 1990년대의 중국 대륙은 더욱 친근하게 느껴졌다. 수많은 국제적 상업 미디어는 이와 같은 '친근성'을 타이완 기업이 '국제 시장과 중국 대륙을 연결하는' 우월성이라고 표현했다. 수많은 타이완 기업은 중공 관리 또는 '태자당(太子黨)'과 밀접한 사적 우의를 형성했다. 타이완 플라스틱그룹의 회장 왕융칭(王永慶)의 아들 왕원양(王文洋)이 중공 총서기 장쩌민의 아들 장헝몐(江恆棉)과 의형제를 맺은 이야기는 무수한 사례 가운데 가장 유명한 한 예일 뿐이다. 몇 년 늦게 개혁개방을 시작한 베트남도 이 모델에 부합하는데, 타이완 기업은 베트남에서 언어적 우세를 가지지는 못한다.

　마찬가지로, 수많은 타이완 기업은 중국 관방과 우호관계를 다져서 안정적으로 경영을 하고, 일부 타이완 기업은 특혜를 받아 재부를 축적함과 동시에, 상당수의 타이완 기업은 각급 관리 또는 사업 대상과의 갈등으로 인해서 본전을 다 털리고 돌아오거나 심지어는 법적 판결을 받아 실형을 살기도 했다. 사실 1990년대 이전에 타이완에서 장사를 하는 사람들이 국민당(당국가) 관료와 관계를 트면서도 똑같은 운명과 위험에 직면했었다. 따라서 국민당에 대한 자영업자들의 분노는 타이완 민주화 운동을 추동하는 주요한 정서 가운데 하나가 되었다. 근래 30년간의 선거 정치 속에서 국민당과 민진당은 타이완에서 갈수록 문명적이고, 예측 가능하며, 부패와 권력남용 등의 상황이 비교적 통제가 되는 상황을 보여줬다. 심지어 전임 총통인 천수이볜도 부패문제로 전국적인 항의에 직면하여 최후에 형사처벌을 받았으며, 지금도 연금 상태에 있다. 그러나 타이완 기업은 중국 공산당의 권력 구조를 마주해서는 빌붙어 이익을 추구하는 것 외에 어떤 발언 가능성도 갖지 못한다. 이 때문에 중국 대륙에서 억울함을 당한 타이완 기업은 타이완으로 돌아와 분노하고 비난하며, 자주 수많은 사람들의 공감을 얻게 되고, 민주화된 타이완이 반드시 완전한 국가 주권을 가져야만, 이를 통해 외교 및 무역 차원에서 타이완 기업의 이익을 보호할 수 있다고 굳게 믿는다. 주권의 승인 차원에서 보면, 중국과 공식적인 수교를 맺고 있는 한국, 미국, 일본, 호주 등도 사실은 중국 대륙에서 관방에 의해 손해를 보는 기업들도 있고, 오히려 경쟁 상대인 타이완 기업이 관리와의 관계를 잘 이용해 상대적으로 손해를 보는 경우도 있지만 이는 타이완 기업의 눈에는 잘 들어오지 않는다.

3. 벼락부자의 타이완 귀향과 '중국 요인'

타이완 사람들이 보편적으로 혐오하는 가장 전형적인 경우는 이와 같은 옛 당국가 관료 자본이 아니라, 절대 다수의 중소기업들처럼 1960~80년대에 빈손으로 시작해 기업을 일구었으나, 중국 대륙에서 크게 돈을 벌어 다시 타이완으로 돌아와 크게 확장한 재벌이다. 2008년 세계 금융위기 중에 무대에 오른 국민당의 마잉주 정부는 '연어의 귀환'이라는 구호로 여러 우대정책을 실시하여 해외 타이완 기업의 타이완 투자를 격려했다. 중국 정부 또한 국공 양당 화해 국면에서 중국 대륙의 타이완 기업이 타이완으로 돌아가 정치 및 경제적 영향력을 발휘하는 것을 양안 통일을 촉진하는 중요한 길 가운데 하나라고 보았다. 그런데 타이완으로 돌아온 중국의 타이완 기업들 가운데 새롭게 부를 축적하고 멋대로 위세를 부렸던 벼락부자들의 행동은 어쩌면 절대 다수의 보통 타이완인들이 공산당과 국민당 양당이 실시한 일련의 선의의 화해 조치를 혐오하게 만들었던 핵심 요인이었을 수도 있다. 세 가지 눈에 띄는 사례가 있는데 각각 '연어의 회귀'를 했던 타이완 기업이 정치적으로 인심을 잃게 되는 세 가지 모델을 대표한다. 그런데 이러한 정치적 실패는 타이완 독립파 학자들에 의해 '중국 요인'으로 명명되어 타이완의 민주와 자유에 대한 심각한 위협으로 간주된다.

첫 번째는 '왕왕중시그룹(旺旺中時媒體集團)'과 관련한 논란이다. 왕왕 그룹은 소규모 식품공장으로 출발한 타이완 기업인데, 왕왕 쌀과자는 1980년대 말부터 점차 중국 대륙에서 아주 높은 시장 점유율을 확보했다. 2008년 왕왕 그룹의 회장 차이엔밍(蔡衍明)은 마잉주의 정책에 응답하여 타이완으로 돌아와 타이완의 오래된 자유주의 계열 대형 신문사인 「중국시보(中國時報)」그룹, 국민당 당영의 '중국 텔레비전 회사'(계엄 시기에 존재했던 3개의 채널 중 하나이며, 나머지 두 개는 군에 속한 '중화 텔레비전'과 관에 속한 '타이완 텔레비전'이 있었다), 24시간 뉴스보도 채널인 '중천(中天) 텔레비전'을 인수합병해서 급속하게 타이완 언론매체의 중요한 역할을 차지하게 되었다. 「중국시보」는 왕왕 그룹 회장의 편집, 취재 및 보도에 대한 강력한 간섭으로 인해 보편적으로 존경을 받았던 자유주의적 신문에서 정적을 전문적으로 공격하는 값싼 폭로지로 변질되었고, 이로 인해 신문사의 경험 많은 언론인들이 줄줄이 떠났다. 2010년 왕왕 그룹은 다시 타이완 유선 텔레비전 시장을 과점하고 있던 3대 기업 중 하나인 '중가 네트워크 그룹(中嘉網路China Network Systems)'을 인수합병하고자 시도했다. 만약 성공했다면 국민당 입장과 다른 텔레비전은 중가 네트워크

그룹의 구매 대상에서 제외될 것이었고, 시장 확대의 길을 잃게 될 것이었다. 타이완 독립 계열의 자유주의 학자는 '미디어 독점 반대'라는 항의를 발기하여 많은 학생들의 지지를 받기도 했다. '미디어 독점 반대' 운동 참여자들은 2014년 서비스 무역 반대 항의에서 주도권을 잡은 세력이 되었다.

둘째는 '폭스콘 투신 사건'이다. 타이완 노동운동가들이 중국 대륙의 타이완계 착취공장의 노동자와 연대하려는 노력을 수년간 해왔지만, 2010년 초에 연이어 미디어에 보도된 폭스콘 노동자의 연쇄 투신자살 사건으로 인해 비로소 광범위한 사회적 관심을 얻게 된 것이다. 처음에는 남록 양당[1] 정치인물과 공산당이 모두 홍해/폭스콘 회장 궈타이밍(郭台銘)을 도와 억울함을 하소연하며, 그는 성실하게 경영하는 기업가이며 '타이완의 자랑'이기 때문에 낙인찍혀서는 안 된다고 여겼다. 일부 민진당 인사는 이 사건이 공산당에 의해 조종되고, 타이완 기업에 낙인찍기를 시도하고 있다고 보기도 했다. 그러나 노동 단체의 항의와 폭스콘의 노동 착취 행위에 대한 교수 150여 명의 비판 연서, 그리고 중국 대륙 학자들의 연대 성명에 호응하여 여론이 역전되기 시작했다. 인터넷 여론에서부터 궈타이밍은 '타이완의 수치'라는 목소리가 '타이완의 자랑'을 압도하기 시작했다.

세 번째는 '정신(頂新) 불량 식용유 사건'이다. 정신 그룹 또한 타이

---

[1] 대만에서 보수진영을 대표하는 국민당과 진보세력을 대변하는 민진당 간의 정쟁은 '남록(藍綠)대결'로 불린다. 국민당 대표색상은 남색이고 민진당 대표색상은 녹색이므로 그 대결을 뜻하는 것이다. 남록 진영은 각기 대만 북부와 남부에 포진되어 있으며, 국공(國共) 내전 전후로 대륙에서 이주해온 외성인과 대만 본토출신인 본성인(내성인)으로 나뉘어 지지기반을 형성하고 있다.

완 본토 소기업에서 출발해 1980년대에 중국 대륙에서 '강사부(康師傅)' 라면 브랜드를 만들어 당국가가 통제하는 판촉 루트의 도움을 얻어 중국 대륙 시장의 상당 부분을 성공적으로 확보했다. 정신의 사장 웨이(魏) 씨 가문 4형제는 타이완으로 돌아온 뒤 오래된 식품 회사 여러 곳을 인수합병했고, 타이베이101빌딩 회사에 지분투자를 했으며, 타이완 정부의 지지하에 공사 합영인 이 회사의 이사회를 장악하기도 했다. 웨이 씨 형제 가운데 웨이잉충(魏應充)은 유명한 불교 자선 단체인 '자제공덕회(慈濟功德會)'의 리더 중 한 명이고, 식품안전표준을 관리하기 위해 식품 공장 자율단체가 발급하는 'GMP Good Manufacturing Practices 인증'을 주도했다. 그런데 2013년부터 2014년 초까지 발발한 가짜 식용유 스캔들 가운데, 정신 그룹에서 출시한 식용유가 베트남 정부에 의해서 사료용으로 지정된 폐유를 베트남에서 수입하여 섞었으며, 약품을 첨가하여 산도를 검사 기준에 맞췄다는 사실이 확인되었다. 이 스캔들은 사회 각계의 강렬한 분노를 자아냈다. 정신의 식용유가 각지의 음식점 및 간이 업소에서 사용되어 수많은 사람들이 일상적으로 상당량을 섭취했기 때문이었고, 다른 한편으로는 상당한 재력을 가진 재벌과 정치사회적으로 체면을 중시하는 대기업 회장이 몰래 이런 속임수를 썼다는 것이 더욱 큰 분노를 야기했던 것이다.

　　왕왕, 홍해, 정신 및 기타 신흥 타이완계 초국적 재벌은 일련의 공통점을 가지고 있다. 그들은 중국 대륙 및 기타 저임금 투자 지역에서 면밀한 정상(政商) 관계를 형성했다. 그리고 그들이 재부를 축적해 타이완으로 돌아오자 중앙 정부에서 지방 정부까지 앞다투어 그들에게 감세, 현금 보전, 경찰력 동원을 통한 투자계획지 토지수용 등 각종 혜택을 제공했다. 한편 그들은 중국 공산당 당국의 환심을 사기 위해 국민당에 대해 정치적으로 적극적인 발언을 하거나 정치 헌금을 제공하였고, 절대다수가 국민당을 지지했다. 게다가 이러한 재벌 회장의 출신배경은 그들과 같은 세대로서 함께 '육체노동자로부터 사장되기'를 추구했지만 결국 돈을 벌지 못한 타이완인과 유사하다. 이 때문에 그들의 오만함은 사람들 눈에 더욱 가시처럼 박혔던 것이다.

신흥 '해협 횡단적 관료 자산 계급'을 타이완의 민주 자유 체제와 사회 평등을 위협한다고 지목하는 신세대 타이완 독립 담론 가운데 과거 '태생적 통일파'로 여겨졌던 타이완 내부의 '외성인' 역할은 점차 소멸되었다. 확실히 중국 대륙과의 교류가 밀접해진 30년 동안 타이완 출신의 '외성인'은 중국 대륙으로 가서 모두 '타이완인'으로 불렸다. 다른 한편, 타이완인에게 반감을 사는 중공과의 관계가 밀접한 타이완 대기업 가운데 궈타이밍과 같은 '외성인'이 있을 뿐만 아니라, 차이옌밍 및 웨이잉충과 같은 표준적인 농촌 출신 '타이완인'도 있으나, 정치적 지향에서는 모두 완벽히 일치했다. 이러한 역사적 과정 중에 타이완의 민족주의가 본래 가졌던 선명한 에스닉 특색은 점차 혈연 종족과는 무관하고 오히려 공통의 성장 배경과 관계되는 공동체 개념이 되었다. 새로운 타이완 독립파는 이를 '공민 내셔널리즘civic nationalism'이라고 부르는데, 이는 미국의 내셔널리즘과 유사하며, '자유, 민주, 개방, 평등' 등의 정치 신념을 핵심으로 하는 진보적 정치경향이고, 적어도 '에스닉적 민족주의ethnic nationalism' 또는 '문화 민족주의cultural nationalism'보다 진보적이라고 여긴다. 이러한 논법에는 확실히 일정한 현실적 기초가 있다. 특히 성행하고 있는 타이완 독립 이데올로기의 내용이 변화하는 가운데, 선거 정치와 양안 교류가 만들어낸 새로운 형태의 공동체 의식이 그것이다. 게다가 당대의 수많은 국가와 지역의 포퓰리즘 사조와 유사하게, 계급 문제는 자주 이러한 새로운 타이완 독립 담론의 핵심이 된다(초국적/해협횡단적 특권 자산계급 vs 현지 노동자 농민 및 소자산 계급). 그러나 아래에서 이야기하겠지만, 스스로를 '공민 내셔널리즘'이라고 부르는 데는 허구적인 측면이 있다.

4. '남향(南向)'의 준 제국 인종주의, '서진(西進)'의 민주 오만

'신남향 정책'의 난처한 점은 바로 이른바 타이완의 새로운 '공민 내셔널리즘'이 파탄이 나는 지점이기도 하다. 즉, 천광싱(陳光興)이 '준제국'으로 칭했던 상태와 연결되는 인종주의가 그 지점이다. 장기적으로 미국 제국주의의 '반주변부'적 정치·경제·문화 위치에 처해 있던 전후의 타이완은 한편으로는 제국 중심의 위협에 대해 열등감을 가지고 있지만, 다른 한편으로는 더욱 주변적 위치에 있는 제3세계 인민을 우습게 여겨왔다. 근래 30여 년 간 타이완 사회에서 이러한 인종주의의 가장 구체적 표현은 바로 동남아 이민과 이주노동자에 대한 보편적 차별이다. 1990년대부터 타이완은 30만이 넘는 동남아 손님 노동자guest worker가 타이완 노동자가 원치 않는 저임금의 힘든 노동에 종사해왔다. 동시에 농촌 또는 기타 빈곤 가구의 남성은 국내에서 결혼 상대를 찾을 수 없어서 동남아와 중국 대륙에서 대규모로 아내를 구했다. 이 여성들은 타이완 국적을 취득한 신이민자들 중 가장 큰 규모를 차지한다. 이주노동자와 결혼 신이민자들은 타이완인의 일상생활 속에서 자주 눈에 띄는 외국인 이미지를 형성해왔다. 비록 '외국인'이라는 표현은 사실 앞선 시기에 가장 자주 눈에 띄었던 다른 종류의 사람, 즉 미국 백인 남성 군인및 선교사를 지칭하는 데 더욱 자주 쓰이지만 말이다.

    최근 몇 년 타이완의 주류 여론이 '신남향'과 유사한 정책을 부추기는 이야기를 시작했을 때, 함께 성행한 이야기가 있다. 30년 동안 대규모의 동남아 출신 어머니가 타이완에서 낳은 아이들이 지금 점차 노동력 시장에 진입할 연령이 되었고, 그들은 지금 '정치적 올바름의 언어'에 의해 '신주민 2세'로 불린다. 왜냐하면 결혼 이민자의 호칭이 1990년대 부정적 의미를 가졌던 '외국인 신부'에서 '신주민'으로 바뀌었기 때문에, 자녀들은 '신주민 2세'로 불려야 한다는 것이다. 상당히 그럴 듯 하다. 그런데 '신주민 2세' 젊은이들의 아버지는 타이완인이고, 어머니는 베트남·인도네시아·태국·필리핀 등 국가 출신이며, 성장 과정에서 부모 쌍방의 언어로부터 주어진 두 언어 능력을 포함해서 문화횡단적 소통 능력을 갖추게 되었다. 따라서 그들은 아마도 동남아에 투자하는 타이완 기업과 현지 노동자 사이에서 가장 훌륭한 소통 교량이 되어줄 수 있을지도 모른다. 들리는 이야기에 의하면, 타이완 기업이 동남아의 부상 중인 시장에 투자하려는 데 한국 또는 중국 대륙 자본과의 경쟁에서 이길 수 있으려면 반드시 이와 같은 인재를 활용해야 한다고 한다.

2012년 통계에 따르면, '신주민'에 '신주민2세'를 더하면 71만을 넘는다. 이는 타이완 원주민 인구 20만 명을 훨씬 넘어선다. 일부 논자들의 눈에 이와 같은 인력은 타이완 '신남향 정책'의 '인구 보너스'가 된다. 따라서 타이완 자본의 확장에 복무하기 위해서, 본래 동남아 이민 여성에 대한 인종주의적 차별 담론, 예를 들어 '타이완의 인구 소양을 저하시킨다'는 유의 담론을 점차 완화하고, 동남아 이민자 및 그 자녀의 신분은 오히려 칭찬의 대상이 된 것이다.

이와 같은 동남아 이민 여성 자녀에 관한 의기양양한 논리는 곧 현실적 장애에 부닥치게 된다. 신이민 서비스에 종사하는 기층 사회복지사들은 절대 다수의 신이민 자녀들이 '어머니의 말'을 전혀 할 줄 모른다고 제기한다. 과거 20여 년 동안, 수많은 신이민 여성은 가부장적인 가정에서 남편과 시어머니가 못 알아 듣는다는 이유로 아이에게 자신의 모어로 이야기하는 것을 금지 당했다. 아이가 어머니의 모어를 배웠다고 해도, 학교에 가면 그들의 말투가 다른 타이완 아이들에게 웃음거리가 되고, 심지어 교사에 의해 교정을 받기도 한다. 이른바 '신이민 자녀들이 중국어를 잘 못한다'는 상황은 오랜 기간 정부 교육 부분에 의해서 반드시 바로잡아야 할 '심각한 문제'로 여겨져왔다. 어이없는 것은 만약 외국인 아버지나 어머니가 영어로 이야기를 할 경우, 아이의 중국어 말투 문제는 대체로 교정되지 않으며, 오히려 더욱 귀여운 것으로 여겨진다는 점이다. 다만 동남아 말투만이 문제로 여겨지는 것이다. 따라서 동남아 출신 어머니의 타이완 아이는 자주 다른 아이들보다 더 '타이완 사람처럼' 보이려고 노력하고, 어머니의 모어를 배우는 것을 거부하게 된다. 이렇게 빈곤을 혐오하고 재부를 사랑하는 인종주의가 20여 년 동안 가정과 학교에서 만들어지고 실천되었는데, 갑자기 하루 아침에 방향을 바꾸고자 한다고 해서 자연스럽게 '외국인 신부'가 '신주민'으로 불리게 되는 것은 아니다. 이와 같은 전형적인 '문화 민족주의'는 '인종주의적 민족주의'라고 할 수 있다. 이는 '우리 나라의 입국 종지에 동의하면 우리나라 국민이 되는' 그 어떤 '공민 내셔널리즘'이 절대 아니다.

    국내 생활에 존재하는 인종주의 외에도 타이완 기업이 동남아에 투자하고, 전형적으로는 미국 브랜드 OEM 생산을 하는 착취공장에서, 타이완 출신 간부와 현지 노동자 사이에서 매일 작업 중에 발생하는 첨예한 긴장 또한 서로 낯을 붉히게 만드는 에스닉 모순을 촉발시킨다. 1990년부터 동남아 노동자에 대한 타이완 자본의 OEM 공장의 잔혹한 대우는 여러 번 미국과 유럽의 '착취 공장 반대' 운동이 초국적 브랜드를 공격하는 사례가 되었다. 나이키, 리복, 아디다스를 OEM 생산하는 보성(유원)은 인도네시아에서 점심과 저녁 식사를 주지 않는 방식으로 달성 목표에 미달한 생산라인 여공을 체벌했다는 사실이 밝혀진 바 있고, 베트남에서도 운동장 뛰기 등으로 여공을 체벌하여 탈진으로 병원에 이송되었던 사건이 밝혀졌다. 냉전적 대치 상황에서 타이완 군대에 징집된 거의 모든 성인 남성이 가혹한 규율을 경험하게 했는데, 타이완 기업이 대외 투자를 하는 과정에서 군대가 가르쳐준 훈련 수단이 사장이 노동자를 잔혹하게 채찍질하며 부리는 관례적인 사무가 되어버린 것이다. 규율을 집행하는 타이완계 공장 간부는 군대에서 교관이 신병을 대하는 것처럼 매우 심각한 경멸적 태도를 지니고 있으며, 보편적으로 노동자가 게으르고 우둔하며 간사해서 엄격하게 대하지 않으면 반드시 몰래 게으름을 피울 것이라고 생각한다. 이러한 인상은 자주 동남아 인민에 대한 보편적인 인상으로 확대되곤 한다.

2014년 5월 중국의 남중국해 주권과 관련한 분쟁으로 인해 베트남에서 반(反) 중화 시위가 발생했을 때, 대규모의 타이완 기업 공장의 노동자들은 자발적으로 파업을 했고, 나아가 폭동을 일으켜 재물을 탈취하기도 했다. 당시에 스스로 훌륭하다 생각하는 타이완 미디어와 정치인의 첫 번째 반응은 베트남인이 타이완인을 중국인으로 오해한다는 것이었다. 이 때문에 외교부는 긴급하게 중국어 없이 영어와 베트남어로만 "나는 타이완인이며, 나는 타이완에서 왔다"는 스티커를 2만 장 제작해서 베트남의 타이완 기업에게 보내 안전을 지킬 수 있도록 할 것이라고 표명한 바 있다. 타이완에서 적극적으로 활동하는 베트남 출신 예술가 또한 베트남을 대신해서 타이완 관중에게 정중하게 사과하기도 했다.

그러나 베트남의 타이완 기업 공장에서 일하는 일부 사상적으로 진보적인 타이완계 젊은 간부들이 즉각 미디어와 인터넷상에서 발언했다. 그들은 베트남 노동자 폭동이 타이완 기업을 타격하면서 조금도 빗나간 타격이 없었으며, 비록 수단이 과격하긴 하지만 실수로 잘못 타격한 것도 절대 아니라고 생각했다. 이들에 의하면, 베트남의 타이완 기업 공장 가운데 사장들은 일반적으로 대학에서 베트남어를 배운 중국 대륙계 간부를 채용하여 베트남계 노동자들과 소통하는 제1선에 배치시켰다고 한다. 타이완 기업의 사장 가운데 베트남어를 배우려는 경우는 매우 적고, 베트남어를 할 줄 알고 베트남 친구와 사귀는 소수 타이완 기업은 폭동 중에 조금도 공격을 받지 않았다. 베트남 노동자의 시각에서 보면, 중국계 간부의 존재는 그들의 작업 성과가 아무리 좋아도 간부급으로 승진할 수 없음을 의미한다. 게다가 일상적으로 노동 현장에서 부려먹는 측면에서 보면, 중국계 기층 간부나 타이완계 고위 간부 또는 사장은 기본적으로 '동일 국가'이며, 반드시 '하나의 중국', '두 개의 중국', '하나의 중국, 하나의 타이완' 또는 기타 양안 정치 속에서 제안된 바 있는 여러 가지 정치적으로 고려된 '국가'일 필요가 없고, 그저 자본이 노동자를 착취하는 그 국가의 입장에 설 뿐이다.

베트남의 사례는 다시 우리를 또 하나의 심오한 문제로 이끈다. "당대 타이완인은 중국 대륙인을 어떻게 대하는가?"

한편으로 대규모 타이완 기업이 중국 대륙 노동자를 고용하는 정황으로 보면, 상황은 동남아와 거의 같다. 2014년 광둥 둥관 유원 신발공장 파업이 일어났을 때, 도처에 출현한 표어는 바로 '타이완놈들은 전혀 대륙인을 사람 취급 안 해'라는 것이었다. 다른 한편으로, 숨길 수 없는 것은 타이완인이 중국 대륙으로 갔을 때, 또는 중국 대륙인이 타이완으로 왔을 때, 현지의 행동 양식과 말투를 배워서 현지 사회에 융합되는 것은 매우 쉬운 일이라는 점이다. 양안의 영화, 텔레비전, 음악 등 유행 문화 산업은 사람과 상품 모두 서로 유통되는 거의 동일한 시장이다. 따라서 타이완인은 동남아 사람을 대할 때처럼 직접적으로 '우리 민족이 아닌 부류'로 취급하면서 중국 대륙인에게 차별을 가할 수 없다. 최근 20여 년 동안 발전해온 차별은 일종의 '민주 오만'이라고 할 수 있다.

지금 타이완 민중 속에서 성행하는 고정관념은 이렇다. 중국 대륙 사람들은 난폭하고, 문화소양이 없으며, 셈하기 좋아하고, 야심이 가득하다. 반면 타이완 사람들은 우호적이고 명랑하며, 예의를 갖추고, 소심하게 따지지 않는데, 이는 타이완이 민주 정치, 상대적 평등, 사회보장을 갖춘 사회이기 때문이고, 중국 대륙은 권위주의적 정부와 무자비한 경쟁의 시장만 있다는 것이다. 중국 대륙이 지나친 경쟁, 나아가 심각한 계급 편견이 더해져, 사람들이 고도의 방어적 심리를 가지고 자신을 보호하려고 할 수밖에 없는 상황이 되어 이렇게 되었다는 것이다. 그러나 민주화된 타이완은 사람들 간에 상호 존중하는 법을 가르치고, 지나치게 득실을 따질 필요가 없다. 결국엔 사회안전망이 보호해줄 것이고, 정치인은 반드시 선거를 거쳐야 하기 때문에 계급적 편견은 상대적으로 두드러지지 않는다는 것이다.

이러한 고정 관념은 현실적 기초를 가지고 있다. 양안 사이에서 여행, 일 등으로 이동하는 사람들은 직접 체험한 가지각색의 경험을 자주 전하는데, 대체로 확실히 이상과 같은 이야기에 부합한다. 마잉주 정부의 임기 내에 중국 대륙의 자본은 대규모 투자를 통해 양안 사이의 애정을 그린 영화와 텔레비전 드라마를 찍었고, 주인공은 서로에 대한 혐오에서 이해를 통한 사랑으로 전환되는 경험을 하는데, 대부분 이와 같은 '두 가지 문화'의 틀 안에서 스토리를 구성한다. '중국 요인이 타이완 민주를 위협한다'는 말도 이 구성에 아주 잘 어울린다. 타이완 사람들에게서 가장 흔한 말이 타이완은 '민주 소양'을 가지고 있지만, 중국 대륙은 그렇지 않다는 것이다. 이는 정치 형식과 연계된 '문화 민족주의'라고 할 수 있다.

문제는 타이완 인민이 자신의 사회를 비판하려고 할 때, 이러한 '민주 오만'은 자기 만족적인 것이고 자기 태만을 불러올 뿐이라는 점이다.

중국 대륙의 발전과 현황을 보면 여러 가지 첨예한 모순으로 가득차 있지만, 동일한 모순이 타이완에도 거의 똑같이 존재하며, 더욱이 수십 년 전에 발생했는데 지금까지 해결되지 못하고 있다. 중국 대륙과 비교할 때, 그저 규모가 조금 작을 뿐이다. 환경오염 문제가 가장 뚜렷한 예다. 그 밖에 중국 대륙이 사회주의 시기로부터 오늘날 무자비한 자본주의 상황으로 전환된 역사적 과정은 타이완 자본과 타이완의 자본주의 문화가 그것에 미친 영향과 절대적으로 무관한 것이 아니다. 중국 대륙의 문제는 종종 타이완 내부의 문제, 즉 계급 분화 문제와 밀접하게 관련된다. 다시 말해서, 이 점을 보고 신세대 타이완 독립 담론은 소중한 자유, 민주, 상대적 평등을 가진 타이완사회의 발전을 지키기 위해 '중국 요인'을 배척하자고 주장하는 것이다. 이 담론에서 대륙의 타이완 기업 또한 '중국 요인'의 일부분이다. '신남향 정책' 또한 '중국 요인을 배척'하자는 생각에서 제기된 것이다.

부분적으로 경험적 현상에 부합하더라도, '중국 요인설'의 가장 큰 결함은 또다른 핵심적 요인인 '미국 요인'을 시야에서 감추는 것이다. 표면적인 분쟁의 배후에 몸을 감추고 있는 미국과 그의 동맹국 일본은 남중국해 분쟁에서와 마찬가지로 전체적 그림에서 불가결한 주역이다. 미국 패권의 역사와 현재적 역할을 토론하지 않고 우리는 적절하게 현재의 모순과 갈등을 이해할 수 없다. 그런데 '미국 요인'을 소거하는 것은 아마도 '중국 요인설'의 정수 가운데 하나일 것이다. 왜냐하면 이러한 논자들의 마음속에 미국의 경제·문화·정치·군사 패권은 태양이 동쪽에서 떠서 서쪽으로 지는 것처럼 대단히 자연스러운 것이기 때문이다. 그러나 우리는 반드시 주장해야 한다. 미국 패권을 분석에 넣지 않고 우리는 중국도 아시아도 이해할 수 없으며, 결국에는 타이완 내부의 계급문제와 기타 절박한 사회문제도 이해할 수 없게 될 것이다. 이러한 의의에서 볼 때, 미국을 자연화하는 것은 타이완의 현 상황 속에 존재하는 불공불의(不公不義)를 자연화하는 것이다.

베리 사우트먼(Barry Sautman)
홍콩과기대학 사회과학부(Hong Kong University of Science and Technology) 객좌교수, 정치학자, 변호사. 중국과 아프리카 사이의 정치, 경제, 사회적 관계 및 중국의 에스닉 정치에 관해 연구함. 주요연구로는 「Ethnic Policies: China vs US and India」, 「Self-Representation and Ethnic Minority Rights in China, in Asian Ethnicity」 등이 있다.

옌하이룽(嚴海蓉)
홍콩이공대학 응용사회학과 부교수. 사회주의와 포스트-사회주의, 도시-농촌 관계, 중국-아프리카 관계 등을 연구. 최근 저작으로 『"中国在非洲": 话语与实践』(2016, 공저) New Masters, New Servants: Migration, Development, and Women Workers in China(2008) 등이 있다.

번역 연광석
문학박사, 조선대학교 국제문화연구원 학술연구교수.

제3장 홍콩 본토파와 '메뚜기론': 신세기의 우익 포퓰리즘

베리 사우트먼(Barry Sautman)·옌하이룽(嚴海蓉)/연광석

1. 들어가며: 메뚜기의 시대

거대한 무리의 메뚜기들이 나의 땅에 침입했다. 이 군단은 정말 무섭다. 셀 수 없을 정도다. 그들의 이빨은 사자의 이빨과 같이 날카롭다. (…) 장로와 주민은 신전으로 들어가서 여호와에게 울며 하소연했다.[1]

구약성서의 요엘 편(1:6~16)은 마치 말세를 예고하듯이 무리를 지은 메뚜기가 고대 이스라엘에 파멸적인 재난을 가져온 풍경을 묘사하고 있다. 홍콩 본토파 또한 내지인을 그들의 영토를 파괴하고 그들이 자부심을 느끼는 생활방식을 끝장내는 메뚜기로 이미지화한다. 2012년 초, 홍콩의 한 잡지에 전면광고가 실린 바 있다. 메뚜기 한 마리가 산꼭대기

---

1 성경에는 메뚜기에 관한 여러 이야기가 있는데 모두 부정적인 것이다. Gene Kritsky and Ron Cherry(2000: 64-79)을 참고하라.

에 올라 그 유명한 홍콩의 빅토리아 항구를 내려다보고 있다. 제목은 "홍콩인은 참을 만큼 참았어!"였다(그림 01).

이러한 제목 아래 다음과 같은 내용들이 열거되고 있다.

너희들이 독이 든 분유로 고통당하기 때문에 분유 사재기를 용인했어.
너희들에게 자유가 없기 때문에 당신들이 홍콩으로 자유롭게 올 수 있도록 초대했어.
너희들의 교육이 낙후되어 있기 때문에 우리의 교육 자원을 당신들과 나누었어.
너희들이 정자체를 모르니 아래쪽에 병신체를 써넣어줬어.
홍콩에 오면 현지 문화를 존중해주시길 바라. 이러다가 홍콩은 거덜난다니까.[2]

그림 01　메뚜기 반대 광고, *Apple Daily*, 2012년 2월 1일.

2　실제 상황을 보면 홍콩에 대한 내지의 의존이 이미 전혀 다른 상황이 되어 있다. 1997년 홍콩 경제는 중국 경제 총량의 16%를 차지했지만, 2014년에 이 비율은 3%로 하락했다. "Why Hong Kong Remains Vital to China's Economy," *Economist*(UK) 2014.9.30.를 참고. '내지가 홍콩에 의존한다'는 관념은

광고는 홍콩에서 자주 볼 수 있는 쇼핑, 교육, 여행 등의 활동들을 열거하고 있다. 이러한 활동들은 홍콩 본토의 눈으로 보면 홍콩에 위협을 초래하는 것이다. 내지 여행객들의 대량구매는 본토인의 상품 공급 부족 현상을 낳고, 내지의 자유여행객들이 지나치게 많으면 홍콩은 더욱 비좁아진다. 아이가 홍콩에서 학교를 다닐 수 있는 자격을 얻기 위해서 내지의 임산부들이 연달아 홍콩으로 와서 아이를 낳음으로 인해 홍콩의 복지 자원을 빼앗아간다. 이 광고는 내지인을 메뚜기 대군에 비유함으로써 내지의 임산부가 홍콩에서 출산하는 것을 막을 수 있도록 홍콩특구 정부가 〈기본법〉(중화인민공화국 홍콩특별행정구 기본법-옮긴이 주)을 개정할 것을 호소한다. 이 광고는 세계적 관심을 끌었다. 들끓는 내지에 대한 반대 정서를 더욱 새로운 단계로 끌어올렸고, 내지인의 메뚜기 이미지를 대대적으로 과장하는 파생품을 만들어냈다.

　메뚜기 반대 포스터가 출현하기 2년 전인 2010년에 홍콩 골든포럼 Golden Forum에 이미 홍콩에서 쇼핑하고 병원을 다니는 내지인들을 '메뚜기'에 비유하는 사람이 있었다. 이러한 인터넷 토론방에서 홍콩 본토 의식을 선도하는 흐름이 점차 두각을 드러내고 있었다. 2010년부터 홍콩의 일간지 「애플 데일리」도 내지인을 '메뚜기'로 표현하기 시작했는데, 바로 이 신문이 2년 후에 메뚜기 반대 광고를 실었다. 「애플 데일리」는 "홍콩에서 내지에 반대하고 민주를 쟁취하는 운동의 중요한 플랫폼"으로 간주된다.[3] 지미 라이(黎智英)는 루퍼트 머독Rupert Murdoch이 영국

초기의 효과에 기인하는 것인데, 사람들의 인상은 최초의 증거를 기초로 하며 현실에 따라 쉽게 변화하지 않는 심리에 기반해서 형성된다(Jonathan Baron, 2006: 207).

3　Massoud Hayoun, "Hong Kong's Protestors Distance Themselves

에서 만든 「뉴스 오브 더 월드」라는 우익 신문을 모델로 「애플 데일리」를 창간했다. 지미 라이 본인 또한 우익 보수 경제학자 프리드리히 하이에크와 밀턴 프리드만의 충실한 숭배자다. 그는 미국의 우익 정객과도 관계가 밀접한데, 미국 신보수파의 지도자급 인물인 전임 세계은행장이자 전임 미국 국방부 차관 폴 월포위츠Paul Wolfowitz, 2008년 미국 공화당 후보였던 알래스카 주지사 세라 페일린Sarah Palin 등을 포함한다. 지미 라이는 페일린을 초청하여 홍콩 범민주파와의 만남을 주선하기도 했다. 홍콩의 범민주파는 홍콩 정부 및 중국 공산당과 대립하는 느슨한 연맹 조직이다. 지미 라이는 범민주파의 가장 큰 후원자이며, 범민주파 다수의 지도자들에게 자금을 제공한다. 예를 들면 변호사 마틴 리(李柱銘), 전임 정무사(政務司) 사장(司長) 앤슨 찬(陳方安生), 전임 추기경 천르쥔(陳日君), 그리고 온건 민주파에 속하는 민주당 및 공민당의 지도자, 심지어는 '급진'적인 노동자당, 사회민주연선 그리고 인민역량을 포함한다.[4] 지미 라이가 정치적으로 활약하며 대중에게 처음 인지된 것은 '6·4사건' 이후 그가 경영했던 의류 체인점 지오다노에서 '중국 왕조'는 하야하라고 호소하는 주제의 티셔츠를 판매했던 것에서 연유한다. 그는 자신의

from Anti-Mainlander Movement", *Al Jazeera*, 2014.9.29. Massoud Hayoun(2014: 57~87(63))도 참고할 수 있다.

4 "지미 라이의 보좌관은 CCTV가 CNN보다 페일린에게 더 낫다고 말했다." *South China Morning Post*, 2014.8.5. 2015년 3월의 여론조사는 30.6%가 온건 민주를 지지하고, 4%가 급진 민주를 지지함을 보여준다. 80.5%는 "정치체제의 진보를 위한 투쟁은 반드시 평화적이고 비폭력이어야 함"에 찬성하고, 6.1%만이 반대를 표명했다. Hong Kong public opinion and political development investigation results, 홍콩 중문대학(www.com.cuhk.edu.hk/ccpos/images/news/ TaskForce_ PressRelease_150315_Chinese.pdf)

역할이 '반(反) 중국'⁵임을 명확하게 드러냈다. 수많은 본토파 인사들 또한 이 때문에 그에 대해 찬사를 보냈다.⁶ 그리고 이들의 관점이 자주 「애플 데일리」에 소개되었다.⁷

2011년 홍콩 골든포럼에서 내지인을 '메뚜기'로 칭하는 방식이 확대되었을 때, 대다수의 불만은 주로 내지의 신이민자들이 홍콩에서 복지를 누리는 것에 맞춰져 있었다. 사실 홍콩사회의 복지가 그렇게 대단한 수준은 아니었다. 일부 사람들은 7년 미만 거주 또는 영구거류신분 미취득 상태의 신이민자들에게 당해 연간결산잉여에서 제공되는 일회성 경기진작 지원금(1인당 6,000홍콩달러)을 주지 말라고 홍콩정부에 요구했다. 이러한 주장을 했던 페이스북 페이지는 삭제되기 전에 8만 건의 '좋아요'를 얻은 바 있다.⁸

첫 번째 본토파 조직인 '홍콩 본토역량'은 이러한 지원금 분쟁을 계기로 출현했다. 이 조직은 골든포럼에서 활발히 활동하는 일군의 젊은 이들이 창설한 것이고, '강국(즉, 내지)'의 '문화 세척'에 반대하는 데 뜻을 두며, 내지인의 근본은 홍콩에 있지 않기 때문에 홍콩을 위해서 정의를 쟁취할 여하한 명분이 없고, 내지인은 "1997년 홍콩이 회귀하면서 경험한 고난의 시기를 이해할" 수도 없다고 본다. 홍콩 본토역량은 홍콩 정치계에 "공산당에 대해 (명확히) 반대하는 민주 우익이 결여되어 있다"는 점

---

5 "For Jimmy Lai, Hong Kong's Rebellious Tycoon, Next Battle May Be in Court", *The New York Times*, 2015.1.11.

6 열혈공민의 웡영탓(黃洋達) 인터뷰(홍콩, 2014.9.10).

7 리이(李怡), "무에서 유로의 홍콩 본토의식의 흥기", *Apple Daily*, 2013.11.20.

8 "6,000달러로 홍콩은 갈기갈기 찢어져", 「明報」, 2011.3.9.

을 발견하였고, 이로 인해 스스로 이 공백을 채울 수 있기를 갈망하게 되었다. 이 조직의 홈페이지에 올라와 있는 수많은 댓글은 내지인을 '메뚜기'로 부르며, 이 조직의 지지자들에게 내지 출신 신이민자의 복지를 쟁취하려고 하는 홍콩의 사회조직에 대해 반대하자고 호소했다. 홍콩 본토역량의 페이스북 메인은 순식간에 8만 개의 '좋아요'를 얻기도 했다. 그리고 이 조직은 홍콩의 자유당 구성원에 의해 침투 및 접수되면서 사분오열되었다.[9] 자유당은 자유주의적 자본주의를 적극 옹호하며, 재계와 관계가 밀접한 홍콩의 건제파(建制派) 조직이다. 미국 티파티Tparty의 운동방식을 전수받았고, 지도부는 'T당'을 이용해서 홍콩 본토 역량을 순식간에 대체해버렸다. 자유당은 내지 신이민이 사회 복지를 향유하는 것에 반대하고, 최저임금을 시행하는 방안에 반대한다.[10]

1년 만에 내지인의 '메뚜기' 이미지는 더욱 확산되었고, 심지어는 이 이미지를 이용한 티셔츠와 토트백이 만들어지기도 했다.[11] 2014년이 되면, '메뚜기' 반대 인사들이 내지에서 온 여행객들을 대규모로 번식하는 해충으로 간주하기 시작한다.[12] 번화하고 떠들썩한 침사추이(尖沙咀)

---

9 "홍콩 본토역량Nativism Power",「信報」, 2011.3.9.(http://ngohk.blog-spot/2011/03/nativism-power.html); 香港網路大典(http://evchk.wikia.com/wiki/%E9%A6%99%E6%B8 %AF%E6%9C%AC%E5%9C%9F%E5%8A %9B%E9%87%8F).

10 "자유당원이 탈당하여 T Party를 조직",「東方日報」, 2011.4.28.(http://orientaldaily.on.cc/cnt/news/20110428/00176_093.html)

11 "원한이 자라는 곳Where Bitterness Reigns", *South China Morning Post*, 2012.3.19.

12 Josiah Tsui, "Hong Kong, the Rise of China and Contemporary Literature", *Franklin Center for Global Policy Exchange, s.d., 2013*(www.

의 쇼핑구역에서 집회가 열린 적도 있다. 시위자들은 내지의 여행객들에 대해 '모의 소탕'을 진행했다. 그들은 스스로 내지 여행객들에 대한 반대가 아니라 여행객들의 '행위'에 대해 반대한다고 했지만 말이다.[13] 이 시위의 리더는 다른 나라 여행객들이 내지 여행객들을 대체하게 되면 홍콩 경제에 공헌이 된다고 생각했다.[14] 2012년 2월의 메뚜기 반대 광고에 사요된 10만 홍콩 달러는 1주일 동안 대중적 모금으로 마련된 것이었다. 2012년 초의 두 가지 사건이 '메뚜기' 반대 광고의 창작을 추동한 바 있다.[15] 첫 번째 사건은 1,500명이 시위에 참여하여 내지인 임산부가 '아이 낳기 여행'을 오는 것에 반대한 것이다. 이 사건을 조직한 페이스북팀 회원은 8만 명에 달하며, 확실히 이미 내지인에 대해 화풀이를 하는 플랫폼을 형성했다. 수많은 사람들이 그곳에서 '메뚜기', 심지어는 더욱 비속한 말로 내지인을 폄하하고 있었다. 대학 캠퍼스 곳곳에도 임신한 메뚜

---

franklincenter.us/content/Josiah-Tsui-Clinger-Award.pdf).

13   중국 주석 시진핑(習近平)과 외교부장은 해외 여행을 하는 중국 여행객을 비판한 바 있다. 중국 정부는 〈문명여행지침〉을 발표하기도 했다. 2013년 『중국돼재: 중국 여행단』의 저자 왕윈메이(王雲梅)는 함부로 대소변을 보는 행위가 농촌 출신 여행객이 화장실 찾는 법을 몰라서라고 보았다. 수많은 중국 여행객은 모두 첫 번째 여행이며, "대규모 여행객이 현지 주민을 분노케 했고, 태국의 반중화정서도 높아졌다." "Anti-Chinese Feelings in Thailand High as Influx of Tourists Angers Locals", *South China Morning Post*, 2014.4.15.; Zhang Lijia, "In Time, Chinese Tourists will Learn to Behave Better Abroad", *South China Morning Post*, 2014.9.26.

14   Phila Siu, "I Don't Hate Mainlanders-Just their Behavior", *South China Morning Post*, 2014.2.22.

15   "About that Hong Kong 'Locust'Ad," *The Wall Street Journal*, 2012.2.1.

기를 이미지화한 포스터가 나붙었다. 또 다른 사건은 대략 150명의 시위자들이 중국 중앙정부 주 홍콩 연락판공실에 집결하여 베이징대학 교수 쿵칭둥(孔慶東)에 대한 불만을 표시한 것이다. 쿵칭둥이 "수많은 홍콩인이 스스로가 중국인이라고 생각하지 않는다. (…) 이러한 사람들은 영국 식민자의 개 역할에 익숙해져 있다. 지금까지도 모두들 개다. 사람이 아니다"라고 말했기 때문이다.[16] 이 두 번의 시위는 메뚜기 반대 운동이 공식적으로 시작되었음을 알리는 신호가 되었다.

2012년 '메뚜기' 광고가 게재되었던 시기는 내지인을 메뚜기로 불렀던 내지인 반대 운동이 이미 1년 동안 진행된 후였다. 2012년 2월 수많은 미디어에 〈메뚜기 천하〉라는 노래가 전파되었고 유튜브에도 업로드되었다. 2012년 2월 이 노래는 유튜브에서 77만7천여 번 청취되었고, "좋아요"를 누른 사람 수가 "밟아"를 누른 사람보다 훨씬 많았다.[17] 물론 "밟아"를 누른 사람이 적지만, 부분적인 이유는 내지의 네티즌들이 유튜브를 열지 못해 이 노래에 반응할 수 없었던 이유도 있다. 유튜브에서 이 노래를 비판하는 사람은 매우 적었는데, 이는 극소수의 홍콩인만이 골든포럼의 회원이 창작한 경멸적인 가사에 대해 반대하고 있음을 말해준다.[18]

---

16 Vanessa Ko, "Trouble Down South: Why Hong Kong and Mainland Chinese Aren't Getting Along", *Time*, 2012.1.24.

17 "Hong Kongers Sing Locust World Harassing Mainland Tourists", 「譯言網」, 2012.2.4.(www.chinasmack.com/2012/stories/hong-kongers-sing-locust-world-harassing-main-land-tourists.html).

18 Cactus Kate, "Hong Kong Debates Calling Mainlanders 'Locusts'", 「鯨魚油網」, 2014.8.12.(www.whaleoil.co.nz/2014/08/hong-kong-debates-calling-mainlanders-locusts/).

무리를 지은 젊은이들이 거리에 모여서 〈메뚜기 천하〉라는 노래를 부르면서 내지의 여행객들을 조롱했다. 〈역겨운 지나(支那)〉라는 노래도 있다. 한국의 인기 가요인 〈강남 스타일〉을 개사한 것으로 2012년 인터넷에 공개된 지 2주만에 청취 수 100만 건을 돌파했다.**19** 내지의 말투를 섞어 조롱하는 이 노래의 광둥어는 중국을 '지나'라고 부르고 있다. 지나는 일본이 중국을 침략한 기간 동안 경멸적인 호칭으로 쓰인 바 있고, 지금까지도 일본 우익들이 사용하고 있다.**20** 〈역겨운 지나〉의 가사는 "소양이 천박하고, 난폭하고 야만적이며, 개화가 되지 않았다는 내지인에 대한 최극단의 견해를 보여준다."**21** 홍콩에서 교편을 잡은 경험이 있는 레스터대학의 사회학자는 "(일부) 증거를 부단히 반복하면서 과장함을 통해, 내지인의 소양을 개괄하려는 행위는 타인을 오도할 수 있다. 예를 들어, 4분짜리 동영상은 내지인의 소양이 천박함을 부각시키기 위해서 내지의 어린아이가 기차에서 배설하는 장면을 반복해서 틀어준다"고 보았다.**22** 또다른 홍콩 학자는 개별적인 '비문명'적 행위가 내지인 집단의

---

19 Lam Oiwan, "Nasty China Style Hits One Million", *Global Voices*, 2012.11.5.(http://globalvoicesonline.org/2012/11/05/nasty-china-style-hits-one-million/). Ahro Sunny, 홍콩개가 메뚜기에게 보내는 노래, 2012.2.3.(www.youtube.com/watch?v=s0EAV6yulV0)를 참고.

20 Wang Bin, "'Chinese Identity'as a Problem'", Transtext(e)s Transcultures: *Journal of Cultural Studies* no. 2(2007):8, http://transtexts.revues.org/70.

21 Jonathan Corpus Ong, "Phone Cams and Hate Speech in Hong Kong", *Huffington Post*, 2013.8.30.(www.huffingtonpost.co.uk/gates...scholars/hong-kong_b_3827577.html).

22 주 20 참조.

소양을 대표하지 않는다고 보면서, 그럼에도 수많은 현지인들이 인터넷의 사교 공간이나 일상적 대화 가운데 획일화하여 말하는 경향이 있고, 내지인의 부정적인 이미지를 강조하는데, 문화적 포용성에 근거한 호소를 전혀 듣지 않는다고 말한다.[23]

인터넷에는 수많은 여러 사진이 떠돌기도 했다. 주된 의도는 홍콩이 '황화(黃禍)' 또는 '홍색위협'을 받고 있음을 강조하기 위한 것이었다. 마치 냉전시기로 되돌아간 것과 같았다(Naomi Greene, 2014: 95). 그 가운데 한 장의 그림이 있는데, '톈안먼 사건' 속의 남성이 몸으로 탱크를 막았던 장면과 매우 흡사하다. 다른 점은 단지 그림 속의 사람이 몸으로 막고 있는 것이 홍콩에 침입한 메뚜기 대군이라는 점 뿐이다(그림 02).

또다른 그림에서 홍콩은 삼중의 벽으로 내지인의 위협을 막고 있다.

첫째, '일국양제', 둘째, '인권과 법치', 셋째, '문명과 도덕'이다. 이러한 선전 그림에 영국 여왕과 황실의 휘장을 사용하는 것은 홍콩의 피식민역사(1842~1997)를 상징하는데, 이 선전 그림에서는 홍콩적 가치와 신분의 수호를 의미한다. 일부 본토파 인사는 영국 식민하 홍콩의 깃발을 높이 들어서 지금의 홍콩 정부보다 식민시기의 영국 정부를 더 좋아한다는 의사를 표시한다. 그리고 식

그림 02 메뚜기가 홍콩을 침입한다

---

23 Chan Chi Kit, "China as 'Other: Resistance to and Ambivalence toward National Identity in Hong Kong'", *China Perspectives*, 2014/1: 25-34 (32).

민통치가 다시 가능하지 않은 이상 그들은 독립을 더욱 희망할지도 모른다.²⁴

2007년의 여론조사는 25%의 사람들이 독립을 지지하고 65%에 가까운 사람들이 반대하고 있음을 보여준다.²⁵ 2015년 홍콩에서 진행한 타이완 독립에 대한 여론조사는 독립에 대한 홍콩 사람들의 생각을 여실히 보여준다. 33%의 사람들만이 타이완 독립을 지지하고, 이 가운데 51%는 18세에서 29세의 연령대에 속한다. 2014년 홍콩대학의 학생 간행물은 "500명의 학생에 대한 비공식 조사는 15%가 독립을 원하고, 9%가 식민시기로 되돌아가길 희망한다"고 밝히고 있다.²⁶ 1년 후 독립을

---

24 "Poll Says Hong Kongers Would Prefer British Rule", *Radio Free Asia*, 2013.3.14.(www.rfa.org/english/news/china/hong-kong-03142013141313.html#.VCqIYxAn8YQ.facebook).

25 홍콩대학 여론 웹사이트, "홍콩, 타이완, 마카오, 오키나와 민중문화와 국가 정체성 국제비교조사", 2007.11.27.(http://hkupop.hku.hk/english/release/release529.html). 중국 정부가 "홍콩 주류 관점은 독립을 지지하지 않고, 독립파는 법률적 근거를 결여하고 있다"고 말한 부분은 오류가 있다. "Separatist Sections Lack any Legitimacy in HK", *China Daily*, 2015.3.3.(http://www.chinadaily.com.cn/kindle/2015-03/03/content_19703424.htm).

26 "Hong Kong Leader's Criticism Boosts Popularity of Book on Nationalism", *The Straits Times*, 2015.1.16. 1993년부터 1995년 사이에 "독립을 지지하거나 영국과 관계를 유지하고자 하는 비율이 줄곧 51~52%를 차지했고", "조사는 홍콩인이 독립을 희망하거나 중국이 아닌 영국과 관계를 유지하기를 희망했다", *AFP*, 1995.7.15. 1997년 "40%가 홍콩이 마땅히 회귀해야 한다고 생각하고, 35%는 독립을 희망하며, 19%는 식민지 신분을 유지하기를 희망하고", "여론조사는 3분의 1의 홍콩인이 독립을 지향한다는 점을 보여줬다", *Reuters*, 1997.7.26.

지지하는 비율은 28%로 상승했다.[27]

로이터 통신에 따르면 "2014년 센트럴을 점거한 두 진영의 시위자들이 진행한 비공식적 여론 조사는 45%의 피면접자들이 홍콩 독립과 중국 통치로부터 벗어나기를 희망하는 것으로 나타난다."[28] 그래서 내지에 대한 반대 정서, 본토 사조, 식민시대에 대한 향수, 독립에 대한 지지 등이 하나의 전선으로 융합되었다. 그들은 모두 메뚜기라는 비유로 내지인을 추악하게 묘사하며 홍화(紅禍)와 황화를 하나로 묶어 놓고 있다.

센트럴 점거 이후, '메뚜기' 반대 시위는 계속 진행되었다. 2015년 초, 홍콩의 쇼핑 센터에서 선전 만 항구까지 왕복할 수 있는 버스표를 무료로 나눠주면서 수만 명의 내지 여행객이 홍콩에 몰려들어 홍콩의 툰먼 지역 주민들의 원성이 자자했다. 본토파 조직은 "경계를 넘어 홍콩의 상품과 식품을 구매"하는 것에 대해 항의했고,[29] 급진적인 범민주파 조직 '인민역량'은 툰먼에서 소규모 집회를 열어 무료로 버스표를 나눠주는 것에 대해 반대를 표시했다. 나중에 버스 회사에서 표 배부를 중단했지만,[30] 내지의 여행객들은 여전히 툰먼의 각 쇼핑센터에 몰려들었다. '툰먼을 열렬히 사랑'한다는 페이스북 팀은 800명이 모여서 비좁은 버스와 도로 그리고 '사재기용 점포'들에 항의했다. 가장 큰 본토파 조직인

---

27 "Hong Kong Separation Anxiety", *The Wall Street Journal*, 2015.3.14.

28 "Nine Out of Ten Hong Kong Activists Say Will Fight on for a Year", *Reuters*, 2014.10.28.

29 "Tuen Mun is Swamped by 12,000 Mainland Shoppers", *South China Morning Post*, 2015.1.29.

30 "Tuen Mun Malls Banned from Bus Ticket Vouchers after Complaints of Mainlanders Overloading Transport", *South China Morning Post*, 2015.1.31.

'열혈 공민'과 본토 민주 프론트라고 불리는 새로운 조직도 대규모로 집결했다. 이번 항의는 단순히 경계를 넘어 물건을 구매하는 방문객뿐만 아니라 실제로 내지인 전체를 상대로 진행한 것이었다. 본토파는 쇼핑센터에 뛰어들어 여행객들을 향해 "중국으로 꺼져", "메뚜기는 내지로"라고 크게 외쳤다. 대륙 방문객과 현지인 사이에 몸싸움이 벌어졌고, 19명의 홍콩인이 체포되었다. 이 항의 참여자는 유명한 본토파인 열혈 공민의 지도자 쳉총타이(鄭松泰), '프랑스놈'이라는 별명을 가진 열성분자 그리고 '센트럴 점거' 시기에 영국식민시기 홍콩 깃발을 높이 들었던 용와이입(容偉業, 별명은 '캡틴 아메리카') 등을 포함한다.[31]

더욱 많은 '메뚜기' 반대 시위가 연이어 발생했다. 홍콩의 사틴(沙田) 지역에서는 200명의 시위자와 사재기 고객, 상점주인 및 경찰 사이에서 충돌이 발생해서 상해가 발생하고 5명이 체포되었다. '메뚜기'를 반대하는 표어가 출현했는데, "오랑캐를 몰아내자"라고 쓰여져 있는 경우도 있었고, 영국 식민지 홍콩 깃발이 다시 출현하기도 했다.[32] 시위는 서방 미디어의 주목을 끌었다.[33] 이어진 일주일 동안 200명의 시위자들

---

31 "Parallel-Trader Protest Ends in Pepper Spray and Arrests", *South China Morning Post*, 2015.2.9.; "A Town Selling its Soul", *South China Morning Post*, 2015.2.9.; "Protestors Confront Mainland Shoppers in Hong Kong", *The New York Times*, 2015.2.9.; "Ten Protestors Charged after Parallel Trader Rally in Tuen Mun", *South China Morning Post*, 2015.2.10.

32 "More Clashes over Parallel Traders", *South China Morning Post*, 2015.2.16.; "Hong Kong 'Radicals' up Ante in Democracy Push against China", *Reuters*, 2015.2.23.

33 "Chinese Tourists Change Plans", *Barron's*, 2015.2.28.; "Hong Kong Turmoil Sparks Decline in Mainland Visitors", *Voice of America*, 2015.2.28.

이 본토파 조직의 지도하에 홍콩 위안랑(元朗)에 모여서 내지인과 내지 정부에 반대하는 표어를 내걸었다. 표어에는 "메뚜기를 몰아내자", "우리는 메뚜기를 원하지 않아", "메뚜기야, 우리는 너를 환영하지 않아", "공산당을 타도하자"등이 있었다. 동시에 시위에 반대하는 400명의 시위자들도 출현했다. 대부분은 위안랑 현지 사람들이었다. 본토파 시위자, 시위 반대자, 상점 주인, 경찰이 한데 섞여 혼란스러웠다. 결국 38명이 체포되었고, 이 가운데 시위 반대자는 5명을 넘지 않았다.[34] 일주일 후, 약 150명이 네 곳에서 다시 시위를 진행했다. 시위자들은 "분노를 내지인과 캐리어를 든 사람들에게 쏟아부었는데, 홍콩 현지인이 있다고 해도 봐주지 않았으며, 심지어 홍콩을 떠나는 버스를 제지하려고 하기도 했다."

홍콩 본토파가 거리 동원에서 원용한 이미지와 언어는 19세기 서방에서 흥기했던 황화론과 20세기 냉전 시기의 홍화론을 섞어놓은 것이다. 이 글에서 우리는 홍콩 신분 정체성에 내재되어 있는 식민현대성과 냉전 승리라는 두 가지 요소를 먼저 분석할 것이다. 20세기 초 식민현대성은 상하이의 신분 형성에 작용한 바 있다. 이 점은 홍콩과 유사한 측면이 있다. 그런 후 우리는 현재 내지에 대한 홍콩의 배척을 분석할 것이고,

---

34 "Three Arrested at Hong Kong Anti-China Protest", *Reuters*, 2015.3.1.; "Occupy Yuen Long; the Main Event", *EastSouthWestNorth*, 2015.3.1.(www.zonaeuropa.com/OccupyCentral_2.htm); "33 Arrests, but no Triads at Yuen Long March", *South China Morning Post*, 2015.3.2.; "Locals Battle Anti-Mainland Protestors", *The Standard*, 2015.3.2.; "Police Find 'DIY Pepper Spray'on Marchers", *South China Morning Post*, 2015.3.3.; "Hong Kong to Shoppers: 'Go Home'", *CNN*, 2015.3.4.; 체포된 사람은 대부분 학생이었고, 사무직, 서비스업, 경비 등의 고정직을 가진 젊은 이들도 포함되어 있었다. "사재기 여행객 반대 군중, 그 안에 누가 있나", 「明報」, 2015.3.15.

마지막으로 전 지구적 차원에서 신파시즘과 홍콩 본토파의 관련을 분석할 것이다.

우리는 우익 포퓰리즘의 흥기가 홍콩만의 문제가 아니며 전 세계적으로 확장되고 있는 정치적 힘이라고 본다. 전 세계적으로 보면 홍콩 본토주의는 이미 홍콩 특구 및 중국 내지와의 관계라는 범주를 넘어섰다. 그리고 '메뚜기' 반대 운동은 하나의 사례로서 전 지구적으로 에스닉적인 적대를 문제해결의 열쇠로 활용하려는 추세가 출현하고 있음을 설명해준다. 그러나 실제로 이러한 문제들은 부단히 악화되는 불평등으로 인해 형성되는 것이지, 에스닉 간의 갈등에 의한 것은 아니다. 에스닉 배척과 경멸 그리고 그것이 내포하는 심층적인 문제는 반드시 정치 및 법률적 수단으로 해결되어야 한다.

2. 홍콩 신분 정체성:식민현대성, 냉전, 인종주의

오늘날 중국인과 다른 이른바 홍콩인 신분이라는 것은 19세기 말에 이미 출현한 바 있다. 홍콩의 엘리트들이 영국인과 함께 자본주의를 확장시킬 때, 엘리트들 사이에서 내지인과 다른 신분인식이 점차 형성되었다. 이러한 신분은 식민통치와 인종차별에 대한 타협과 영합을 포함한다. 또한 홍콩이 대영제국의 풍부한 생명력의 일부분이 되도록 힘쓴다(John H. Carroll, 2005). 1980년대 중반 홍콩의 신분정체성 조사는 '홍콩인'과 '중국인' 사이에서 60%가 전자를 선택했음을 보여준다(劉兆佳, 關信基, 1988). 여기에서 하나의 질문이 도출된다. 최근 홍콩 본토화 운동이 만들어낸'메뚜기론'이 갖는 일반적인 인종주의를 넘어서는 타자화를 우리는 어떻게 분석할 것인가? 홍콩 자신은 하나의 이민 도시이고, 대다수 홍콩인은 내지의 뿌리를 가지고 있는데, 내지에 대한 타자화는 어떻게 형성된 것일까?

1951년 미국이 중국에 대해 무역 봉쇄를 실시하면서, 홍콩은 냉전의 최전선이 되었다. 홍콩은 이전에 담당했던 무역 집산지 역할을 상실했고, 산업 위계의 최하층을 차지하는 노동력 밀집 산업을 전력을 다해 발전시키기 시작했다. 이를 위해 내지를 떠나 홍콩으로 온 노동력과 공식적인 보호가 결여된 노동력 시장을 이용했고, 냉전 중의 전략적인 지리 위치를 통해서 미국 시장으로 진입할 수 있는 특별대우를 획득했다.[35] 1960년대 중반 베트남 전쟁 시기부터 홍콩은 미군의 공급지 역할을 담당함으로써 큰 수혜를 입었다. 그때까지 내지 출신 이민자 이미지는 홍콩 영화를 예로 들어 보면 대부분 긍정적인 것이었다. 스크린에 나타난 이민자의 이미지는 극도로 빈곤한 시골사람이었지만, 동시에 중화민족의 전통적 미덕을 담지하고 있었다.[36]

1960년대 말기부터 1970년대 초기까지, 내지 사회주의와 친밀했던 좌파는 친식민 정부 및 반공 우파와 끊임없이 충돌했다. 1967년 좌파의 반자본주의 운동은 내지의 문화대혁명에 자극을 받아 홍콩에서 좌우 사이의 격렬한 투쟁을 체현했다(增田眞結子, 2002: 235). 식민 정부는 당시 사회의 동요와 불안정에 대해 한편으로는 잔혹하게 진압하고, 다른 한편으

---

35 Henry C. K. Liu, "Hong Kong: a Case of Self-Delusion", *Asia Times*, 2003.5.14.(http://henryckliu.com/page50.html).

36 陳美燕, 楊聰榮, "從香港本土文化看香港人意識之形成"(Examining the formation of Hong Kong consciousness in the context of Hong Kong's local culture)(香港: 香港問題 討會, 港澳協會, 1994), web.ntnu.edu.tw/~edwiny/pdf/95-HK-ID.PDF.

로는 일련의 사회개혁과 공공투자를 시작했고, 식민적 인종차별을 완화하여 홍콩 화인들의 상업적 합작을 추진했다. 1970년대에 홍콩 경제는 전에 없는 성장을 경험했고, 권역적 국제화 도시가 되었다. 냉전 전의 홍콩인이 내지로 공부를 하러 갔던 것과 달리, 1970년대의 새로운 홍콩인 세대는 현지의 식민체계의 교육을 받으며 성장했고, 내지와는 점차 소원해졌다. 텔레비전도 보급되기 시작했다. 영국이 홍콩을 통치한 155년 동안 홍콩사회는 20세기 1970년대까지 점차 모종의 홍콩인 신분 정체성을 형성했다(周華山, 1990).

대륙의 문혁이 끝나고 홍콩 좌익 사회운동이 퇴조기에 접어들면서, 식민현대성 속에서 성장한 홍콩의 주류적 신분 정체성은 내지인에 대한 타자화와 맞물리면서 형성되었다.[37] 1979년 홍콩 텔레비전 연속극 「망중인(網中人, 영어제목은 The Good, The Bad And The Ugly)」은 내지인의 이미지를 정형화한 표지가 되었다. 「망중인」 가운데 아찬(阿燦)이라는 역할이 있는데, 그는 내지의 농촌에서 성장했고, 나중에 홍콩의 친지에게 의존하며 살게 되었다. 이 역할은 무지하고, 멍청하며, 먹기만 좋아할 뿐 게으른 시골뜨기이자 무수한 추태를 부리는 인물로서 식민교육체계에서 성장해 유행에 민감하며 점잖고 예의바른 형(청웨이, 程緯)과 선명한 대비를 이루었다. 본래 '아찬'은 극중에서 부차적인 배역에 불과했지만, 가장 유명한 배역이 되었고, 내지에서 홍콩으로 온 신이민의 대명사가 되었다.

1970년대 말 아찬이라는 내지의 '타자' 이미지는 홍콩사회에서 광범

---

37 이후 수많은 홍콩 영화에서 내지 이민자들이 "자본주의 번화와 대도시의 네온사인 속에서 돌아가고 싶지 않아 하는 촌뜨기"로 묘사되었다(Robert Y., 2007: 12-16).

위하게 수용되었는데, 식민-냉전 현대성의 승리와 이를 기초로 내지의 '타자'에 대한 홍콩 신분의 우월감을 반영한다. 식민-냉전 현대성과 내지 '타자'에 대한 홍콩의 우월감은 홍콩 신분 정체성의 핵심적인 두 요소를 구성한다. 두 요소는 1984년 중국과 영국 사이의 담판으로도 사라지지 않았고, 1997년 홍콩의 회귀로도 사라지지 않았다. 1984년 〈중영연합성명〉은 식민지로서의 홍콩의 미래를 매듭지었다. 그러나 홍콩 식민현대성은 사멸의 길로 접어들지 않았고, 더욱 긴밀하게 서방의 냉전 승리라는 공명(功名)에 의탁해서 그 이익을 나누어 갖고자 했다. 1980년대 내지가 외자에 대해 개방 정책을 펴면서, 홍콩 자본은 첫 번째 초청 대상이 되었고, 연해 지역 도처에서 번성해나갔다. 두 요소 또한 내지를 향한 범위와 깊이만큼 진군해나가 더욱 광활한 내지 무대에서 확인과 증명을 받았다. 수천 만의 남녀 '아찬'은 농촌에서 연해 외자 기업으로 와 비정규 노동을 하고, 자유 자본주의의 논리 및 '문명', '현대'의 규율과 관리를 수용하게 된다. 서방의 냉전 승리 이후, 중국의 대외개방과 연해 지역의 우선적인 외자 유치는 동시에 세 차원의 예속 관계를 형성했다. 자본에 대한 노동의 예속관계, 해외 문명에 대한 내지의 예속, 그리고 이른바 '전 지구'(사실상 서방이 주도하는 전 지구적 체제에 대한 중국의 예속이 그것이다. 이와 같은 세 차원은 상호 교차하며 침투한다.

　홍콩 외에 상하이 또한 19세기 서방이 중국을 식민화한 결과물이다. 통상을 위한 항구였으며 이민 도시였다. 상하이 사람의 신분 형성 또한 일찍이 식민현대성과 긴밀하게 관련된다. 상하이에 거주하는 이민자 모두를 상하이 사람이라고 부를 수는 없다. 상하이 사람의 형성은 저장(浙江) 및 장쑤(江蘇) 남부의 엘리트들이 중심이 되고, 안후이(安徽)와 장쑤 북부에서 온 노동자 이민자들은 여기에서 제외되어 '쑤베이(蘇北) 사람'이라고 통칭된다. 미국의 역사학자 에밀리 호니그Emily Honig는 '상하이인'과 '쑤베이인'의 형성은 이원적 관계가 아니며, 식민세력이 상층에 위치한 3자 관계라고 제기한 바 있다. 일찍이 20세기 초에 조계(租界, 개항장에 외국인이 자유롭게 거주하며 치외법권을 누릴 수 있도록 설정한 구역)가 이미 상하이에 있었고, 본래의 중국 지역을 주변화했다. 상하이인 신분은 서방과의 연계가 밀접해진 중국 엘리트 집단 가운데에서 형성된 것이며, 동시에 억압과 차별을 받으며 저층에서 육체노동을 하는 '쑤베이인'을 배척했던 것이다.[38] 에밀리 호니그는 '상하이인'과 '쑤베이인'의 사회분화와 '쑤베이인'에 대한 차별행위는 '에스닉 차별'이라고 부르기에 족하다고 본다. 실제로 상하이의 식민현대성 가운데 '쑤베이인'은 계급 및 지역이 서로 교차하는 신분이었고, '상하이인'의 타자였다.

피식민자에 대해 식민통치가 가져오는 부식성과 관련해서는 프란츠 파농이 심각하게 식민 억압을 받은 흑인 주체성의 내재적 분열에 주목한 바 있다. 중국에서 식민현대성은 상하이 및 주변 지역, 그리고 홍콩과 내지의 도시/농촌 관계를 개조했다. 반식민지 시기의 상하이인과 쑤베이인, 식민시기 「망중인」 속의 홍콩인과 내지인은 일반적 의미의 도시/농촌 관계가 아니며, 중국 전통 속의 도시/농촌 관계는 더욱 아니다. 이는 식민현대성에 근거한 도시/농촌 관계다. 식민주의는 외부에서 홍콩이나 상하이를 통치할 뿐만 아니라 홍콩과 상하이의 신분 정체성 속으로 깊이 침투해서 그 속의 구조적 요소가 되기도 하고, 상하이인과 쑤베이인, 홍콩인과 내지인 사이의 이원적으로 보이는 토대를 형성하기

---

38 상하이인의 등급의식은 여전히 존재한다. Chua Kong Ho, "The Rise of the Ugly China Tourist", *The Straits Times*, 2005.7.31. 중국 여행객에 대한 싱가포르인의 태도는 "상하이 상점 점원이 빈곤 지역 출신 사람들의 말투를 들었을 때 보이는 태도와 같다."

도 한다. 따라서 지금 토론하는 상하이인과 홍콩인의 신분 정체성은 일반적인 지방 정체성이 아니라, 식민현대성을 내포하는 혼합체다. 대부분 식민현대성은 무의식적이고 탈정치화된 우월감의 원천이 되는데, 어떤 상황에서는 무의식이 유의식이 되고, 탈정치화가 정치화가 되는 데 한 걸음차이일 뿐이다.

식민주의는 식민자와 피식민자의 종족적 관계만을 형성하는 것이 아니라(Nelson Maldonado-Torres, 2007: 240-270), 식민지의 도시/농촌 분화와 양자 사이의 차이를 형성하기도 한다. 식민지의 도농관계는 사회학자인 페이샤오퉁(費孝通)의 저작에 구체적으로 묘사되어 있다. 중국 역사 속에는 군 주둔지, 시가지 및 임시시장이 존재해왔고, 오랜 기간 동안 사람들은 이를 통해서 농촌과 교역을 했다. 상하이라는 도시는 식민의 산물인데, 불평등 조약의 압박하에 만들어진 통상 항구였고, 전통적인 시가지 또는 산업혁명으로 형성된 서방의 도시와도 다르다. 왜냐하면 "그것은 미개발 지역에 대한 경제적 힘의 통치 방식을 대표하고 있기 때문이다." "이러한 통상 항구는 외래 영향의 중심지이자 외국상품 수입의 창구이고, 또한 중국 재부가 유출되는 '경제적 구멍'이다. 이는 시가지와 시골에 장기적으로 존재해온 교역 사슬을 파괴하고, 농촌의 파탄과 농민의 파산을 가속화한다."(費孝通, 2006: 68-69)[39] 이 때문에 식민주의는 식민지의 도농관계를 개조하고 식민성을 덧입힌다.

식민적인 도농관계 속에서 농민은 이중의 타격을 입는다. 외국 상품이 현지 상품을 대체함에 따라, 농민은 시가지의 주민에게 자신의 수공예품을 팔기 어렵게 되고, 또한 장기간 시가지 또는 항구에 거주하며 소비력이 왕성한 지주를 공양하기 위해 이전보다 더욱 많은 조세를 납

---

39 유사한 관점으로 何干之(1937: 124-125)을 보라.

부해야 한다. 왜냐하면 그들은 더욱 값비싸고 신분을 드러낼 수 있는 서양물품을 구매하려고 하기 때문이다. 이어서 본토와 서양이라는 이원대립이 출현하는데, 이는 서로 다른 두 가지 경제교역 모델을 대표할 뿐만 아니라, 도농관계와 지역신분의 형성으로 확장되기도 한다. 주목할 만한 것은 식민제도의 종결이 식민성의 종결을 가져오지 않았다는 것이다. 19~20세기에 세계적으로 힘들고 어렵게 진행된 반식민 투쟁은 1950~70년대에 구식민지가 정치적 주권을 얻어낼 수 있도록 했지만, 경제적 주권과 문화적 주권의 측면에서 보면, 반식민은 여전히 성공하지 못했다. 짧은 30년이 지난 후, 1990년대 소련과 동유럽이 해체되고 서방이 냉전의 승리를 거둠으로써, 워싱턴 컨센서스 집단(미국, 세계은행, IMF 등)은 초국적 자본의 전 지구적 전횡을 위해 '경제 외적'인 보호막이 되어줬다. 자본의 논리는 다시 한번 전성기를 맞았고, 식민성은 다시 봄을 맞이하며 활개를 치게 되었다. 이로 인해 "식민주의가 종료된 후, 식민성은 여전히 책, 학술표현의 가치표준, 문화형식, 인간의 자아 이미지, 자신에 대한 기대 등 현대 생활의 각 측면에 살아 남아 있다"고 관찰한 학자도 있었다.[40]

본 논고의 주제로 되돌아보면, 2012년[41]과 2013년[42] 홍콩 미디어는 여전히 예전과 같이 내지인의 부정적 이미지를 보도하고 있지만, 특

---

40 주 75 참고.

41 Sharon Kwok, "Netizens Outraged at Hong Kong TV Drama's Negative Depiction of Pregnant Mainlander", 「上海人」, 2012.12.30.(http://shanghaiist.com/2012/12/30/chi-nese_netizens_outraged_at_offens_1.php).

42 "Hong Kong TV Drama Depicts Mainlanders as Dirty, Reckless", 「上海人」, 2013.2.11.

히 주목할 만한 것은 과거의 아찬이 우매하고 낙후된 농촌을 대표했고, 홍콩으로 들어와도 수용될 수 있는 타자였다면, 지금 홍콩 본토파의 눈으로 보면 아찬은 이미 홍콩을 해치기 때문에 반드시 축출되어야 하는 타자로 변했다는 점이다. 타자의 이미지도 인간에서 메뚜기로 변해버렸다. 1970년대 말의 '아찬'이라는 꼬리표와 비교하면 최근 홍콩 본토파의 메뚜기론은 그 공격성과 언어적 폭력으로 인해 일찍이 과거 식민성의 도농관계를 넘어섰다. 대륙 사람들에 대한 비인간화 꼬리표 또한 이러한 관계가 일반적 인종주의를 넘어서도록 했다.

3. 현재 내지에 대한 홍콩의 배척: 황화와 홍화

홍콩에서의 정치적 불만은 보통 사회경제적 요인으로 귀결된다. 2014년 '센트럴 점거' 이후에 특히 이 점이 두드러진다. 아시아 부호인 리자청(李嘉誠) 또한 이 점이 매우 두드러진다고 본다.[43] 최근 20년 동안 홍콩의 1인당 GDP는 7천 USD에서 3만 8천 USD로 증가했지만, 홍콩은 전 세계에서 불평등이 가장 심한 지역이 되기도 했다. 일찍이 1996년 홍콩의 지니계수(0:절대평등, 1=절대불평등)는 0.518에 달했고, 2001년에는 0.525, 2011년에는 0.537로 상승해서 1971년 이래 최고치에 다다랐다. 얼마 되지 않는 7백만 인구의 홍콩에 39명의 억만장자가 있다. 인구 대비 세계 최고다. 핵심 산업을 독점하고 있는 거물 몇 명이 홍콩 경제의 생명줄을 쥐고 있다. 2014년 영국 상업 저널이 발표한 '정실 자본주의 지수'에서

---

[43] "Li Ka-Shing Says Widening Inequality Keeps Him Awake at Night", *Bloomberg*, 2014.6.28.

홍콩은 1위를 차지했다. 이러한 거물의 재부 총액을 모두 합치면 홍콩 GDP 총액의 80%에 달한다. 가장 부유한 10%가 77.5%의 재부를 점유하고 있는데, 이는 미국보다 높고 영국과 일본보다는 훨씬 높은 수준이다. 2007년에 이 수치는 69%였다. 홍콩의 집값은 세계에서 가장 비싸다. 중산층 가계 소득의 15배에 달하는데, 영국은 7.3배, 샌프란시스코는 9.2배로 나타난다.**44**

2014년 한 관찰자는 "홍콩에서 정치적 불만의 근본 원인은 정치대표성의 부족에만 있는 것이 아니라, 전 지구화와 인플레이션이 초래한 실질 소득의 감소에도 있다"고 말한 바 있다.**45** 홍콩에서 절반에 달하는 인구의 월소득이 홍콩달러로 1만 3천에 못 미치는데, 13%는 5천에도 못 미친다. 가장 빈곤한 30%가 홍콩 자산 전체에서 차지하는 비율은 6.4%에 불과하다.**46** 2013년에 20%에 가까운 인구가 공식적으로 빈곤인구로

---

44 "Hong Kong's Wealth Gap on Display in Protests", *The New York Times*, 2014.10.5.; Joe Studwell, "Hong Kong Should Focus its Fight on the Tycoon Economy", *Financial Times*, 2014.10.7.; Peter Cai, "Hong Kong Protests About Economics as Much as Democracy", *East-Asia Review*, 2014.10.10.(www.eastasiaforum.org/2014/10/10/hong-kong-protests-about-economics-as-much-as-democracy/); "Economic Inequality Underpins Hong Kong's Great Political Divide", *Financial Times*, 2014.10.21.; "Planet Plutocrat", *Economist*, 2014.3.15.; "Elitist Election System Plays into the Hands of Tycoons", *South China Morning Post*, 2014.10.15.

45 Thomas Chow, "Sovereign Investment Fund Could Address Hong Kong's Social Ills", *South China Morning Post*, 2014.11.3.

46 "Sandwich Class Confronts Mainlanders over Hong Kong's Future", *Bloomberg*, 2014.10.10.

분류되었고, 사회복지를 추가한다고 해도 이 비율은 15%가 된다.[47]

2005년에는 신자유주의가 홍콩의 1인당 GDP 증가에 따라 필연적으로 불평등의 부단한 확대를 가져올 것이라고 지적된 바 있다(Simon Xiaobin Zhao, Li Zhang, 2005: 74-103). 2014년까지 "1인당 실질소득 정체, 취업 불안정성의 증가, 사회 양극화의 가속화 측면에서 보면, 홍콩 경제는 2005년부터 줄곧 악화되어왔다."[48] 옥스팜Oxfam의 연구에 따르면 최저임금법이 통과되었음에도 불구하고 2010년에서 2012년 사이에 빈곤계층의 수입이 악화되는 추세는 멈추지 않았다.[49] 1970년대 중반에 태어난 사람들의 경우 대졸자를 제외하면 초임과 '상층이동 기회'가 모두 감소하였음을 알 수 있다.[50] 그러나 대졸 학력자는 1970~80년대에 출생한 인구의 4분의 1밖에 되지 않는다. 그런데 '80년 이후 출생'한 청

---

[47] "Setting the Poverty Line is Just the Start", *South China Morning Post*, 2013.9.30.

[48] Li Jing, "Economic and Social Restructuring: Housing Implications for Young People in Hong Kong", *Urban Research Group-CityU on Cities Working Paper Series*, No.3/2014:5(www.cityu.edu.hk/cityuoncities/upload/file/original/705520140620145145.pdf).

[49] "Trends of the Working Poor and Proposal for a Low-Income Family Subsidy", *Oxford Committee for Famine Relief*, Sandiego, 2013(www.oxfam.org.hk/filemgr/2150/work-ingpovertyreport_lowincomechildrensubsidy_engeditedfinal.pdf).

[50] Lok Sang HO, et al., "Upward Earnings Mobility on the Decline in Hong Kong? A Study Based on Census Data", Lingnan University, 2013(http://commons.ln.edu.hk/cgi/view-content.cgi? rticle=1095&context=cppswp).

년들 가운데 대학교육을 받은 경우도 갈수록 높아지는 실업률을 맞닥뜨린 상황이며, 관리형 및 전문직 일자리가 예전에 비해 적어진 상황이다.⁵¹ 대학 졸업 예정자의 실질 임금도 감소했다. "과거 17년 동안 초임 평균의 연간평균 상승률은 1%에 불과했고, 현재 연간 소득은 19만 8천 홍콩달러에 불과하며, 이는 인플레이션에 크게 못 미치는 수준이다. 집세 상승 속도는 말할수도 없다."⁵²

그러나 홍콩의 빈부 격차 확대, 생활 수준 하락, 취업 전망의 암담함은 본토파가 흥기한 배경일 뿐이지 직접적인 원인은 아니다. 본토파는 반복해서 홍콩의 주권과 빈부격차에 중국이 관련됨을 강조하지만, 그들은 한 가지 사실을 회피하고 있다. 장기적으로 지니계수는 부단히 상승했고, 심지어 영국 식민 시기에 급속하게 상승했다. 지니계수는 1976년 0.429에서 1996년 0.518로 상승했다.⁵³ 그러면 본토파의 사회적 지지 기반은 저소득 집단일까? 소득 수준과 본토주의에 대한 지지가 어떤 관련이 있는지는 아직 연구 결과가 없다. 그러나 소득 수준과 센트럴 점거에 대한 태도에 대해서는 2014년 초의 조사가 있다. 이 조사에서는 가난한 사람들의 '센트럴 점거'에 대한 지지도가 가장 낮은 것으로 나타났다(소득 없음: 지지 23%, 반대 68%, 월 소득 수준 1~9999$: 지지 33%, 반대 68%).

---

51 Xiaogang Wu, "Hong Kong's Post-80s Generation: Profiles and Predicaments", *Hong Kong University of Science and Technology*, 2010: 39(www.cpu.gov.hk/doc/tc/research_reports/HK's%20Post%2080s%20Generation%20-%20Profiles%20and%20Predicaments.pdf).

52 Kathy Chu, "Hong Kong Protests as Much about Dollars as Democracy", *The Wall Street Journal*, 2014.10.19.

53 "Hong Kong Protestors Blame China for Rising Inequality and Economic Woes", *Quartz*, 2014.7.1.

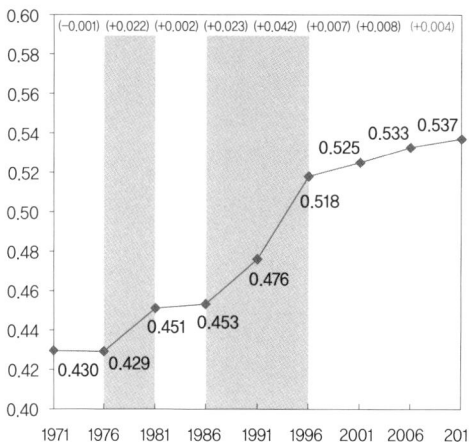

그림 03 홍콩의 지니계수 변화
주: 괄호 안의 숫자는 기간별 지니계수의 변화를 나타냄.
자료: Census/By-Census 1971-2011, C&SD.

이 조사를 보면 오히려 월 수입이 10만 이상인 사람들의 지지도가 가장 높았다(지지 54%, 반대 55%).[54]

물론 빈곤과 불평등 자체는 본토주의 흥기의 직접적인 원인이 아니지만, 중산층 생활에 대한 강렬한 열망을 가진 청년들이 암담한 미래를 마주하며 희망을 상실한 것이 본토주의 형성에 작용한 하나의 조건이었을 것이다. 본토파와 '범민주파의 급진파'는 대부분 젊은이들이다. '온건'적인 민주당이나 열혈 공민을 지지하는 사람들은 23%가 30세 이하에 속하고, '급진파' 조직(사회민주전선, 인민역량, 노동자당 및 신민주동맹)을 지지하는 사람들의 경우, 30세 이하의 비율이 41%에 달한다.[55]

본토주의를 형성한 또 하나의 조건은 앞서 서술한 홍콩 신분 정체

---

[54] "Constitutional Reform: Confrontation Looms as Hong Consults," 『香港過渡期硏究計畵』, 2014.4, p.190(www.hktp.org/list/constitutional-reform.pdf)는 지지 42%, 반대 59%였고, 지지율은 28%까지 하락한 바 있고, 반대 최고치는 58%였으나, 14%는 '찬성도 반대도 아님'에 투표했다. "센트럴 점거에 대한 Popcon의 여론조사", 2014.11.8~9.(http://popcon.hkupop.hku.hk/popcon_v1/index_proposedQuestResult.php?lang=ch#OMResults3w).

[55] "Moderate Voice", *South China Morning Post*, 2015.2.6.

성 속의 식민현대성과 냉전 승리라는 두 요인이다. 홍콩 신분 정체성과 홍콩인으로서 우월감은 내지인에 대한 타자화를 통해 형성되었다(Albert Wai Lip Chau, et al., 1998: 3-12).**56** 계몽주의 시대 철학자 루소는 우월감의 추구는 물질 및 지식의 부패를 초래한다고 말한 바 있다(JEAN-JACQUES ROUSSEAU, 1984[1754]). 여기에서 지식의 부패는 비난의 화살을 '에스닉 타자'를 향하는 방식으로 표현된다. 일찍이 2005년 홍콩 침례대학의 학자가 다음과 같이 쓴 바 있다.

> 절대 다수 홍콩인의 심리에는 줄곧 그들 자신과 내지인을 구분하는 거리감과 우월감이 존재해왔다. 1997년에 회귀한 이후에도 홍콩인은 여전히 내지인에 대해 편견을 가지고 있으며, 그들이 저급한 나라의 시골뜨기이자 부패한 기업가라고 생각한다. 내지 이민자의 이미지는 교육수준이 낮고, 개화가 되지않았으며, 야만적이고 난폭하며, 먹기 좋아하고 게으르게만 표현된다. 아시아 금융위기 이후에 내지 이민자에 대한 편견은 더욱 심해졌다. 홍콩인은 내지인이 자신의 일자리를 빼앗을 것이고, 사회 기풍을 파괴하며, 홍콩의 번영과 안정을 망가뜨릴 것이라고 믿는다(Lo Kwai-cheung, 2005: 207-208).

홍콩에 존재하는 내지에 대한 배척은 우익 포퓰리즘 성향의 영국 독립당이 이민에 대해 갖는 생각과 상당부분 유사하다. 한 영국 기자는

---

56 Shirley Leung, *Stereotyping and Intercultural Acquaintance: Hong Kong Inhabitants Attitudes toward New Chinese Migrants*, Ph. D Dissertation(Hongkong Baptist University, 2002)(http://comd.hkbu.edu.hk/ma-comm/maproject/image/projects/2002_Dissertation/ 00403849_lung.pdf).

다음과 같이 썼다.

> 이민에 대해 사람들은 많은 걱정을 한다. 첫째, 이민이 영국인의 일자리를 빼앗는다. 둘째, 수많은 이민자들은 '거지/기생충'으로서 사회복지에 기대어 생활한다. 그러나 더 큰 공포는 이민자가 임금수준을 낮출 것(특히 미숙련 노동자)이며, 더욱 많은 범죄를 일으켜, 현지인이 주택, 학교, 병원 및 기타 공공시설을 이용하는 부담이 과중해질 것이라는 점에 근거한다.[57]

이러한 우려는 사실상 실질적 증거를 갖고 있지 않다.[58] 그러나 그렇다고 해서 영국독립당의 흥기를 막지는 못했다. 2015년 초에 이 당은 15%에 달하는 시민의 지지를 얻었다.[59]

타이완의 주류언론 기자는 2014년의 홍콩에 대해 다음과 같이 묘사했다.

> 내지인에 대해 홍콩인이 갖는 전형적인 인상은 그들이 더럽고, 시끄러우며, 모두들 행동거지가 저속한 벼락부자들이고, (…) (홍콩인은) 전

---

57 Hugo Dixon, "How to Calm British Fears over Immigration", *The New York Times*, 2014.7.14.

58 "Migrants in Low-Skilled Work: the Growth of EU and New EU Labor in Low Skilled Jobs and its Impact on the UK", 2014(www.gov.uk/government/uploads/system/uploads/attachment_data/file/333083/MAC-Migrants_in_low-skilled_work_Full_report_2014.pdf)

59 "Britain Braces for Election that Could Herald EU Exit", *AFP*, 2014.1.27.

에 없이 자신과 내지인의 차이를 강조한다. 그들은 스스로가 더욱 우월하다고 생각하며, 내지인을 차별하고, 심지어는 중화에 대한 공포심리를 가지고 있기도 하다.[60]

물론 타이완 기자 이야기의 부분으로 전체를 개괄하는 위험이 있긴 하지만,[61] 홍콩의 본토파에 대해서 충분히 적용할 수 있는 말이다. 본토주의는 현지 이익이 어떤 다른 지방의 이익보다 중요하다고 본다. 홍콩과 타이완의 수많은 본토파들은 애국주의적 자유파 인사들을 대중국 의식 및 대중화파로 부르며 명확히 그들과 대립한다(Elaine Chan and Joseph Chan, 2014: 952-970).

한편으로 홍콩은 부단히 확대되는 빈부격차와 심화되는 청년의 사회이동 문제를 마주하고 있으면서, 동시에 홍콩 신분의 우월감은 객관적으로 내지의 경제발전에 의해 쇠락한 바도 있다. 이는 본토파가 흥기했던 조건이다. 본토파가 흥기한 원인은 일부 홍콩인이 이러한 조건에서 우익적 선택을 한 데 있다. 빈부격차와 사회적 이동 문제에 대해 그들은 홍콩 과두 자본의 독점 문제를 홍콩이 직면한 주요 문제로 간주하지 않는다. 다시 말해서 그들은 내부의 계급모순을 주요 모순으로 여기지 않

---

60 Monique Hou, "Showdown between the Locusts and the Lackeys", 『天下雜誌』557期, 2014.10.2.(http://english.cw.com.tw/print.do?action=print&id=14846).

61 Matt O'Brien, "Hong Kong's Fight with China has Economic Roots", *Washington Post*, 2014.10.1, "홍콩인은 내지인을 메뚜기라고 부르는데, 이들은 홍콩을 난입해서 모든 것을 빼앗아 떠나며 전체적인 소양 수준을 저하시킨다"; "내지 출신 이민자와 여행객에 대한 홍콩인의 행위는 완전히 인종주의화 되었다.(Yu Yui Ruth Hung, 2014: 77)"

으며, 청년들의 전망에 대한 주요한 위협으로 보지 않는다. 반대로 그들은 과거의 우월감에 미련을 갖고 이를 힘써 소환한다. 그들은 휘황찬란했고 화목했던 식민지 홍콩이라는 환상에 빠져 있다. 그래서 홍콩에 대한 내지의 영향을 홍콩 신분 및 홍콩 가치에 대한 위협으로 보는 것이다. 즉, 이들은 홍콩과 내지의 모순을 홍콩에 대한, 홍콩의 전망에 대한 주요한 위협으로 보고, 내지-홍콩의 모순으로 장기적으로 부단히 심화되는 홍콩사회의 내재적 모순을 치환하고 있다. 이러한 정서와 사조는 정치적 동원 속에서 정치적 에너지로 결집되어 본토파가 흥기하는 주요한 원인이 된다. 따라서 본토파 사조의 영향 아래, 과거의 아찬은 오늘날 홍콩에서 위협으로 간주되고, 더이상 수용되거나 동화될 수 없으며, 오히려 배척되고 축출되어야 한다. 이것이 아찬이 메뚜기로 전환된 맥락이다.

본토파는 주류를 이루는 민주파(또는 반대파), 건제파(또는 친베이징파)를 모두 '좌빨'이라고 폄훼한다.**62** 물론 이 두 세력 모두 스스로를 좌파라고 생각하지 않는다. 두 파는 사실상 신자유주의 계열이다. 수많은 본토파는 자신을 우파로 묘사하고, 주류 세력을 코스모폴리타니즘으로 부른다. 그러나 본토파와 본토파가 비판하는 '대중국주의'는 모두 공산당에 반대한다. 민주파의 핵심은 '반공'이다.**63** 서로 다른 조직이 서로에 대해 '적색주의'라는 레테르를 붙이고 있다. '급진'적인 인민역량은 '온건'한 민주당이 내지와 결탁하여, 선거를 조작하고 있다고 비난하고, 민

---

62 Chen Holok, "Hot Pot, Gods and 'Leftist Pricks': Political Tensions in the Mong Kok Occupation", *Lib.com*, 2014.10.14.(http://libcom.org/blog/mk-hotpot-tensions). 이 용어는 미국의 반라틴계 그룹의 용법과 같다. Morgan Loew, "Beyond the Minutemen", 『杜桑新聞』, 2006.4.27.

63 Michael Chugani, "Seeing Red", *South China Morning Post*, 2015.5.2.

주당은 인민역량을 '인민폐 역량'이라고 놀린다. 왜냐하면 그들이 베이징파의 상인으로부터 대규모 자금을 지원받는다고 전해지기 때문이다.⁶⁴

본토파와 민주파는 홍화와 황화에 대한 생각에서는 매우 유사하다. 본토파는 내지를 다른 국가로 간주한다. 2015년 홍콩 대학의 학생 엽로산(葉璐珊)이 광저우(廣州)에서 고등학교를 다니는 동안 공산주의청년단에 가입한 적이 있는데, 이와 같은 배경이 폭로된 후 그녀는 학생회 오락부장 선거에 떨어졌다.⁶⁵ 당선된 학생회 간부들 가운데 한 홍콩 학생은 단지 그의 조부가 베이징의 공산당원이라는 이유만으로 손가락질을 받기도 했다.⁶⁶ 한번은 본토주의 지지 공민투표 중에 절대 다수의 본과생들이 홍콩 대학 학생회가 홍콩대학총연합(학련)으로부터 탈퇴할 것을 전적으로 지지한 바도 있었다. 이유는 "홍콩 독립운동이 학련의 핵심 임무가 '민주 중국을 세우는 것'에 있기 때문에 홍콩 이익을 대표할 능력이

---

64 "'Anti-Red'Sentiment Takes Centre Stage in Legco Election for First Time", *South China Morning Post*, 2012.9.8.(홍콩 공민당"홍콩 적화 저지"행동); "Anson Chan Backs 'Anti-Red'Campaign", *The Standard*, 2012.8.10. 범민주파와 반공파에 대해서는 David Garrett, Ho Wing-chung(2014: 360-362)을 보라.

65 "Mainland Student Draws Flak for Joining Hong Kong University Student Union", *China Outlook*, 2015.2.13.(http://chinaoutlook.com/blogs/mainland-student-draws-flak-join-ing-hong-king-university-student-union/).

66 "'Commie-Loving Mainlanders'Targeted at Hong Kong's Top University", *Reuters*, 2015.2.17.

그림 04 "반 적화, 반 식민, 홍콩인은 힘을 모아 적화에 함께 저항하고, 식민에 반대하자. 메뚜기 축출 행동"

없다고 여긴 것이다".**67** 2015년 학련은 매년 기념하던 '6·4'집회에서 탈퇴할 것을 결정했고, 본토주의 운동에 대한 타협의 의미를 전달했다.**68** 사실상 일부 학생 지도부는 홍콩인이 중국인인지 여부에 대해 의구심을 품고 있다.**69**

본토파는 주안점을 홍콩에 두자고 호소한다. 아마도 홍콩이 내지를 변화시키는 민주화 과정에 대해 믿음이 부족하기 때문일 것이다.**70** 어쩌

---

67 "HKU Union to Quit Student Federation", *South China Morning Post*, 2015.2.15. 이후 홍콩 침례대학도 "젊은이들의 급진 본토주의 사조의 영향으로" 학련을 탈퇴했다. "Baptist University Students Vote to Leave Federation", *The Standard*, 2015.4.25.

68 "Federation to Give June 4 Vigil a Miss", *The Standard*, 2015.4.28.

69 "Hong Kong Student Organization Says it Won't Attend Tiananmen Vigil", *The New York Times*, 2015.4.29.

70 文理學院, "The Challenges to Hong Kong's 'Greater China Mentality'",

면 그들이 내지의 정치체제뿐만 아니라 내지인을 무시하기 때문일지도 모른다. 그들이 중국의 전통문화를 계승한다고 표명하더라도, 그들은 줄곧 중국인이 되고 싶어하지 않는다. 심지어 일부는 홍콩 독립을 희망한다. 홍콩의 문화연구자 미라나 메이(司徒薇Mirana May Szeto)는 홍콩의 포퓰리즘 본토파 운동을 묘사하면서 다음과 같이 말했다.

> 중화에 대한 공포 또는 외부에 대한 공포는 베이징 정부에 대한 것만은 아니며 내지의 이민자, 나아가 내지의 여행객에 대한 것이기도 하다. 광둥어를 중심으로 하는 본토주의 반이민자 연맹 '홍콩 본토역량'이 대표적인 예다. 이는 홍콩에서 유행하는 하나의 가설을 증명한다. 즉, 홍콩의 도시화되고, '발달'한 자본주의는 중국보다 무자비하며, '원시'적인 자본주의보다 더욱 우월하기 때문에, 그들은 내지인을 메뚜기라고 부르고, 내지의 상품을 독이 든 '대규모의 사기성 무기'라고 부른다. 이러한 견해는 미국의 '황화'담론과 같은 것으로 제국주의적 색채를 띤 인종우월 상상과 매우 유사하다(Audrey Yue, Olivia Khoo eds., 2014: 120-146).

2014년 가을 '센트럴 점거' 기간 동안, 미국 기자는 다음과 같이 썼다. "홍콩의 민주수호와 대륙에 대한 반대라는 두 종류의 정서를 구분하기가 매우 어렵다. 수많은 시위자들은 고도의 홍콩 자치를 원하는데, 그 목적은 정책을 제정함으로써 내지로부터의 영향을 줄이는 것이다."[71]

「香港教育學院新聞」(일자 미상, www.hkiednews.edu.hk/en/content/index.do?contentCode=1341979646688&lang=en#.VJeHWDm44)

71 Christopher Beam, "The Uglier Side of the Hong Kong Protests", *The*

홍콩의 학자 또한 "민주에 대한 지지는 내지에 대한 반대로 인식되기가 쉽다. 내지로부터의 여행객들에게 자주 베이징 정부라는 레테르가 붙여진다"는 점에 주목했다.[72]

4. 21세기 신파시즘

물론 급진 민족주의 우익 사상가들은 일반적으로 그들의 정치가 본토의 상황에 대한 답변이라고 표명하지만, 대부분 자신의 주장을 더 넓은 차원의 이데올로기와 연결시키길 꺼려한다. 그러나 홍콩 본토파들은 이에 개의치 않고 스스로를 특구 외부의 유사한 정치운동에 비유한다. 인터뷰 중에 본토파 지도부는 자신의 조직과 운동이 유럽의 극우 반이민 조직과 기본적으로 유사하다고 인정했다. 유럽의 이런 유의 조직 대부분은 두 명의 미국 학자가 신파시즘에 관해 제기한 묘사에 부합한다.

'21세기 신파시즘' 연구 가운데 사회학자 윌리엄 로빈슨William Robinson과 에스닉 연구자 매뉴얼 바레라Manual Barrera는 신파시즘이 "인종/문화우월성에 배외심리가 더해져 하나의 허구적이고 이상적인 과거

New Republic, 2014.10.2.

72 Austin Ramzy, "Death in Hong Kong Fuels Feelings of Discrimination", *The New York Times*, 2013.8.15.(홍콩 시티대학 언론학자 요정우[姚正宇]로부터 인용). 또다른 사례도 정부와 인민에 대한 홍콩인의 다른 태도를 보여준다. 2013년 여론조사는 홍콩인 60%가 일본 정부에 대해 부정적 생각을 가지고 있으며, 40%가 일본인에 대해 부정적 생각을 가지고 있음을 보여준다. "Hong Kong Residents Dislike Chinese More than Japanese", *Japan Today*, 2013.12.5.

에 향수를 느끼는 것이며, (…) 희생양을 찾는 하나의 인종주의 운동"이라고 보았다(William I. Robinson and Mario Barrera, 2012: 4-29). 21세기 파시즘은 지난 세기 그들의 선배들과 유사하게, 폭력으로 여러 형식의 평등 주장을 공격하고, 공산주의자, 사회민주주의자, 자유주의자에게 '좌'라는 꼬리표를 붙이면서, 이들을 매국노라고 칭한다.

21세기 파시즘은 '구파시즘'에서 인종우월의 개념, 급진적 민족주의 동원운동, 상상 속에서의 열등 민족에 대한 배척과 주변화 등을 계승한다. 좌익에 대한 그들의 원한은 사회 속의 일부 보수세력으로 연장된다.

그러나 20세기 파시즘과 달리, 신파시즘은 표면적으로 민주를 지지한다. 정치경제학자 사미르 아민의 관찰에 따르면, "독재 경찰제도와 달리, 파시즘은 본래 대의제 민주가 초래하는 불확정성을 거부하지 않는다. 파시즘은 자본주의 사회의 운영이 어떤 상황에서 도전에 직면했을 때 나오는 특수한 정치적 반응이다."[73] 여러 사례들은 20세기 후반 파시스트들이 이미 그들의 행동을 모종 형식의 민주 체제와 결합시키기 시작했음을 보여준다(Paul Preston, 1990: 145). 당대에 이러한 특징이 더욱 명확해졌다.

미국을 제외하면, 당시나 지금이나 대부분의 파시스트는 사회복지 정책을 지지하기도 하며, 그들이 내세우는 반(反) 과두 정치를 선전하는 데 몰두한다. 그들은 더이상 중앙 정권을 지지할 필요가 있다고 여기지 않는다. 오히려 정반대로 그들은 '본토주의' 또는 '지방주의'와 같은 분리주의적 개념을 지향한다. 이탈리아의 북방연맹North League, 영국의

---

[73] Samir Amin, "The Return of Fascism in Contemporary Capitalism", *Monthly Review* 66:4(2014)(http://monthlyreview.org/2014/09/01/the-return-of-fascism-in-contempo-rary-capitalism/).

영국방어연맹English Defence League이 대표적인 예다. 그들 가운데 대다수는 '파시스트'라는 레테르를 거부한다. 이유는 이 레테르가 폭력, 비(非)이성 그리고 낙후를 암시하기 때문이다. 오히려 그들은 그들이 극도로 반대하는 세력을 파시스트라고 비난한다. 이는 미국 극우 세력들이 오바마 대통령을 파시스트라고 부르는 것과 같다.

21세기 신파시즘	
20세기 구파시즘을 계승:	20세기 구파시즘을 초월:
인종-문화 우월감	표면적으로 민주를 지지
허구적이고 이상적인 과거	과두 정치에 대한 반대를 선전
급진 민족주의적 동원	본토주의 또는 지방주의를 지향
열등 에스닉에 대한 폭력적 배척	'파시스트'라는 레테르를 거부
'좌'파에 대한 공격	

홍콩의 본토파는 파시스트를 포함하면서도 준 파시스트, 반(半)파시스트, 비파시스트를 포함하며, 소수의 반(反)파시스트를 포함하기도 한다. 그러나 최근의 연구는 앞서 서술한 본토파 속에서의 비율을 확정짓지 못한다. 본토파는 '진정한 민주'를 인정한다. 그러나 그들은 민주에 필요한 관용을 반대한다.[74] 누구도 스스로를 파시스트라고 부르지 않지만, 일부는 자신이 민주 진영에 속한 '극우파'라는 점을 인정한다. 수많은 홍콩 본토파는 허구적인 황금시대(식민시대)를 선전하는 데 열중하며, 우익 '혁명'을 일으킬 기회를 엿보고 있다.[75] 이 두 가지 지점은 파시즘

---

74 "Anti-Chinese Protesters Yell at Mainland Shoppers in Hong Kong, Weibo Users Respond", *ChinaHush*, 2014.2.19.(www.chinahush.com/2014/02/19/anti-mainland-protest-hong-kong/).

75 "Violence in Hong Kong 'Inevitable'Say City's New Activists", *Agence*

적 세계관에 부합하는 것이다.

21세기 파시스트는 빈번히 자신이 속한 주류 에스닉이 억압 받고 있다고 소리 높여 이야기한다. 외래자에 의해 식민화되었고, 스스로 문화침략의 피해자라는 것이다. 홍콩 본토파는 중앙정부의 이민 정책이 식민 및 홍콩의 '적화'에 있다고 비난하면서 광둥어 사용을 줄이고 '정자체(번자체)'를 '병신체(간체자)'로 대체하려고 한다고 본다. 본토파는 홍콩의 본토의식을 강화하고, 홍콩 문화의 우월성을 널리 알리자고 호소한다. 그들 또한 홍콩에서 중국 공산당의 존재를 파괴할 기회를 엿보면서 모종의 색깔혁명을 희망한다. 이러한 것들이 달성될 수 없다면 그들은 홍콩이 내지인(다른 지역을 포함하지 않음)의 홍콩 방문을 감소시키고, 동시에 홍콩 문화가 대륙에 의해 동화되지 않도록 보호(서방화에는 반대하지 않음)하기 위해 이민과 방문객을 통제하는 정책을 취하기를 원한다.

2013~2014년에 걸친 홍콩 여론조사는 홍콩인 중 3분의 1이 내지인에 대해 '부정적' 정서를 가지고 있음을 보여준다.[76] 4분의 1의 홍콩인이 내지인 반대를 지지하고, 32%가 '홍콩 독립'을 지지하며 '완전 자치'를 요구한다.[77] 또한 절반이 넘는 인구가 내지인 이민 숫자를 줄이고 싶

France Presse, 2016.2.19.

[76] "Violence in Hong Kong 'Inevitable'Say City's New Activists", *Agence France Presse*, 2016.2.19.

[77] "Majority Angry at Hong Kong Protest Poll", 「環球時報」, 2014.2.25. (www.globaltimes.cn/content/844566.shtml#.U1uq_4fNt9A). 이는 「환구시보(環球時報)」가 예상했던 효과를 얻도록 하지 못하고, 오히려 내지인에 대한 홍콩인의 시위를 확대했으며, 높은 비율이 관련한 편견을 지지하고 있음을 보여줬다. 사실상 편견을 더욱 심화했다. AdamGrant, Sheryl Sandberg, "When Talking about Bias Backfires", *The New York Times*, 2014.12.6. '친베이징'

어 한다.**78** 2015년 3월 홍콩 중문대학의 여론조사에서는 대략 17%, 즉 6분의 1의 홍콩 성인이 "최근 내지 자유여행객에 대한 공중의 행동"을 지지하고, 55%에 가까운 사람들이 반대했다. "자유여행에 대해 반대하는 활동"의 지지자는 주로 교육 수준은 다르지만 젊은이들이었다. 이 밖에 "63%가 내지의 자유여행 규모가 홍콩이 감당할 능력을 넘어섰다고 여겼다." 대략 3분의 2의 피면접자들이 내지인의 홍콩 방문 자유여행을 제한하기를 원했고, 70%의 피면접자들이 복수방문 비자 정책을 철회하기를 희망했다.**79**

    내지인을 반대하는 비방에 대해 홍콩 정부는 수수방관이다. 그래서 메뚜기 반대 활동으로 "쌍방이 혼전을 벌이는 것은 놀랍지 않다."**80** 2014년에는 시위자가 여행객을 밀어 넘어뜨린 적이 있었다. 홍콩 학자는 이러한 비방행위가 "대놓고 한 것이며, 공개적인 것이다. 폭력적인 것은 아닐 수 있지만, 한두 사건이면 폭력을 발생시키기 충분하다"고 보았다.**81** 결국 2015년 내지에 반대하는 폭력 시위가 폭발했다. 보도에 따르

언론은 메뚜기 반대 시위가 '일부 극단주의자들의 행동'이라고 주장했지만, 홍콩 사람들 대부분에 의해 반박되었다. "Growing Danger of Mob Politics in a Moderate City", *China Daily*, 2014.2.21.; "Most People Both Sides of the Border Oppose Anti-Mainlander Protests, Finds Survey", *South China Morning Post*, 2014.2.23.

78 "Hong Kong Accepting Too Many Mainland Immigrants, Survey Finds", *South China Morning Post*, 2012.11.22.

79 "Two in Three"; Victor Zheng et al., "Let's be Rational", *South China Morning Post*, 2015.3.12.

80 "Tolerance Levels", *South China Morning Post*, 2014.2.27.

81 람지(Ramzy)는 홍콩에서 사망했다.

면, 북구에서 사재기 관광객 감시조의 리더인 렁캄싱(梁錦成)은 "만약 정부가 복수비자를 폐기하지 않으면 더욱 많은 폭력 사건이 발생할 것"이라고 말했다. 언론은 "내지인을 학대하는 것이 유일한 효과적인 방법"이라는 열혈공민의 핵심성원인 쳉총타이의 발언을 보도하기도 했다.[82] 얼마 후 두 명이 의도적으로 방화를 했다고 비난 받았는데, 그들은 사재기 관광객들이 몰려든 상점 부근에서 방화를 했고, 다른 한 상점에는 화염병이 놓이기도 했다.[83] 작고한 남아프리카 공화국 대통령 넬슨 만델라가 말했던 것처럼, "우리가 상대를 비인간화하고 악마화할수록, 우리는 점차 갈등을 평화적으로 해결할 가능성을 포기하고 폭력이 합리적임을 증명하려고 시도하게 된다."[84]

다른 폭력 사건이 곧 발생할 것이었는데, 폭력 행위자는 비방자일 수도, 자기를 보호하려는 비방 대상자일 수도 있었다. 사실상 반격도 허락될 수 있는 것이었다. 예를 들어 보복의 언론에 대해 범죄로 간주하지 않지만, "도발적 발언 원칙"을 가지고 있다. 의미인즉, 직접적이고 일대일의 모욕 발언일 경우 일반적인 청자 또는 실질적 청자의 즉각적인 폭력적 반응을 초래할 수 있고(Robin Edger, 2011: 154; Robert O'Neill, 2012-2013: 469; Michael Mannheimer, 1993: 1527~1571), 이러한 도발적 발언은

---

82 "Hong Kong's 'Parallel Trader'Protests Come amid Wider Tensions with Mainland China", *Radio Free Asia*, 2015.3.10.

83 "Tuen Mun Heckler Held for Abusive Outburst", *The Standard*, 2015.3.12.; Alice Wu, "Making Trouble", *South China Morning Post*, 2015.3.16.

84 "Address by President Nelson Mandela at Ceremony for Awarding National Orders...", 1999.5.11.(www.mandela.gov.za/mandela_speeches/1999/990511_orders.htm).

미국의 헌법이 정한 언론 자유의 보호를 받지 못한다는 것이다. 사실상 메뚜기 반대 운동참여자들 스스로는 얼마간 다른 사람의 폭력적 반응을 자초하고 있었다. 2014년 2월 인터넷에는 운동 참여자들이 네티즌을 시위에 참여하도록 초청하기도 했다.

> 우리가 거행하는 "자유여행객"을 축출하는 시위는 메뚜기를 몰아내어서 중국 여행객에 대해 우리가 가진 불만을 표현하는 것입니다. 이 항의 가운데 폭력이 발생한다면, 이는 모두 정부가 인민의 뜻을 무시했기 때문입니다![85]

한 여성 내지 여행객은 이러한 시위가 '비문명'적이라고 보았고, "내지 여행객은 메뚜기"라는 인식에 대해 반감을 가지고 있었다. "나는 이러한 시위가 내지인에게 수모를 주는 것이라고 봅니다."[86] 변호사인 공민당 리더 로니 텅(湯家驊)은 유사한 "도발적 발언 원칙"이 홍콩에도 적용되어야 하며, "위협적이고 수모를 주는 언어를 사용"하는 메뚜기 반대인사를 정부가 기소할 수 있다고 제기한 바 있다.[87]

입법회는 아마도 내지인에게 차별과 수모를 주는 홍콩인을 처벌할 수 있도록 〈인종차별조례〉를 수정하고 싶어 하지 않을 것이다. 왜냐하면 일부 입법의원이 공산당을 좋아하지 않는 정도가 내지인에 대한 멸시와

---

[85] Stefan Van Assche, "'Anti-Locust' Groups in Hong Kong Protest Mainland Tourists", *That's Magazine*, 2014.2.27. (http://online.thatsmags.com/post/unrest-in-hong-kong-during-anti-chinese-locusts-protest).

[86] "Face Off Turns Ugly", *The Standard*, 2014.2.17.

[87] "Stern Warning to Anti-Manlanders", *The Standard*, 2014.2.18.

비등한 수준이기 때문이다. 그리고 기타 의원들은 아마도 자신에게 가장 이로운 선택이 "홍콩인을 지지"하고, 내지 신이민과 대륙 여행객을 반대하는 것이라고 여길 것이기 때문이다. 홍콩의 모 신문은 이에 대해 책임을 전가하며 모든 국가가 비방을 반대하는 법률을 가지고 있다고 하더라도, 홍콩 정부는 "법률을 엄격하게 집행"해서는 안 되며, 메뚜기 반대 인사는 그저 소수인의 관점을 대표할 뿐이라고 보았다."[88]

최근의 〈인종차별조례〉는 집행력이 없으며, 홍콩의 인종 소수자들을 효과적으로 보호하지도 못한다. 홍콩은 인종 소수자에 대한 인종 차별이 자주 발생하지만,[89] 대다수 홍콩의 인종 소수자들은 "비인간화 dehu-manized" 된다(Lee Kim-ming and Law Kam-yee, 2014: 111-141; Sara Crabtree and Hun Wong, 2012: 1~19). 조례는 5년 전부터 이미 효력을 얻었지만, 2014년까지 한번도 이에 근거해서 기소된 바가 없다.[90] 마이클 추가니(褚簡寧Michael Chugani)는 홍콩 정부가 메뚜기 반대 시위자들을

---

[88] "Hate Campaign a Crying Shame", *South China Morning Post*, 2014.2.18.

[89] York Chow, "Racist Hong Kong is Still a Fact", *South China Morning Post*, 2013.5.23.

[90] "Hong Kong may Amend its Race Law to Protect Mainland Visitors", *South China Morning Post*, 2014.2.20.; "The failure to prosecute in Hong Kong mirrors the situa-tion in parts of the SAR's model for all things legal, Britain", "A recent report by the Northern Ireland Commission for Ethnic Minorities [stated] that just 12 of 14,000 race-related crimes reported over the past five years ended in a successful prosecution." Douglas Dalby, "In Northern Ireland, a Wave of Immigrants is Met with Fists", *The New York Times*, 2014.11.29.

견책하면서, 홍콩의 인종 소수자들에 대한 행위에는 어떤 행동도 취하지 않고 있음을 관찰한 바 있다.[91] 확실히 "홍콩은 아시아의 세계도시로서 자부심을 가지며 (…) 이는 일정하게 일부 소수 인종들에 대한 극렬한 편견을 촉진시키기도 했다"(Hans J. Ladegaard, 2013: 131-140). 내지인과 홍콩의 소수 인종은 모두 차별을 받지만, 현저하게 드러나는 차이는 홍콩의 소수 인종에 비해서 내지인이 더욱 항의를 받고, 기타 소수 인종보다 내지인들이 훨씬 강한 욕설과 비방을 받고 있다는 것이다.

2015년 봄, 홍콩 정계 인사들이 내지인 차별에 관한 조례 표결을 머뭇거리면서,[92] 일부는 홍콩의 자유민주제도를 보장하면 인종적 폭력이 출현하지 않을 것이라고 보았다. 북유럽 국가들은 줄곧 사회민주의 모범으로 간주되어왔는데, 오늘날 세 번째 규모의 스웨덴 정당은 인종주의자들과 신나치의 지지를 받고 있다. 덴마크의 주요 정당은 이민을 반대할 뿐만 아니라 무슬림을 반대한다. 노르웨이의 재정부 장관은 우익 '진보당' 성원으로 국경 내의 집시들을 버스에 태워 출경시키자고 제안하기도 했다. 게다가 인종주의적 폭력은 조직을 필요로 하지도 않는다. 2011년 극우 분자 아네르스 브레이비크Anders Breivik가 하루 동안 77명의 노르웨이인을 살해했던 것처럼 말이다. 그는 경찰에게 그가 이런 행동을 취한 이유를 단지 "이 국가가 외국인에 의해 침입당했기" 때문이라고 밝힌 바 있다.[93]

---

91 Michael Chugani, "Added Insult", *South China Morning Post*, 2014. 4.5.

92 "Law May not East Hong Kong-Mainland China Tensions: Anti-Discrimination Chief", *South China Morning Post*, 2015.3.17.

93 Eric Schlosser, "In Rich Scandanavia, a Dark Side Revealed", *The New*

에스닉 선동에 대해 용감히 공정함을 견지하는 홍콩 사람들은 미국의 노예제 폐지운동가 프레데릭 더글라스Frederick Douglass의 명언을 경청할 필요가 있을 것이다.

인류 전체의 자유가 진보해온 역사는 지금까지 투쟁으로부터 그에 대한 양보가 연유했음을 보여준다. 이 투쟁은 도덕적 영역일 수도 있고, 행동의 영역일 수도 있으며, 두 가지가 결합될 수 있다. 그러나 이는 반드시 한 차례의 투쟁이어야 한다. 투쟁 없이는 진보도 없기 때문이다(Frederick Douglass, 1999: vi).

York Times, 2015.4.27.

참고문헌

劉兆佳, 關信基(1988), 『香港華人的特性』, 香港: 香港中文大學出版社.
費孝通(2006), 『中國士紳』, 北京: 中國社會科學出版社.
周華山(1990), 『電視已死』, 文出版社.
增田眞結子(2002), 「從『中國學生周報』電影版看六十年代香港文化身的形成」, 『香港文化與社會究學報第一卷第二期』.
何干之(1937), 『中國社會性質問題論戰』, 上海: 生活書店.
Albert Wai Lip Chau, et al.(1998), "Hong Kongers'Perceptions of New Migrants from Mainland China", in 盧文輝, et al., *Macau and its Neighbors*: *Toward the 21st Century*(University of Macau).
Audrey Yue, Olivia Khoo eds.(2014), "Sinophone Libidinal Economy in the Age of Neoliberalisation and Mainlandisation: Masculinities in Hong Kong SAR New Wave Cinema", *Sinophone Cinemas*(New York: Palgrave Macmillan).
David Garrett, Ho Wing-chung(2014), "Hong Kong at the Brink: Emerging Forms of Political Participation in the New Social Movement", Joseph Y.S. Cheng (ed.), *New Trends of Political Participation in Hong Kong*(Hong Kong: City University Press).
Elaine Chan and Joseph Chan(2014), "Liberal Patriotism in China", 『當代中國期刊』 23:89.
Frederick Douglass(1999), "An Address on West Indian Emancipation", *Selected Speeches and Writings*(New York: International Publishers).
Gene Kritsky and Ron Cherry(2000), *Insect Mythology*(Lincoln, NE: Writers Club Press).
Hans J. Ladegaard(2013), "Demonizing the Cultural Other: Legitimizing Dehumanization of Foreign Domestic Helpers in the Hong Kong Press", *Discourse, Context and Media* 2:3.

JEAN-JACQUES ROUSSEAU(1984[1754]), *A Discourse on Inequality*(New York: Penguin Classics).

John H. Carroll(2005), *Edge of Empires: Chinese Elites and British Colonials in Hong Kong*(Cambridge : Harvard University Press).

Jonathan Baron(2006), *Thinking and Deciding*(Cambridge: Cambridge University Press).

Lee Kim-ming and Law Kam-yee(2014), "Colonialism, Sincization and Ethnic Minorities in Hong Kong: Social Exclusion and Barely Citizenship," in Norman Vasu, et al., *Nations, National Narratives and Communities in the Asia-Pacific*(London: Routledge).

Lo Kwai-cheung(2005), *Chinese Face/Off: The Transnational Popular Culture of Hong Kong*(Urbana: Illinois University).

Massoud Hayoun(2014), "What Melts in the "Melting Pot"of Hong Kong?" *Asiatic* 8:2.

Michael Mannheimer(1993), "The Fighting Words Doctrine", *Columbia Law Review* 93:6.

Naomi Greene(2014), *From Fu Manchu to Kung Fu Panda: Images of China in American Film*, University of Hawaii Press

Nelson Maldonado-Torres(2007), "On the Coloniality of Being," *Cultural Studies* 21:2.

Paul Preston(1990), "Populism and Parasitism: the Falange and the Spanish Establishment, 1939-1975", in Martin Blinkhorn, ed., *Fascists and Conservatives: the Radical Right and the Establishment in 20th Century Europe*(London: Routledge).

Robert O'Neill(2012-2013), "Hate Speech, Fighting Words, and Beyond: Why American Law is Unique", *Albany Law Review* 76.

Robert Y.(2007), "신분언론의 정치와 문화:홍콩 영화 속의 내지인", *ASIA Network Exchange*, 14:3.

Robin Edger(2011), "Are Hate Speech Provisions Anti-Democratic?: an International Perspective", *American University Law Review* 26.

Sara Crabtree and Hun Wong(2012), "'Ah Cha'! The Racial Discrimination of Pakistani Minority Communities in Hong Kong: an Analysis of Multiple Intersecting Oppressions", *British Journal of Social Work*.

Simon Xiaobin Zhao, Li Zhang(2005):, "Economic Growth and Income Inequality in Hong Kong", *China: an International Journal* 3:1.

William I. Robinson and Mario Barrera(2012), "Global Capitalism and Twenty-first Century Fascism: a US Case Study", *Race&Class* 53:3.

Yu Yui Ruth Hung(2014),, "What Melts in the "Melting Pot"of Hong Kong?" *Asiatic* 8:2.

백지운(白池雲)

서울대학교 통일평화연구원 인문한국 교수. 연세대학교 중어중문과에서 「梁啓超의 근대성 담론을 통해 본 계몽사상 재고찰」로 박사학위를 받았다. 최근에는 당대 중국의 사회 변화와 아시아 냉전 유산을 접목하는 연구를 하고 있다. 주요 논저로 『양안에서 통일과 평화를 생각하다』(공편) 「독백과 망각의 전쟁-중월전쟁과 아시아 냉전의 역설성」, 「일대일로와 제국의 지정학」, 「혁명원조에서 특구건설로 - 시아누크빌을 통해 본 아시아 냉전의 역설」 등이 있다.

제4장 탈냉전의 사상과제로서 일국양제

백지운

1. 제국의 안과 밖

부강해진 중국은 과연 어디로 갈 것인가. 요동치는 신자유주의의 격랑을 맞아 반세기 넘게 전 세계인의 마음속에 확고하게 자리잡았던 냉전적 정의에 대한 믿음이 근저에서 흔들리는 지금, 굴기하고 있는 중국의 국가적 향방은 전 세계 지식인들의 뜨거운 관심사가 되고 있다. 워싱턴 컨센서스에 대비되는 베이징 컨센서스에 기반한 '중국모델론'이 현실사회주의 붕괴 이후 방향을 상실한 서구 좌파 지식인들의 각별한 관심을 얻고 있음은 물론[1] 심지어 자유민주주의 체제의 최종 승리를 선언('역사의 종언')했던 프란시스 후쿠야마 같은 우파 지식인의 호응까지 얻고 있는 형국이다.[2] 중국이 과연 좌파들의 기대처럼 자본주의 체제의 새로운

---

1 대표적인 저작이 조반니 아리기(2009)이다.
2 Fukuyama, Francis, "One belt, one road: exporting the Chinese model

대안이 될지, 아니면 많은 비판론자들의 주장처럼 자본주의=신자유주의 체제의 첨병이 될지 아직 속단하기 어렵지만, 최소한 중국이라는 이 낯선 국가의 부상이 인류에게 익숙한 근대세계에 가져올 충격과 변화는 오늘날 지식계가 직면한 중요한 지적·사상적 과제임에 틀림없다.

중국의 부상에 대한 만연한 두려움의 저변에는 그것이 자유민주주의라는 보편적 가치를 훼손할 것이라는 우려가 깔려 있다. 더 직접적으로 말하면, 대의제, 민주선거, 다당제와 같은 근대 국민국가의 제도적 규범을 갖추지 않는 중국이 패권국으로 떠오르는 데 대한 두려움이다. 사실 이러한 두려움은 중국 바깥에만 있었던 것은 아니다. 2000년대 초반까지만 해도 중국이 국제적 규격과 틀에 맞는 국가가 되어야 한다는 위기의식과 초조감이 중국사회를 지배했다. 당시 세계와의 '궤도 접속(接軌)'은 중국 지식계에 빈번하게 등장했던 말 중 하나였다. 그러나 2008년 베이징올림픽 이후 중국이 미국과 대등하게 겨루는 G2로 부상하면서, 어느새 '궤도 접속'이라는 말은 순식간에 사라졌다. 그 자리를 대신한 것은 중국이라는 국가의 이질성으로부터 근대세계의 보편성에 근원적으로 도전하는 논리로서의 '제국론' 등장이었다.

2000년대 초반 왕후이(汪暉)가 '왕도(王道)' 사상과 '조공체제'를 내세워 중국이라는 국가가 지닌 제국성을 근대 국민국가 체제의 한계를 극복하는 가능성으로 제시했을 때만 해도 지적 파장은 그리 크지 않았다. 그러나 이후 중국의 급속한 부상은 제국론의 다양한 변주와 확장을 가속화했다. '제국국가empire-state', '문명국가civilization-state', '세계국

to Eurasia" *Stanford Public Policy Program*. Access at https://publicpolicy.stanford.edu/news/one-belt-one-road-exporting-chinese-model-eurasia, on 2016.5.19.

가world-state'와 같은 논의들이 중국 안팎에서뿐 아니라 다양한 학문영역에서 세를 얻고 있다. 여기에는 왕후이 제국론의 대중적 버전이라할 자오팅양(趙汀陽)의 '천하론'이 상당한 역할을 했다. 근대 이래 베스트팔렌 체제에 기반한 기존의 국제질서가 초래한 온갖 폐해에 직면하여 중국적 '화(和)'의 질서가 구현되는 새로운 세계질서로 이를 대신해야 한다는 제국론의 주장은 단순히 중국이라는 국가의 이질성을 정당화하는 데서 나아가 중국적 국제질서의 감각과 논리를 인류 미래의 새로운 규범으로 제시하는 데까지 이른다. 이러한 논의들이 '조화세계', '화평굴기', '평화발전'으로 이어지는 중국 정부의 외교이념을 이론적으로 뒷받침하고 있음은 물론이다.

제국론에 대한 학계의 반응은 물론 대부분 비판적이다. 그러나 가라타니 고진(柄谷行人)의 근작 『제국의 구조』(가라타니 고진, 2016)가 학계에 제기한 충격은 제국론의 비판이 단순한 작업이 아님을 보여준다. 『세계사의 구조』를 비롯한 그간의 작업에서 자본=nation=국가라는 근대 시스템을 넘어설 가능성을 모색했던 고진은 『제국의 구조』에서 그 가능성을 '제국의 고차원적 회복'에서 찾았으며, 구체적으로 제국국가로서의 중국에 주목했던 것이다. 그 적실성에 대해서는 향후 면밀한 분석이 진행되어야겠지만, 주목할 것은 중국의 제국론이 국민국가에 기반한 근대적 세계질서에 대한 비판 속에서 일정한 설득력을 얻고 있다는 사실이다. 따라서 중국의 패권화만을 겨냥하는 비판은 제국론의 핵심으로 진입하지 못한다. 제국론의 비판은 심정적인 '중국위협론' 수준을 넘어, 근대 국민국가 체제 속에 자명한 것으로 존재해온 가치와 규범, 제도에 대한 발본적인 재검토 속에서 진행되어야 한다.

지금 학계에 유행하는 제국론의 가장 두드러진 문제는 중국과 외부 세계와의 관계를 설명하는 데 집중되어 있다는 점이다. 제국론이 지향하는 세계는 동질성의 원리에 기반한 배제와 위계제를 지양하고, 다양성과 이질성이 조화를 이루는 상생의 세계이다. 그런데 이러한 '화(和)'의 논리가 중국 바깥에 대해서는 강조되는 반면, 중국 내부에 존재하는 이질성에 대해서는 오히려 국민국가의 논리로 억압하는 것이 현실이다. 2014년 세계를 깜짝 놀라게 한 타이완의 해바라기운동과 홍콩의 우산운동은, 중국이 내건 '일국양제' 시스템의 정당성과 가능성을 전면적으로 다시 돌아보게 했을 뿐 아니라, 제국론의 관점에서 보더라도 과연 중국이 스스로 주장하는 제국의 용량을 채울 수 있는지에 대한 심각한 의문을 야기했다.

더 우려스러운 현상은 양대 사건 자체보다 그 이후 중국 대중사회에 확산되어온 한층 강화된 애국주의 정서이다. SNS를 비롯한 중국의 대중매체에서는 기존의 '타이두(臺獨, 타이완 독립)'에 대한 경계에 더하여 '강두(港獨, 홍콩 독립)'에 대해 더욱 예민한 반응을 보였고, 중국에서 가장 큰 영향력을 지닌 펑황TV의 시사토론 프로그램 '시사변론회'에서 양안 문제와 홍콩 문제는 중미관계 및 남해 South Sea 문제 다음으로 빈번하게 다루어졌다. 특히 올해 4월 16일에 방송된 프로그램에서 진행된 토론주제였던 '홍콩 독립과 타이완 독립 세력이 결합하여 하나의 세력을 이룰 것인가'는 해바라기운동과 우산운동 이후 타이완과 홍콩 독립 가능성에 대한 중국 대중사회의 점증하는 불안과 경계를 단적으로 보여준다.

이념적 차원에서 다양성과 이질성을 포용하는 상생적 공존이라는 제국의 원리를 부정할 사람은 없을 것이다. 문제는 그것이 현실에서 어떻게 작동할 수 있느냐이다. 많은 제국론자들이 말하듯 제국주의와 구별되는 '패권적이지 않은' '선한' 제국을 과연 중국이 어떻게 경영할 수 있을 것인가라는 물음은 현실적인 차원으로 내려오면 100년 가까이 다른 사회체제, 다른 가치관념 속에 살아온 홍콩 그리고 반세기 이상 냉전적 적대구조 속에 대치해온 타이완과 어떻게 상생·공존하는 사회를 만들어낼 것인가라는 문제에 우선적으로 직면한다. 그런 점에서 '일국양제'의 구상은 식민과 냉전의 역사를 통해 국민국가 체제가 공고해진 동아시아에서 진정한 의미에서의 탈냉전의 창을 열기 위한 의미심장한 실험이라 할 수 있다. 바꿔 말하면 동아시아에서 탈냉전은 국민국가 프레임을 파괴하는 국가 형태에 대한 창조적 모색 없이는 실현될 수 없으며, 그것은 다시 식민과 냉전의 유산에 대한 진지한 사유 없이는 진행될 수 없다. 그렇다면 '일국양제', 즉, 중국이 타이완과 홍콩의 문제를 어떻게 해결하느냐는 문제는 중국 정부가 주장하는 '내정'의 범위를 넘어서는 동아시아 지역적 차원의 과제이며, 정치적 차원을 넘어선 사상적 과제이다. 이는 근대 국민국가 체제에 대한 대안적 국가형태를 주장하는 제국론이 반드시 직면해야 하는 주제이기도 하다.

2. 탈냉전시대 양안·홍콩 문제의 재정치화

중국의 민간 차원에서 '홍콩-타이완' 문제에 관한 토론이 뜨거운 데 비해 지식계의 학술적 개입은 소극적이었던 것이 사실이다. 그러나 비록 그 출발점은 위기의식이지만, 2014년 해바라기운동을 기점으로 중국 지식계에서 양안 문제에 관심을 보이기 시작한 것은 그 자체로 충분히 긍정적이다. 그중 가장 눈에 띄는 행보를 보인 것은 역시 왕후이다. 2015년 1월 「당대 중국의 역사적 변화 속의 타이완 문제-2014년 '해바라기운동'으로부터」를 발표한 그는 이미 그전부터 그가 재직하는 칭화(清華)대학 오프라인과 온라인 포럼장에 양안의 논객들을 불러들여 관련 논쟁을 열고 있었다. 비록 초대된 타이완 논객들이 타이완 지식계의 다양한 관점을 고루 대표한다고 보기 어려우며 그 점에서 양안토론이 본격적 궤도에 진입했다고 할 수는 없지만, 적어도 양안 문제가 인문사상적 영역으로 진입했다는 점에서는 의미가 작지 않다.

「당대 중국의 역사적 변화 속의 타이완 문제-2014년 '해바라기운동'으로부터」에서 왕후이는 해바라기운동의 가능성과 한계를 냉전과 탈냉전, 그리고 신냉전으로 이어지는 동아시아 정세 속에서 가늠했다. 해바라기운동을 민진당이 배후에서 주도하는 반(反)국민당 혹은 반중(反中)운동으로 보는 중국 주류 언론과 달리, 왕후이는 이 운동이 지난 10년의 양안 교류가 초래한 분배의 불평등과 정상(政商) 중심의 비민주적인 협상 방식 등 전반적인 사회 불공정성에 대한 저항의 복합적 표출임을 충분히 인지하고 있었다. 그럼에도 불구하고 그는 결론적으로 해바라기운동이 명확한 사회적 목표와 정치적 방향을 찾지 못한 탓에 기존의 통일/독립이라는 정치담론 구조 속으로 회수되고 말았다고 비판한다. 이를테면, 그는 해바라기운동이 타이완의 불평등 구조에 저항한다면, 왜 양안 간에 벌어지는 불평등한 노동분업에 대해 문제를 제기하지 않는지, 왜 이 불평등한 노동분업 과정에서 타이완 자본이 대륙 노동자에게서 얻은 초과이익을 비판하지 않는지, 또 대륙의 자본을 비판하면서 왜 양안 노동자의 연대를 통한 공정사회 실현을 주장하지 않는지 되묻는다.[3] 해바라기운동의 근본적 한계는 비판의 칼날을 신자유주의적 자본주의적 지구화에 정확하게 겨냥하지 못함으로 인해, 결국 포퓰리즘에 기반한 기성 정당논리에 흡수되고 말았다는 것이다.

흥미롭게도 왕후이는 이처럼 해바라기운동이 문화정치로서 실패하

---

[3] 汪暉, 「當代中國歷史巨變中的臺灣問題-從2014年的「太陽花運動」談起」 2015. http://wen.org.cn/modules/article/view.article.php/4172

게 된 원인을 20세기 후반 '중국의 탈정치화'에서 찾는다. 그가 보기에 현재 타이완에서 통일파-독립파의 대결 구조는 이미 퇴색한 지 오래다. 통일파는 진작에 정치적으로 몰락했고, 현실적으로 남은 것은 1999년 리덩후이(李鄧輝)가 '양국론(兩國論)'으로 제기하고 이후 국민당이 계승한 '독대(獨臺)'와 민진당의 '대독(臺獨)'⁴이라는 두 분리주의 간의 대결일 뿐이다. 통일파가 실질적으로 몰락한 상황에서, 오늘날 타이완사회에 팽배한 국민당-독대와 민진당-대독 간의 정당 대결은 정치적 이념성을 상실한 포퓰리즘, 즉 '탈정치화된 정치'일 뿐이라는 것이 왕후이의 주장이다.

문제는 왜 타이완에서 통일파가 몰락했느냐이다. 결론부터 말하면, 그 이유는 '이념적 지향으로서의 중국'의 상실에 있다. 중미수교로 시작된 동아시아의 탈냉전은 냉전시대 각지의 좌파 운동의 이념적 좌표 역할을 했던 중국을 무력화시켰고, 그 결과 중국과 타이완을 포괄하는 동아시아의 탈정치화가 초래되었다는 것이다. 같은 맥락에서 그는 1970년대 중미관계의 급속한 변화가 없었다면 타이완의 민주화가 지금처럼 본토민족주의를 강화하는 포퓰리즘의 형태로 진행되지 않았을 것이라고 말한다. 그가 볼 때 1987년 타이완의 민주화는 타이완 민중의 승리라는 측면도 있지만, 1970년대 이래 중미수교로 대표되는 동아시아 탈냉전이 더 중요한 배후 요인이다. 냉전구조 속에서 합법성을 유지할 수 있었던 국민당 권위주의 체제가 중미수교 이후 더이상 자신의 합법성을 유지할 수 없게 되면서 타이완의 민주화가 시작되었다는 것이다. 이런 관점에서 보면, 타이완의 민주화는 동아시아 탈냉전의 구조적 한계의 산물인 셈이다.

이러한 일련의 논리를 따라가다 보면, 해바라기운동에서 노출된 정치성의 결핍은 궁극적으로 동아시아의 탈냉전이 수반한 전반적인 탈정

---

4 '독대'는 현상유지, '대독'은 타이완 독립을 지향한다.

치화 속에서 얻어진 타이완 민주화의 태생적 결함에 기인하는 것이 된다. 왕후이는 타이완 민주화의 결정적인 좌절이 국민당 체제에 대한 비판운동의 이념적 지향이었던 '중국'의 상실에 기인한다고 말한다. 냉전시기 국민당 독재체제에 저항하는 타이완 사회운동의 구심은 타이완 사회의 출로를 자본주의 바깥, 다시 말해 사회주의에서 찾는 역량이었고, 그 점에서 '중국'은 광범위한 반(反) 국민당 진영이 공유하는 이념적 지향이었다. 그러나 1989년 톈안먼 사건은 '사회주의 조국'이었던 중국이 환멸로 뒤바뀌는 결정적 계기가 되었다. 여기에 1990년대 사회주의권이 몰락하고 개혁개방으로 문을 연 중국에 신자유주의 물결이 밀려들면서 자본주의 바깥에서 출로를 모색했던 타이완 운동의 방향이 철저하게 붕괴되고 말았다는 것이다. 다시 정리하면, 왕후이가 볼 때 타이완의 민주화가 본토주의라는 포퓰리즘으로 떨어지고 만 이유는 사회주의 중국이 더이상 운동의 이념으로 존재할 수 없게 되면서 민주화가 정치적 방향성을 상실했기 때문이다. 그리고 여기에는 동아시아 탈냉전의 구조적 탈정치성이 근원적 요인으로 작용한다.

　같은 맥락에서 왕후이는 동아시아의 탈정치화가 통일 담론의 탈정치화를 초래했다고 비판한다. 탈냉전과 함께 찾아온 중국 사회주의 이념의 동요가 통일의 정치적 기초를 붕괴시켰다는 것이다. 그에 따르면 냉전시대 양안의 통일은 단순히 주권문제가 아닌, 서구 제국주의에 대항하는 민족해방이라는, 더 큰 차원의 정치적 함의를 안고 있었다. 그러나 지금은 대륙이든 타이완이든 '통일'이 이러한 정치적 의미를 상실하면서 앙상한 민족주의만 남게 되었다는 것이다. 그에 따르면, 중국의 관방이 홍콩 및 타이완의 대자본과 협력하는 현재의 상황은 이념으로서의 중국의 상실, 즉 중국의 탈정치화가 야기한 양안삼지(兩岸三地)의 탈정치화의 결과이며, 그것이 바로 해바라기운동과 우산운동으로 가시화된 타이완과 홍콩의 분리주의의 위기를 낳았다.

그렇다면 상실한 정치성을 어디서 되찾을 것인가. '탈정치화'에 대한 왕후이의 해답은 '재정치화'이다. 그는 최근 동아시아에 형성되는 중미 대결의 형세를 '재(再)냉전화'라 명명한다. 그는 조반니 아리기의 『장기 20세기』의 논의를 빌려 동아시아에서 정치군사적 중심과 경제금융적 중심의 분리가 중국의 굴기와 미국의 아시아재균형 전략 간의 충돌을 야기함으로써 '신냉전'을 불러올 것이라 주장한다. 중국을 배제하고 과거 냉전시대 맹우들을 재결집한 TPP가 그 반증이다. 왕후이가 주장하는 '재정치화'란 현재 동아시아에서 벌어지는 '재냉전화' 다시 말해 중미 대결 형세의 정치적 본질을 찾아내어 쟁점화함으로써 운동의 이념과 방향을 재설정하는 것이다. 그가 해바라기운동의 탈정치성이 양안관계를 동아시아의 지정학 속에서 보지 못한 데서 기인한다고 말한 것도 이런 맥락이었다.

해바라기운동이 명확한 정치적 방향성을 갖지 못했다는 지적은 사실 타이완 지식인들의 분석에서도 언급되는 바이다. 해바라기운동의 성격을 반중 타이완 국족주의, 신자유주의적 자유무역에 대한 저항, 담판의 민주적 절차 개선을 요구하는 온건 민주주의, 기성세대에 대한 청년의 불만을 폭발시킨 '세대정의론' 등 다양한 이질적 의제들의 결합으로 보는 시각이 있는가 하면(曾柏文, 2014: 129-148), 전체적으로는 역시 반중(反中)이 운동의 주축을 이루었음을 인정하는 학자도 있다(徐進鈺, 2016: 165). 어느 쪽이든, 해바라기운동이 신자유주의적 자본주의의 지구화라는 구도 속에서 양안 간 자본의 유통과 분배의 모순을 효과적으로 비판하지 못했다는 왕후이의 비판은 그 자체로는 타당성을 지닌다고 할 수 있다.

그러나 오늘날 양안, 나아가 동아시아에서 신자유주의에 대한 저항운동이 어떻게 그가 말하는 재정치화로 이어질 수 있을지는 여전히 미지수다. 1997년 중국 귀환 이후 사회 양극화와 산업구조의 기형화가 한층 극심해진 홍콩에서(Stephen Ching-kiu Chan, 2015: 330) 중국은 신자유주의를 밀고 오는 첨병으로 인식되고 있으며, 2000년대 양안 교류의 물꼬가 트인 이래 밀려드는 중국의 거대 국가 자본과 타이완 기득권 세력의 결탁에 대한 반감이 타이완 민중들의 '반중' 정서의 근저를 형성하고 있다. 물론 왕후이도 이 점을 인지하고 있으며 그렇기 때문에 중국에 침투된 자본주의와 시장화를 비판해야 한다고 말한다. 그러나 그의 이런 주장은 종종 '미중 신냉전'의 논리에 흡수되고 만다. 근본적으로 그가 말하는 재정치화에는 과거 동아시아 저항운동의 이념적 지향으로서 '중국'의 지위와 의미를 회복하려는 욕망이 전제되어 있다. 그렇다면 오늘날 신자유주의 전 지구화에 대한 저항운동에서 중국은 과연 어떤 이념적 좌표를 제공할 수 있을까. 미중 대결 구조 뒤에 양자간의 공조의 구조가 잠복해 있는 양면성에 대해 그는 말하지 않고 있다. 만약 미중 사이에 냉전시대와 같은 이념 대결은 없고 주도권 싸움만 있다면 이를 어떻게 '신냉전'이라 할 수 있으며, 그로부터 어떤 진정한 정치성을 되찾을 수 있을까.

왕후이의 논의에서 문제적인 두 번째 지점은 동아시아의 탈냉전 및 민주화를 보는 시각이다. 그는 타이완의 민주화가 태생적으로 탈정치성의 한계를 띤다고 본다. 그것은 타이완의 민주화가 탈정치화의 맥락에서 진행된 동아시아 탈냉전의 산물이기 때문이다. 이런 논리대로라면, 비단 타이완 뿐 아니라 1980년대 한국을 비롯한 동아시아 각지에서 만개한 민주화도 마찬가지로 동아시아의 탈정치화라는 구조적 한계에서 자유롭지 않을 것이다. 이런 관점은 냉전시대 동아시아의 자유진영에서 민주화를 위해 치렀던 수많은 희생에 기반한 운동의 자생성을 홀시하고 마치 민주화가 미중관계의 해빙이라는 외적 조건에 의해 주어진 것으로 단순화할 위험을 지닌다.

　더 근본적인 관점상의 문제는 왕후이가 타이완 민주화 운동의 '탈정치성'을 중국이라는 '사회주의 조국'의 이념 상실에서 찾는 데 있다. 타이완뿐 아니라 한국과 일본, 홍콩 등 냉전시기 자유주의 진영의 반체제 저항운동에는 중국이나 소련, 북한 등 현존 사회주의 국가들을 이념적 지향으로 삼는 급진적 경향이 없지 않았다. 그러나 그것이 각지의 민주화 운동에서 어느 정도 구심의 역할을 했는지에 대해서는 논란의 여지가 있다. 지역마다 차이가 있겠지만, 좌파라 하더라도 사회주의를 지향하는 급진파로부터 부르주아 민주주의를 추구하는 온건파까지 다양한 스펙트럼이 존재했다. 설령 사회주의를 추구하는 급진좌파가 구심 역할을 했다손 치더라도, 1990년대 현실사회주의의 붕괴와 함께 이들 세력이 몰락하게 된 것은 왕후이의 말처럼 동아시아 탈냉전이 초래한 우려스런 탈정치화 현상이 아니라, 오히려 추상적 이념성에 매몰되었던 냉전시대 사회운동의 한계가 탈냉전과 함께 가시화된 것으로 보는 것이 옳지 않을까. 운동의 이념적 근거를 자기 사회의 안이 아닌 바깥에서 찾았던 노선의 근원적 한계가 탈냉전과 함께 여실히 드러났던 것이다. 다시 말해, 탈냉전 이후 동아시아의 사회운동이 통일된 방향성을 상실한 것은 사실이지만, 그것이 곧 운동의 몰락을 의미하진 않는다. 변화된 시대에 따라 부단히 새로운 방향을 모색하는 것이 사회운동의 사명이다. 그런 점에서 오늘날 타이완 사회운동의 정치적 방향 상실의 원인을 '이념으로서의 중국'의 상실에서 찾는 왕후이의 관점은 타이완 사회운동의 원천과 동력을 근원적으로 중국에 종속시키는 우를 범하고 있다. 타이완 사회운동이 장차 어떤 방향으로 정립될지는 중요한 이슈이며 거기에 '중국'은 분명 중요한 요소로 작용할 것이다. 그러나 타이완 사회운동의 '재정치화'는 '중국'이라는 외부로부터의 수혈이 아닌, 내부로부터 정치성을 새롭게 정립할 때 가능할 터이다.

최종적으로, 이런 문제는 결국 '정치성'을 어떻게 정의할 것인가로 귀결된다. 해바라기운동 중 제기되었던 절차적 민주, 제도 개선에 대한 요구에 대해 왕후이는 운동의 정치적 방향성을 상실한 탈정치화의 현상으로 일축한다. 여기에는 경제적 실리 위주의 기존 양안교류 정책에 대한 비판과 아울러, 양안(통일) 문제는 고도의 이념성·정치성을 회복할 때 해결할 수 있다는 그의 강고한 전제가 깔려 있다. 그러나 이러한 '고도의' 정치성에 대한 집착은 타이완의 해바라기운동이나 홍콩의 우산운동에서 적나라하게 드러난, 사소해 보이지만 매우 중요한 또 다른 정치적 층위를 읽어내는 것을 방해한다. 이를테면, 비판적인 맥락에서, 쉬진위(徐進鈺)는 타이완인이 중국인에 대해 갖는 문명적 우월감이 현재 양안의 근원적인 인식상의 장벽이라 지적했다. 한때 양안 공론장에서 화제가 되었던, 타이완 전 문화부 부장 룽잉타이(龍應台)가 후진타오 주석에게 보낸 편지글「문명으로 나를 설득해 주십시오[請用文明來說服我]」는 '문명'이 탈냉전시대 양안 갈등의 새로운 키워드로 등장하고 있음을 말해준다(쉬진위, 2016: 79-106 참조). 룽잉타이가 말하는 '문명'이란 민주화의 경험이다. 비록 불완전하다 하더라도, 민주화를 통해 수립된 제도적·절차적 민주주의에 대한 자부심, 그리고 일상적 차원에 뿌리내린 민주와 자유, 인권에 대한 관념들은 '전제국가' 중국에 대한 '문명국가' 타이완의 우월감을 형성하고 있으며, 이에 기반한 상호 적대감은 탈냉전시대 양안 간의 새로운 인식적 장벽으로 떠오르고 있다. 이러한 대립은 중국과 홍콩과의 관계에서도 유사하게 작동하며, 더 넓게는 전 지구적으로 깔려있는 '중국위협론'의 저변을 이룬다.

그런데 사실 문명-전제라는 대립구도는 탈냉전적인 것이라기보다는 냉전적 유산이다. '문명'이라는 이 모호한 단어에는 자유·민주·개인 등 서구 근대 계몽주의시대 이래 인류 사회의 도덕적·제도적 진보성을 판단하는 보편적 척도로 군림해온 여러 가치에 대한 신념이 뒤섞여 있다. 자본주의적 지구화가 석권한 탈냉전시대, 과거 자본주의 대 사회주의라는 이데올로기적 대립구도를 이끌었던 정치성은 무력화되었을지 모르지만, 새롭게 등장한 '문명-전제'라는 대결구도에서 과거의 정치성은 사람들의 일상적이고 정서적 차원에서 여전히 강력하게 작동하고 있다. 2014년의 해바라기운동과 우산운동은 양안 문제와 홍콩 문제에서 탈냉전시대 중국이 한층 근본적인 정치적 도전에 직면했음을 보여주었다. 결코 왕후이의 말처럼 탈냉전시대 탈정치화의 산물이 아니라, 탈냉전시대 새로운 형식으로 지속하는 냉전적 논리와 감각에 중국이 어떻게 냉전적이지 않은 방식으로 대응하느냐라는, 한층 고도의 정치성을 요구하고 있는 것이다. 그 점에서 양안 문제와 홍콩 문제는 탈냉전 시대 현대 중국이 직면한 중대한 사상적 과제인 것이다.

3. 미지의 국가를 향하여

2011년 월가 시위에 이어 최근 세계를 충격과 혼란에 빠뜨린 영국의 브렉시트와 미 대선의 트럼프 현상 등은 근대 이래 인류가 가져온 자본주의-민주주의에 대한 오랜 신념을 근본적으로 다시 사유할 것을 요청한다. 수세기 동안 자유민주주의의 가치를 선도했던 영국과 미국에서 보호무역을 주장하고 난민 차별과 배척의 언사가 서슴지 않고 나오는 현상은, 어쩌면 근대 국민국가 체제와 그것의 이념적 원리인 자유민주주의가 근원적인 차원에서 서로 충돌하는 것이 아닌가라는 의문마저 자아낸다. 가라타니 고진이 자본=nation=국가의 시스템을 극복하는 새로운 국가형태로서 제국의 고차원적 회복을 주장한 것도 이런 맥락에서 본다면 이해 못 할 일은 아닙니다.

왕후이가 우려하는 '신냉전'은 사실 동아시아를 넘어 전 지구적 차원에서 미중간의 세력 경쟁으로 확대되고 있다. 2015년 '일대일로(一帶一路)'와 AIIB의 창설은 미국의 브레튼우즈 달러체제에 대항하는 중국 주도의 금융질서 출범을 알리는 신호탄이었다. 물론 이것이 곧바로 세계금융패권의 중심 이동을 가져오지는 않을 것이다. 원톄쥔(溫鐵軍)과 황더싱(黃德興)의 설명처럼, 미국 달러의 힘이 전 세계 군비 지출의 40%에 이르는 방대한 군사력에 기반하고, 더 중요하게는 달러의 근본적인 기초가 미국 자본의 부가가치 창조력에 기인하기 때문이다. 미국 달러화가 전 세계에 확산해온 자유민주주의라는 고부가가치에 필적할 만한 새로운 부가가치를 중국이 창조하지 못하는 한, 중국이 미국의 금융패권에 도전하는 것은 아직 요원하다(원톄쥔·황더싱, 2015: 89-90). 그러나 '일대일로'와 AIIB 창설에 국제사회가 보인 뜨거운 반응은 적어도 2차세계대전 이래 미국이 주도해온 브레튼우즈 달러체제에 심각한 균열이 발생하고 있음을 보여준다. 더 근원적으로 그 균열은 조지프 나이Joseph Nye가 우려했던 미국의 소프트파워의 하강[5]과도 긴밀히 연결되어 있다. 원톄쥔과 황더싱이 '일대일로'의 성패여부로서 담론적 경쟁력에 주목하는 것은 이 때문이다. 자유민주주의라는 고부가가치에 대해 '일대일로'는 어떤 경쟁력 있는 이념을 제기할 수 있는가. 앞서의 논의로 돌아가면, 이는 '문명'이라는, 서구적 근대가 안착시켜온 보편가치에 중국이 어떻게 대응할 것이냐는 문제이기도 하다.

---

[5] Joseph Nye, "Barack Obama and Soft Power", *Huffington Post*, 2008.6.20.

타이완과 홍콩 문제는 다음 세기의 세계질서를 주도할 강국으로서 중국이 인류에 어떤 미래적 가치를 선사할 수 있느냐 하는 물음과 긴밀히 연동되어 있다. 현재로서 중국이 양안관계와 대외관계의 슬로건으로 내걸고 있는 '평화발전'은 영혼 없는 앙상한 구호에 불과하다. 두터운 사회정의의 이념과 문화 다양성의 비전으로 내용으로 채울 때(원톄쥔·황더싱, 2015: 98), 그래서 중국의 꿈[中國夢]이 – 그 적지 않은 부분이 허상이었다 할지라도 – 과거의 '아메리칸 드림'처럼 전 인류에 보편적으로 환영받는 비전을 스스로의 실천 속에서 제시할 때, 비로소 중국은 타이완과 홍콩의 민중들로 하여금 두려움을 떨쳐내고 마음의 문을 열게 만들 수 있을 것이다.

그렇다면 중국이 내걸 수 있는 새로운 보편가치는 어떤 것일까. 그것은 서구의 근대가 만들어낸 자유민주주의라는 보편가치를 무조건 부정하거나 폐기하기보다는, 오늘날 모순과 한계에 직면한 자유민주주의의 가치에 새로운 생명을 불어넣을 수 있는 제도적 틀과 도덕 규범의 창조적 모색이어야 할 것이다. 또한 그것은 지금 지구상에 수많은 재난을 일으키고 있는 난민과 테러리즘, 종교 분쟁, 종족 분쟁 등 기존의 가치규범과 제도적 틀로 해결할 수 없는 인류의 새로운 난제들을 해결하는 데 적극적으로 기여하는 것이어야 한다. 이러한 문제 해결에 중국이 의미 있는 기여를 할 수 있으리라는 믿음은, 무엇보다 중국이 자기 내부에 존재하는 이질성과 차이, 그로 인한 갈등 들을 제대로 해결하는 모습을 세계에 보여줄 때 비로소 자연스럽게 형성될 것이다. 그 점에서 홍콩 문제와 양안 문제는 인류의 미래에 새로운 가치를 창조하고 실천할 글로벌 리더로서의 중국의 가능성을 가늠하는 중대한 시금석이다.

이러한 시도는 근대국가 체제에 대한 발본적인 재사유 없이는 실현되기 어렵다. 그 점에서 '일국양제'는 (그것이 무슨 이름으로 불리던 간에) 통일이라는 국민국가적 과제로 가는 중간단계로서가 아니라, 탈근대를 살아가는 사람들의 다양한 일상적·정치적 지향을 담아낼 미지의 국가형태에 대한 실험적 모색으로서 새롭게 재탐구되어야 한다. 이 과정에서 가라타니 고진이 탐색하고 있는 nation=자본=국가라는 근대체제를 넘어서기 위한 시도와의 긴밀한 토론이 필요할지 모른다. 아울러 이는 냉전체제가 남긴 유일한 분단국가로서 끝없이 반복되는 적대구조에서 벗어나 공존과 상생의 길을 찾아야 하는 우리로서 결코 무관심할 수 없는 과제이기도 하다.

참고문헌

가라타니 고진(2016), 『제국의 구조:중심·주변·아주변』, 조영일 옮김, 도서출판b.
徐進鈺(2016), 「海峽兩岸的自我他者化: 兩岸的糾結」, 鈴木將久 主編, 『當中國深入世界－東亞時角下的「中國崛起」』, Hong Kong: 亞際書院有限公司.
쉬진위(2016), 「'중국몽'과 '소확행', 두 발전 상상의 갈등과 대화」, 박명규·백지운 편, 『양안에서 통일과 평화를 생각하다』, 진인진.
원톄쥔·황더싱(2015), 「중국의 '일대일로'는 평화발전의 이념인가」, 『창작과비평』 가을호.
조반니 아리기(2009), 『베이징의 애덤 스미스: 21세기의 계보』, 강진아 옮김, 도서출판 길.
曾柏文(2014), 「太陽花運動: 論述軸線的空間性」, 『思想』 27.
Stephen Ching-kiu Chan(2015), "Delay no more: struggles to re-imagine Hong Kong (for the next 30 years)", *Inter-Asia Cultural Studies*, vol 16, no. 1.

샹뱌오(項飈)

1972년 중국 저장(浙江) 원저우(溫州)에서 태어났다. 1995년에 베이징대학 사회학과를 졸업하고 1998년에 석사 학위를 받았다. 2003년에 영국 옥스퍼드대학에서 사회인류학 박사 학위를 받았다. 현재 영국 옥스퍼드대학 사회인류학 교수 및 독일 막스플랑크 사회인류학연구소 소장으로 재직 중이다. 저서로는 『跨越边界的社区』(三联书店, 2000. 영문판은 2005년 Brill Academic Publisher에서 출판)(2018년 '중국사회학고전' 중 한 권으로 선정), Global "Body Shopping"(Princeton University Press, 2006. 중문판은 2010년 北京大学出版社에서 출판)(2008년 미국 인류학협회 Anthony Leeds 상 획득), 『自己作为方法』(2020) 등이 있고, Return(2013)을 공동으로 발표했다. 이 외 다수의 논문을 발표했고, 2012년에는 William L. Holland 상을 받았다. 최근에는 '流动性聚集和陀螺式经济假说', '正规化的纠结', '临界中的思考: "系"、系统、和体系', '为承认而挣扎: 社会科学发表的现状和未来' 등의 글을 발표했고, 이 중 일부는 일본어, 프랑스어, 한국어, 스페인어, 이탈리아어 등으로 번역되었다.

번역 박석진(중국 칭화대(清華大) 역사학과 박사과정)

∴

제5장 홍콩을 직면하다: 대중운동의 민주화 요구와 정당정치

샹뱌오(項飚) / 박석진

1. '잔중(佔中)'과 '잔중(佔鐘)'[1]: 홍콩 사회 '운동의 형성'과 '거대사건'의 형성

거의 모든 매체들이 ― 홍콩, 중국 본토, 서방의 매체들이 지지하든 반대하든 간에 ― 2017년 시행될 홍콩특별행정구 행정장관 선거법과 관련해 2014년 9월 26일부터 홍콩에서 진행된 항의 행동, 특히 28일 이후 격화된 대치 상황을 "잔중(佔中, 중환 점령)" 운동이라고 부른다. 하지만 일련의 사건 과정을 자세히 살펴보면 다음과 같은 사실을 발견할 수 있다. 중환 점령을 조직한 사람들은 28일 새벽에 '잔중(佔中) 시작'을 선포했지만, 실제로는

---

[1] "잔중(佔中, 점중)"은 중환(中環) 지역 점령을, "잔중(佔鐘, 점종)"은 금종(金鐘) 지역 점령을 의미. 이 둘의 중국어 발음은 '잔중'으로 똑같기 때문에 중국어로 '잔중'이라고 할 때에는 '중환 점령'을 의미하는 것인지 '금종 점령'을 의미하는 것인지 불분명하다. ― 옮긴이 주

'중환' 점령을 시작한 것이 아니라 '금종' 점령을 시작한 것이었다.[2] '중환(中環, 센트럴)'과 '금종(金鐘, 애드미럴티)'의 차이는 단지 지역적인 차이가 아니다. '중환 점령'은 홍콩의 일부 학계와 법률계 그리고 종교계 인사들이 2017년에 있을 선거 개혁과 관련해 2013년 초에 시작한 운동이다. '중환 점령'을 조직한 사람들은 이 운동을 시작한 후 적극적으로 사람들에게 알리고 적절한 방안을 토론하며 중국 본토를 포함한 각계각층과의 접촉을 조직했다. 그들은 만약 이러한 방법들을 통해 목표를 실현하지 못한다면, 이후 홍콩의 금융중심지역인 중환 지역을 점령함으로써 경제 흐름을 방해해 정부를 압박할 계획이었다.

'금종 점령'은 9월 26일 밤에 일부 학생들이 홍콩특별행정구 정부 앞에 있는 시민광장에서 경찰에 연행된 후 항의 운동이 일어나 전체 홍콩으로 확산된 운동이다.[3] 27일에는 약 5만여 명의 시민들이 금종으로

---

[2] '중환'과 '금종'은 일상용어로는 이 두 동명의 지하철역 주변 지역을 가리킨다. 이 두 지역은 모두 홍콩섬의 중서구(中西區)에 속하고 서로 연결되어 있다. 중환은 홍콩 금융의 중심 지역이고 금종은 2011년에 홍콩정부청사 건물을 완공하면서 행정 중심 지역이 되었다.

[3] 9월 22일 월요일 홍콩의 25개 학교는 일주일 간 수업 거부를 시작하며 전국인민대표대회 상무위원회의 8월 31일 결의와 다른 의견을 발표했다. 수업 거부는 중환 점령 계획의 일부분이 아니었고, 게다가 학생들의 요구는 중환 점령을 조직한 사람들의 방안과 비교적 명확한 차이가 있었다. 학생들의 요구는 더욱 급진적이었고 중환 점령 방안보다 시민들의 지지를 적게 받았다. 26일 금요일 마지막 날에 학생들은 금종에 있는 정부 건물 근처 첨마공원(添馬公園)에 모였다. 같은 날 홍콩의 중고등학생 조직 학민사조(學民思潮) 역시 같은 이유로 하루 수업 거부를 진행하고 금종으로 모였다. 하지만 그날 다른 한 단체가 정부의 허가를 얻어 건국기념일을 축하하는 행사를 이미 하고 있었기 때문에 학생들은 시민광장(公民廣場) 근처로 자리를 옮겼다. 시민광장은 원래 개방된 공공 공간

모여서 학생들을 지지했다. 그리고 28일에는 시위 인원이 계속 늘어서 경찰이 저녁 무렵 최루탄 87탄을 발사해 전체 홍콩을 놀라게 했다. 29일 홍콩대학생연합회(香港專上學生聯會, 8개 대학 학생들의 연합조직, '학련'이라고도 부른다)는 무기한 수업거부를 선포했다. 일부 사람들은 번화한 상업지구인 왕각(旺角, 몽콕), 첨사저(尖沙咀, 침사추이), 동라만(銅鑼灣, 퉁뤄완 혹은 코즈웨이베이)에 바리케이드를 설치하고 텐트를 치면서 '점령'을 진행했다. 29일 저녁부터 30일 사이에 대략 20만 명에 가까운 사람들이 거리를 '점령'했다. 경찰의 최루탄에 대비해서 사람들이 우산을 들고 나옴으로써 이 운동은 '우산운동'이라고 불리게 됐다.[4] 10월 20일 홍콩고급법원은 점령자들에게 즉시 금종과 왕각을 떠날 것을 명령했다. 21일 학생 대표와 홍콩 정부 대표는 2시간 동안 대화를 진행했고, 이는 모두 텔레비전을 통해 생방송으로 중계됐는데 결국 합의에 도달하지는 못했다. 그리고 이후 12월 15일 최후의 점령지였던 동라만 점령이 해산됨으로써 점

이었지만 2012년 7월 '반국민교육' 시위가 진행된 후 주변에 담이 쳐졌다. 26일 밤 100~200명의 학생들이 담을 넘어 광장으로 넘어 들어갔는데 74명이 경찰에 의해 포위되었고 학생 지도부 몇 명이 체포되었다.
본문의 '중환 점령'에서 '금종 점령'까지 발생한 일련의 정보는 홍콩과 각국(각 지역)의 중문 및 영문 매체, 특히 「남화조보(南華早報 South China Morning Post)」를 통해 수집했고, 나 자신이 10월 5일부터 8일까지 홍콩 현지에서 관찰한 것을 통해 취득했다. 그리고 탁가건(卓嘉健)과 량아천(梁雅茜)에게 중요한 도움을 받았다. 이 자리를 빌어 감사의 뜻을 전한다.

4 경찰은 9월 26일부터 최루스프레이를 사용하기 시작했고, 이에 사람들은 우산을 들고 방어하기 시작했다. '우산운동'이라는 말은 27, 28일 사이에 언론을 통해 보도되기 시작했다. 우산의 사용 규모는 28일 이후 갑자기 증가했고, 심지어 시위대가 우산으로 경찰을 공격하는 상황도 발생했다.

령운동은 끝났다.

비록 '중환 점령'과 '금종 점령'이 주장하는 기본 목표는 홍콩특별행정구역 행정장관 선거와 입법회 의원 선거에 관한 전국인민대표대회 상무위원회의 8월 31일 결의를 변경할 것을 요구하는 것으로 일치하지만, 그 둘이 완전히 같은 것은 아니다. 중환 지역은 홍콩의 상징과 같은 지역이고 금종 지역은 홍콩 정부 소재지이다. 중환 점령은 전체 홍콩이 정치체제 개혁을 요구한다는 의미가 있다. 한편 금종 점령은 홍콩 경찰과 정부의 강경한 조치에 대한 학생들과 각계 시민들의 반응이라고 볼 수 있다. 금종 점령 참여자 중 상당한 사람들은 선거 방안에 대한 토론에 적극적으로 참여하지 않았고 중환 점령도 찬성하지 않았지만, 28일 이후 거리로 나와 학생들을 보호하고 홍콩 정부가 책임질 것을 요구했다. 중환 점령을 조직한 사람들은 전국인민대표대회 상무위원회에 자신들의 결의를 발표한 후, 10월 1일부터 중환 점령을 시작할 계획을 세웠다. 예상 참여인원은 수천 명을 넘지 않았고 학생들을 주력으로 생각하지도 않았다. 하지만 9월 28일 새벽 전혀 예상치 못하게 많은 사람들이 참여하는 것을 보면서 중환 점령을 조직한 사람들은 예정보다 서둘러 중환 점령 '사전 개시'를 선언했다. 그러자 당시 현장에 있던 일부 학생들은 이를 '도둑질(이용, 가로채기)'이라고 비난했고 일부는 현장을 떠났다. 입법회 민선의원과 사회운동 인사들은 '장발(長毛)' 량국웅(梁國雄, 렁쿽훙)[5] 앞에서 몇 번이나 무릎을 꿇고 학생들이 남아서 중환 점령을 지지하게 해줄

---

5 량국웅(梁國雄)은 현재(2015년 당시-옮긴이 주) 입법회 의원이고, 홍콩혁명마르크스주의동맹의 핵심 성원이었다. 트로츠키의 영구혁명론을 신봉했기 때문에 끊임없이 운동에 참여했고 여러 차례 체포되었다. 입법회에서 여러 정치단체를 수차례 조직하고 탈퇴했다. 머리가 길기 때문에 별명이 '장발(長毛)'이다.

것을 부탁했다.⁶ 중환 점령 조직자들은 금종 점령 중 소외됐고 자신들은 운동을 지도할 수 없다는 것을 솔직히 인정했다. 금종을 점령한 인원은 아주 많았고 통일적인 지도가 없었으며 상황도 아주 복잡했다. 학생들이 중심이 됐던 금종의 '점령구'는 일국양제(一國兩制, 중국이라는 한 국가에서 본토의 사회주의 체제와 홍콩의 자본주의 체제가 일정 시기 동안 공존할 수 있다는 통일 정책-옮긴이 주) 하의 민주와 자치를 주요 요구사항으로 내걸었고, 첨사저에서는 '반중(反中)'과 '홍콩 독립' 구호가 나와서 사람들의 주목을 끌었다. 왕각에서는 점령운동을 지지하는 시민들과 반대하는 시민들 사이에 충돌이 발생하기도 했다.

간단히 말하면, 중환 점령은 북경을 대상으로 규모는 제한적이지만 목표는 거대했던 정치운동이었고, 금종 점령은 상당 부분 홍콩 정부를 대상으로 규모는 크지만 목표는 제한적이었던 운동이었다. 중환 점령은 장기적인 계획이 있었지만 결국 그것을 실현하지 못했고, 금종 점령은 우발적으로 일어나서 대체로 자발적이고 돌발적으로 형성된 사건이었다.

서방의 매체들은 이러한 운동들을 모두 '민주 쟁취'와 '북경에 대한 항의' 정도로 두루뭉술하게 이해하고 있기 때문에 중환 점령과 금종 점령을 구분하지 않는다. 홍콩의 반대파⁷는 금종 점령이 중환 점령의 필연

---

6 Sung et al., "Occupy Central is on: Benny Tai rides wave of student protest to launch movement", *South China Morning Post*, 2014.9.27.;『남화조보』는 홍콩과 중국 본토, 그리고 세계 각지에서 온 기자와 편집단이 이번 운동을 보도하는 중 높은 수준의 전문성을 보여주었고, 각 주체들의 합리적인 의사소통을 위해 중요한 정보를 제공했다. '남화조보팀'은 홍콩과 중국 본토 사회가 긍정적으로 상호작용할 수 있다는 좋은 선례를 보여주었다.

7 즉, 입법회 중에 '범민주파' 진영을 주체로 해서 평소 야당 역할(반대)을 하는

적인 발전이기 때문에 정당의 요구를 군중의 구호로 드러냈다고 강조했다. 홍콩 정부는 정부의 합법성을 강조하기 위해 모든 점령 행동이 불법이라고 주장하며 이 둘을 하나로 묶으려는 경향이 있는 듯하다. 표면적으로는 전국인민대표대회의 결의를 지지하므로 중환 점령을 반대한다고 주장하지만, 실제로는 자신의 통치를 유지하기 위해 자신을 겨냥한 금종 점령을 반대하는 것이다. 하지만 이해하기 어려운 것은 중국 본토의 매체들이 이 두 운동을 구분하지 않고 – 예를 들어 금종 점령을 홍콩 지방 정부의 대응 방식에 대한 홍콩 시민들의 반응이라고 분석하면서, 최루탄 사용의 정당성 등과 같은 문제에 토론을 집중하는 것 – 오히려 이 두 운동 전후의 연계를 강조한다는 것이다. 그 배후에는 아마도 세 가지 원인이 있는 것 같다. 첫째는 중국 본토 매체가 반복적으로 강조한 '합법-불법'을 기준으로 하는 입장이다. 어차피 불법은 중환 점령 계획과 금종 점령 행동의 공통된 본질이다. 그러므로 구분하지 않고 반대해야 한다는 것이다. 둘째는 사건의 성질에 대한 '배후론'적 사고방식이다. 배후 세력이 중환 점령을 계획했고 점령을 지도했다는 것이다. 중요한 것은 이러한 배후 세력을 잡는 것이지 거리로 나온 학생들이 어떻게 이야기했고 무엇을 했는지는 중요하지 않다는 것이다. 셋째는 사회 모순을 해결하는 중의 '사건화'에 대한 사고방식이다. 중환 점령이 제기한 원칙과 방안들이 금종 점령이 일으킨 교통 체증, 생활상의 불편함, 경제적 피해 등의 문제들로 바뀌었고, 따라서 기술적이고 전략적 조치로 해결할 수 있다는 것이다.

하지만 학자들이 중환 점령과 금종 점령을 어떻게 개념적으로 구분

정당과 사회단체들을 가리킨다. 그들은 전국인민대표대회의 선거 방안에 격렬히 반대하고 점령운동을 적극적으로 지지한다. '민주파'라고도 불리고, 입법위원회 중 친북경 성향이라고 할 수 있는 '건제파(建制派)'와 대립되는 세력이다.

해서 분석하는가는 그리 중요하지 않다. 중요한 것은 그것들이 참가자들에게 동일한 사건으로 인식되고 있다는 것이다. 참가자들에게는 중환 점령과 금종 점령은 분리될 수 없을 뿐만 아니라 우산운동은 2003년 23조에 반대한 7·1 대규모 집회(2003년 동건화(董建華, 퉁치화) 당시 홍콩행정장관이 홍콩의 기본법 23조에 근거해 '국가보안법' 제정을 추진하겠다고 밝힌 후, 이에 반대하는 약 50만 명의 시민들이 7월 1일 시위를 진행했다(홍콩 기본법 23조는 국가전복과 반란을 선동하거나 국가안전을 저해하는 위험 인물 등에 대해 최장 30년 감옥형에 처할 수 있도록 명시하고, 이와 관련한 법률을 제정하도록 규정했다-옮긴이 주). 이는 이후 모든 사회운동과 지역운동, 정치개혁운동을 아우르는 대표적 사건이 되었다. 전형적인 비정치적 사회로 인식되던 홍콩이 최근 10년 시위와 침묵 연좌시위, 집회 등의 방식으로 정치적인 입장을 표현하는 등 예상치 못했던 고도의 정치화와 '운동의 형성'을 경험했다. 시위 동원 범위와 입장의 급진화는 의회 정치를 훨씬 넘어섰을 뿐만 아니라, 운동은 자신의 순수한 시민사회로서의 특징을 드러내기 위해 정당들과도 명확히 선을 긋고 있다. 우산운동은 이 상징적인 우산이 거대해서 각종 운동의 역량을 결집시킬 수 있었기 때문에 큰 힘을 가질 수 있었다. 인류학자의 일반적인 임무는 중대한 사건에 의해 가려진 일상생활과 보통 사람의 관점에서 본 의의를 발견하고 드러내는 것이지만, 2014년 가을 홍콩에서는 일상생활 자체가 중대한 사건이었고 사람들이 정치적으로 표현하려고 한 의미는 분명했을 뿐만 아니라 종종 그 의미가 행동보다 컸으며, 상징은 상징되는 내용보다 더 중요했다. 따라서 인류학자는 하나의 우산 아래에 어떠한 다양성과 차이가 존재하는지 분석해야 할 뿐만 아니라 이러한 다양성과 차이가 어떻게 하나의 '거대사건'으로 수렴되었는지 고민해야 한다. 우리는 이 운동을 직면해 이것을 순수한 이념('민주')의 직접적 화신이나 국제적 음모의 결과로 보지 말고, 실제로 벌어진 사건 그 자체를 통해 도대체 무엇이 발생했는지를 이해해야 한다.

먼저 이 거대사건으로 수렴된 여러 논리에 주목할 필요가 있다. 이 거대사건의 형성 중 모호한 '민주 홍콩의 독재 중국/본토에 대한 저항'이라는 틀이 각종 운동의 구체적인 요구에 녹아 들어갔고, 게다가 실제로 '민주'와 '독재'의 관계가 홍콩과 내지(중국 본토-옮긴이 주)의 관계로 전화되고, 제도의 문제가 정체성의 문제로 변화된 것으로 보이기 때문이다. 따라서 이러한 변화가 가능했던 것은 결코 '홍콩독립론'과 '종족론(族群論)'[8]이 특별히 설득력이 있기 때문이 아니라, 중국 본토에서 온 관광객들이 최근 몇 년 간 뚜렷이 많아지면서 홍콩 시민들이 이를 직접적으로 느낄 수 있었고 이에 따라 중국 본토에 대한 반감(反感)이 커져서 운동의 중요한 동력을 형성했기 때문이다.[9] 동시에 명확한 적에 대한 저항은 원래 건설적인 토론보다 더욱 호소력을 갖기 마련이라 저항은 손쉽게 문제를 타자-자아의 관계로 변화시켰다. 운동이 일단락된 지금 우리는 다음과 같은 질문들을 던져야 한다. 운동의 목표가 일순간 물거품이 되어 형성된 좌절감이 협소한 본토론(本土論)[10]을 더욱 강화시킨 것은 아

---

8 종족론은 홍콩 사람은 특수한 한 종족(혹은 민족ethnicity)이라는 주장으로, 이는 홍콩의 언어, 문화, 역사, 사회구조는 중국 본토 사람들과 다르기 때문에 홍콩은 중국 본토와 명확한 경계를 유지해야 한다는 주장의 근거가 된다.

9 홍콩 사람들이 비난하는 '자유여행' 정책은 2003년 '사스' 후의 홍콩 경제가 슬럼프에서 벗어나는 데에 있어서 중요한 작용을 했다.

10 본토론localism 논리에 따르면 홍콩은 당연히 주권을 가져야 한다. 급진적 본토론은 기본적으로 홍콩 독립을 주장한다. (본토론은 기본적으로는 추상적 측면에서 자기 지방의 역사와 문화 전통 등에 특별한 애착을 갖는 것으로 이해할 수 있는데, 현실적으로는 여러 정치적 함의를 갖는 용어가 되었다.-옮긴이

닌가? 원래 다양하고 구체적이었던 사회운동이 이러한 거대사건을 거친 후 더 큰 힘을 갖게 됐는가, 아니면 자신의 생명력을 소진해버렸는가? 2011년 금융 패권에 반대해 진행된 중환 점령 운동과 같은 사회 분위기가 2014년의 중환 점령을 통해 확대됐는가, 아니면 축소됐는가?[11]

저항 운동의 논리는 그것이 중공 체제에 대한 이해를 단순화시킬 수 있기 때문에 중요하게 생각할 필요가 있다. '중국'은 종종 무형의 거대한 것으로, 그리고 틈만 있으면 침투하려고 하고 경직되어 있는 독재체제로 간주된다. 하지만 문화대혁명 기간 전제정치의 광풍이 몰아치던 시기에 "중국을 바로 알고, 사회에 관심을 가지며, 나라와 민주를 사랑하자"는 구호는 어떻게 홍콩 청년들 사이에서 주류가 되었고, 적지 않은 학생들이 어떻게 중국 본토를 흠모하는 소위 '국수파(國粹派)'가 되었는가? 1989년 피비린내 나는 전제정치를 목도한 후에도 홍콩은 왜 여전히 평온을 유지한 채 '애국애항(愛國愛港, 나라(중국)와 홍콩을 사랑한다-옮긴이 주)'이 인쇄된 티셔츠가 1997년에 높은 판매고를 올릴 수 있었는가? 그런데 2000년 이후 중국 본토가 개방정책을 시행하고 홍콩에 끊임없이 '선물을 보내는' 상황에서는 왜 홍콩에서 오히려 '애국'은 비하적인 말이 되었고 '민주통일' 구호는 '민주반공(民主反共)'으로 바뀌었는가? 우산운동은 홍콩과 중국 본토의 관계를 강조했는데 이는 의심할 바 없이 정확한 것이다. 하지만 어떠한 관계도 모두 필연적으로 역사적이고 구체적이며

주)

11 2011년 10월부터 2012년 9월 사이에 소수의 홍콩 청년들이 홍콩상하이은행 총본부 건물 앞 광장을 점령하면서 '중환 점령' 운동을 시작했다. 이것은 홍콩 정치경제 문제의 핵심을 직접 겨눈 운동이었지만 참여자는 보잘 것 없이 적었고 시민들에게는 전혀 호소력을 갖지 못했다. 2014년의 정치화된 중환 점령 운동과는 전혀 비교가 되지 않는다.

다층적이고 다면적이지, 단순한 대립은 있을 수 없다. 중국은 종종 갑자기 군림하게 된 거대하고 속 빈 어떤 것으로 상상되곤 한다. 하지만 홍콩의 독특한 체제의 형성은 중화인민공화국의 성립 및 냉전 시기 중국의 독특한 위치, 1980년대 이후의 변화와 밀접하게 관련돼 있다. 어떤 의미에서 최근 20년 간 홍콩 최대의 정치 변화는 사실 홍콩에서 일어난 것이 아니라 중국 본토에서 일어난 것이다. 중국 본토에서 어떻게 전제정치가 구체적으로 진행되고 있는지 이해하지 않고서는 홍콩에서 민주주의를 효과적으로 추진할 수 없다. 본문에서는 '관계'의 시각에서 우산운동의 형성과 그 함의를 자세히 살펴보고자 한다. 우선 이번 운동 중의 핵심 요구였던 홍콩의 '민주'와 '자치(자주)'가 어떻게 역사에서 구체적인 의의를 획득했는지, 그리고 어떻게 그것들이 운동 중에 거대한 동원 능력을 갖게 됐는지, 하지만 또한 어떻게 한계를 조성했는지 분석하고자 한다. 그 다음에 '일국양제'의 틀 및 그것과 중국 본토의 '당-국가' 체제와의 관계로 돌아와 상반된다고 할 수 있는 문제를 질문하고자 한다. 즉, 중국공산당은 당시 '일국양제'라는 창조적인 제도를 제기할 수 있었는데 이와 같이 중공이 가지고 있었던 설득력, 동원력 그리고 조정과 통합 능력은 어쩌다 위기에 빠지게 되었는가? 우산운동에 대해서 이 글은 외부적 관찰자의 입장에서 쓴 것이지만, 홍콩과 중국의 역사적 관계에 대한 분석은 내재적 시각에서 쓴 것이다. 즉 나의 고찰은 이 관계의 변화에서부터 출발하려고 하는 것이지, 추상적인 '민주', '독재'와 같은 범주에서 출발하는 것이 아니다. 특히 중공 체제에 대해 고찰할 때 나는 중공의 사회주의 정치에 대한 이해를 이룬 자원 중 하나로 삼아 그 변화를 정리해 보고자 한다. 이것은 중공의 담론을 역사를 해석하는 기준으로 삼으려는 것이 아니고, 역사의 내부에서 역사를 해석하려고 시도하는 것이다. 사회주의 담론은 홍콩의 상황과 전혀 어울리지 않는 것으로 인식될 뿐만 아니라 오늘날 중국 본토에서도 비현실적인 신화로 간주된다. 하지만 역사가 해석할 수 없는 황당한 웃음거리가 된다면 우리는 어떻게 오늘날의 곤란한 상황을 이해할 수 있을 것인가?

운동의 발생과 사건화는 홍콩 내부의 많은 사회 모순과 역사 간의 관계를 덮어버렸다. 하지만 우리는 운동의 발생과 사건화를 허구적인 과정으로 생각해서는 안 된다. 그것은 매우 실질적인 사회적 결과를 가지고 있다. 가장 중요한 것 중 하나는 현재 홍콩과 중국의 관계가 경색된 것처럼 보인다는 것이다. 이 점에서 홍콩의 2014년과 대만의 2014년은 많은 유사점을 갖고 있다. 대만의 해바라기운동[12] 또한 유사한 거대사건으로 이해할 수 있다. 중국 본토와 대만, 홍콩의 이러한 새로운 정세는 우리를 거의 해결 불가능하고 소모적이기만 한 곤란한 상황으로 이끌지도 모를 뿐만 아니라, 정치와 경제에 대한 토론이 일단 정체성 문제로 전환되면 세 지역에서 진행되고 있는 민주와 공론, 다원화를 위한 구체적인 노력이 모두 더 어려운 상황에 처하게 될 수도 있다. 협소하고 심지어는 극단적인 민족주의는 이미 각지에서 출현하고 있다. 이러한 역사 시기에는 인류학의 다양한 개입이 필요하다. 우리는 미시적이고 치밀한 민족지적 글쓰기도 필요하고 주류의 인식틀에 직접적으로 도전해서 사회 구성 과정 중의 연결들을 새롭게 다시 드러내는 것도 필요하다. 그래서 새로운 사회를 상상할 수 있는 가능성을 불러 일으켜야 한다.

---

12 2014년 대만과 중국 본토 사이의 '서비스무역협정(海峽兩岸服務貿易協議 CSSTA)'에 반대해 일어난 대규모 항의 운동. 3월 18일부터 4월 10일까지 무려 23일 동안 대만의 국회에 해당하는 입법원을 대만 역사상 최초로 점거했다. 시위 참여자들이 대만에서 희망을 상징하는 해바라기꽃을 들고 시위에 참여하면서 일명 '해바라기운동'으로 불린다. 이 운동에서도 반중국, 대만 독립 문제가 쟁점으로 부상했다.-옮긴이 주

2. 홍콩 민주화의 외향성[13]

2017년 홍콩특별행정구 행정장관 선거 방안은 이번 운동의 중심 의제였다. 중국 국무원 신문판공실은 2014년 6월 10일 〈홍콩특별행정구에서의 '일국양제'의 실천〉이라는 제목의 백서를 발표해 홍콩특별행정구 행정장관은 반드시 '애국애항'해야 한다고 강조했다. 전국인민대표대회 상무위원회는 8월 31일 홍콩특별행정구 행정장관 선거 방안에 대한 결의를 통해, 먼저 추천위원회가 2~3명의 후보를 추천하고 모든 후보가 각각 추천위원회 위원 중 50% 이상의 승인을 얻으면 홍콩에서 등록된 모든 유권자는 1인1표를 행사해 직접 선거로 행정장관을 선출하도록 했다. 2017년의 추천위원회는 현재의 선거위원회의 연장으로 4개의 서로 다른 집단[14] 대표들이 1,200명의 대표단을 구성하게 되는데 이러한 대표들은 각계에서 지정한 투표인들이 분배된 정원에 따라 선거로 구성한다.

---

13 '홍콩 민주화의 외향성'은 홍콩 민주화가 홍콩 사회 내부의 역량에 의해 추진된 것(예를 들어, 사회적 모순이 심화되어서 민중들의 정치 참여에 대한 열망이 높아져서 정치 참여의 통로가 넓어진 것)이 아니라, 홍콩과 중국 본토를 구분하기 위해서 그리고 홍콩의 '국제도시'로서의 지위(따라서 '국제' 기준에 맞춰야 한다)를 유지하기 위해서 진행되었다는 것을 의미한다. 즉, 민주화의 동력이 홍콩 사회 내부의 모순을 해결해야 한다거나 내부의 요구를 만족시키기 위한 것이 아니라, 외부에 대한 요구를 중심으로 형성되었다. 민주화는 중국 본토에 대한 홍콩의 자기 보호 조치이자 국제 사회에서 인정받기 위한 조치이다. 소위 '외향성externally oriented'은 아시아의 많은 국가에서 보편적인 현상이라고 할 수도 있을 것이다.

14 이 네 집단은 각각 (1) 공상금융업계 (2) 전문업계 (3) 노동, 사회, 종교계 (4) 정치계를 의미한다.

이에 반대하는 사람들은 추천위원회의 정원 분배와 선거 방법이 홍콩의 사회 구성을 반영하지 못하고 있고 사실상 공상업계와 소위 '친베이징파'로 기울어져 있다고 생각한다. 모든 후보가 추천위원회 위원 중 50% 이상의 동의를 얻어야만 선거에 출마할 수 있도록 규정한 것은 사실상 민주파의 집권 가능성을 없애버렸다는 것이다. '애국애항' 요구는 객관적인 기준이 없기 때문에 기본법이 보장한 홍콩의 고도의 자치권 보장이라는 근본 취지에 부합하지 않는다. 그래서 그들은 특별행정구 행정장관 후보자는 시민들이 직접 추천하거나('공개추천') 아니면 각 정당들이 추천한 후에 선거권을 가진 모든 홍콩 시민들이 직접선거하는 방식, 즉 '진정한 보통선거'를 제안했다.

'민주와 자치'는 단지 선거 방안 문제만이 아니다. 점령 운동에 참여한 많은 사람들은 이것이 다른 중요한 문제를 해결할 한 출발점으로 생각하고 있다. 우선 사람들은 홍콩 사회의 경제 구조, 특히 극대화된 빈부격차와 청년 세대(즉 '제4세대')의 기회 박탈 문제에 대해 불만이 쌓여가고 있다. 부동산 산업과 금융업의 번영은 보통 서민들의 생활에는 전혀 도움이 되지 않는다. 한 대학 졸업생은 "최근 20년 동안 대학 졸업생의 임금 상승은 제한적이었지만 집값은 거의 10배가 올랐다"고 나에게 말했다. 적지 않은 홍콩 사람들은 중국 중앙이 홍콩을 통치하기 위해 홍콩의 부동산 산업 및 금융 자본과 연계를 맺고 그들을 지지해서 사회불평등이 더 심화되었다고 생각한다. 그래서 이러한 문제들이 '민주'와 결부된 것이다. '홍콩인에 의한 홍콩 통치'는 사실상 '상인(商人)에 의한 홍콩 통치'였던 것이다. 게다가 중공의 고위직들이 홍콩을 불법 자산 처리 기지로 삼은 것이 중국 본토의 반부패 정책 중 끊임없이 드러났는데, 이로 인해 홍콩 사람들은 붉은('사회주의'를 의미-옮긴이 주) 집권 세력과 자본이 공동으로 홍콩을 통치하는 것에 대해 공포심을 갖게 됐다. 최근 폭로된 홍콩 공무원의 부패와 전통 주류 매체(특히 TV 방송국)의 중립성 결핍 역시 중국 본토 정부가 지나치게 간섭한 결과로 인식되고 있다. 일부 홍콩 사람들은 진정한 보통선거가 실현되지 않으면 홍콩 정부는 홍콩인들의 의견을 중시하지도 않고 현실을 바꾸려고 하지도 않을 것으로 생각한다.

그 다음으로, 홍콩 사람들의 민주에 대한 절박함은 홍콩의 국내 및 국제 지위의 하강에 따른 위기의식과 관련이 있다. 홍콩의 GDP는 이미 상하이, 베이징보다 낮을 뿐만 아니라 곧 광저우, 선전에도 추월당하고 있다. 홍콩 사람들이 내내 깔보았던 싱가포르도 홍콩의 국제 지위를 위협하고 있다.[15] 이러한 위기감은 단지 경제적인 것만이 아니라 정치적인 것이기도 하다. 홍콩에서의 일반적인 추측은 홍콩이 중국 경제에 점점 덜 중요해진 반면, 다른 한 편으로는 점점 정치적으로 논쟁적인 공간이 되고 있다는 것이다. 황금알을 낳던 백조가 반갑지 않은 새끼 오리로 변해버린 것이다. 중앙의 정책은 더 이상 지원이 아니라 문제 처리에 속도를 내려는 것으로 보이는데, 2003년 이후 특히 2013년 이후의 중앙정부의 정책은 점점 강경해지고 있어서 마치 이러한 추측이 확인되는 것처럼 보인다. 이러한 이유 때문에 민주파는 행동을 서둘러야 한다고 생각하고 있다. 어차피 경제적 이점이 계속 줄어들고 있는 상황에서 스스로

---

15 광저우(廣州)에 있는 중국 싱크탱크 '트리거 트렌드(智穀趨勢Trigger Trend)'의 2014년 8월 보고에 따르면, 1997년 홍콩의 GDP는 중국 총 GDP의 15.6%를 차지했지만, 2013년에는 단지 2.9%만을 차지했다. 2010년 상하이(上海)의 GDP는 홍콩을 추월했고 2011년에는 베이징(北京)이 추월했다. 2017년이 되면 광저우와 선전(深圳), 톈진(天津)이 모두 홍콩을 추월할 것으로 예상하고 있다(Lu Rachel, "Report: Hong Kong Becoming 'Mere Second-Tier' Chinese City", *Foreign Policy*, 2014.9.2.).

생존하기 위해 정치적 압력의 방향을 바꿔야 한다고 생각하는 것이다.[16]

재차 말하지만, 홍콩 시민들의 중국 본토 사회에 대한 심리적 간극과 중앙 정부에 대한 반감 정서는 무시할 수 없다. 중국 본토와 관련된 홍콩자유여행, 중국 본토의 보따리상인들, 홍콩 원정 출산, 공기 오염, 취업 경쟁[17] 등 어떠한 문제에 대해서든 보통선거 방안에 대한 토론 중에 터져 나온 반감 정서는 상당히 뚜렷하다. 예를 들어 많은 학자들과 학생들은 인민대표대회 상무위원회의 8월 31일 방안이 후보자에 대한 제한을 규정하고 있기 때문만이 아니라 바로 '보통선거'에까지 영향을 미친다고 생각하기 때문에 이에 격렬히 반대한다. 그들은 홍콩 사람들이 1

---

[16] 당연히 모든 사람들이 이 견해에 동의하지는 않는다. 홍콩의 본토주의파는 이것이 중국 본토가 고의로 홍콩을 모함함으로써 압력을 가하고자 하는 전략이라고 주장한다. 그들은 여전히 중국이 인민폐 역외 사업 개발 등에 대한 전략적 고려 사항에서 홍콩이 필수적이기 때문에 홍콩은 과감하게 반대해야 한다고 생각한다. 이는 중국의 자본주의화 촉진에 대한 홍콩의 기능과 민주 가치에 대한 홍콩의 추구를 직접 연결시킨 것이다.

[17] 보따리 상인(水貨客)이란 자가 사용이라는 명목으로 홍콩에서 휴대전화, 가전제품, 트렁크 가방, 식품 등을 구매한 후 세관 신고 없이 중국 본토로 운송해서 개별 판매업자들에게 되파는 것을 의미한다. 보따리 상인은 국가 간 무역 중 오랜 역사를 지닌 현상이다. 2012년부터 중국 본토의 보따리 상인들이 홍콩에서 대량으로 물건을 구매하면서 홍콩의 분유 부족으로 시민들의 사회적 불만을 불러 일으켰다.

임산부 조산실 침대 문제는 2001년 이후 중국 본토의 임산부가 홍콩에 와서 출산하는 수가 늘어나서 조산실 침대가 부족해 홍콩 현지의 임산부가 조산실을 이용할 수 없었던 문제를 가리킨다. 2011년 이후 문제가 심각해져서 일부 홍콩 시민들이 시위를 하거나 중국 본토의 임산부들이 홍콩에 오는 것을 제한할 것을 요구하는 광고를 싣기도 했다.

인 1표를 행사해 선거에서 선출하기 전에 후보자를 통제하는 것이 홍콩 유권자들의 정치적 인격과 존엄에 대한 무시라고 생각하며 보통선거를 안 하는 것만 못하다고 여긴다. 한 대학생은 나에게 "(중국 정부는-옮긴이 주) 무엇을 근거로 자기가 하고 싶은 말을 억지로 우리 입에 욱여넣으려고 하는 겁니까?"라고 물었다. 인민대표대회 상무위원회가 그 결의를 발표하기 전에 홍콩의 각계는 정부에서 주최한 자문회의에 참여해서 다양한 의견을 제기했다. 하지만 적지 않은 사람들은 인민대표대회의 결의는 이러한 의견들을 반영하지 않았을 뿐만 아니라 오히려 거의 가장 가혹한 방안을 선택한 것으로 본다. 심지어 약간의 타협적인 제스처조차 보이려고 하지 않았다는 것이다. (예를 들어, 후보자가 추천위원회 성원 중 50%의 승인을 얻어야 한다는 것을 요구하지 않더라도 북경은 이미 이전과 동일하게 행정장관 선거를 통제할 수 있다.) 적지 않은 온건 민주파와 심지어 친북경파도 인민대표대회의 결의에 대해 놀라움을 표시했다. 이러한 상황에서 국무원의 '백서'는 홍콩에 대한 더욱 큰 위협으로 받아들여졌다. 이러한 대립적 감정이 운동의 이후 발전 방향에 중요한 영향을 미쳤다.

그러므로 점령파의 민주와 자치권에 대한 요구는 허구적인 면도 있고 실질적인 면도 있다. 실질적인 면은 그것이 구체적으로 가리키는 것이 있다는 것이고, 허구적인 면은 그것이 다양한 사회 정서를 모아서 절충해버렸다는 것이다. 민주 담론은 이번 운동 중 특히 실질적인 것을 통해서 허구적인 것을 불러일으킬 수 있음으로써 거대한 동원력을 형성했다. 또한 직접적으로 중앙정부를 향한 저항적 구호로서 강력한 외향성으로 이어졌다. 민주의 내부 과정과 실질적 효과가 - 보통선거는 어떻게 홍콩 경제의 공정성을 높일 수 있는가? 민주는 어떻게 홍콩의 경제 구조를 고도화할 수 있는가? 특히 현재 상황에서 홍콩의 다양한 사회 역량은 어떻게 효과적이고 질서 있는 민주적 구조를 형성할 수 있는가? - 반드시 명확한 것만은 아니다. 그런데 바로 그 내부의 모호함 때문에 점령 운동은 대외적으로 단일한 목소리를 낼 수 있었다. 이번 운동의 합리성과 한계를 이해하기 위해서는 바로 이 외향성을 분석해야 한다.

외향성은 홍콩 민주화 과정 중의 한 역사적 특징이다. 현재 홍콩의 민주 정당은 중국 본토의 1989년 '천안문 사건'에 대한 직접적인 반응으로서 1990년에 시작되었다. 이 때문에 원래 홍콩 사회와 별로 관계가 없었던 사건인 1989년은 홍콩 민주운동의 가장 중요한 상징 중 하나가 되었다. 1992년 크리스 패튼(彭定康Christopher Francis Patten, 영국인, 1992~1997년까지 홍콩 총독 역임-옮긴이 주)이 홍콩에 부임한 후 그는 전임자와 중국 사이에 암묵적으로 형성되어 있었던 모종의 이해관계와 런던 측의 의문을 무시하고 정치 민주화를 빠른 속도로 추진했다. 이와 동시에 중국 측은 홍콩에서 정치단체와 정당을 육성하려는 노력을 강화했다. 어떤 사람들은 갑자기 민주주의자가 되었고 어떤 사람들은 갑자기 애국자가 되었다. 오늘날 '민주파'와 '건제파(建制派)'는 대립하면서 홍콩의 정치 구조를 결정하는데, 그들이 홍콩 사회 내부를 얼마나 대표하는지는 말하기 어렵다. 홍콩 민주의 외향성은 또 형식적 정치 민주(실질적 경제 민주 및 사회 민주와 상대되는 개념인)에 대한 강조와 연계돼 있다. 홍콩의 기본 사회 복지와 법치주의, 정치 표현의 자유는 기본적으로 1970년대 이래 홍콩의 영국 정부 통제 아래 형성됐다.[18] 이러한 권익은 현재 민주화

---

18 홍콩은 민주적이지 않고 '행정이 정치를 흡수하는' 상황에서 이러한 기본적 권익을 획득했다. 하지만 이것은 결코 모든 역사적 과정이 비정치적이라는 것을 의미하지는 않는다. 1970년대에 홍콩 사람들의 생활이 개선된 가장 중요한 계기는 중국 본토에서 진행된 문화대혁명의 영향을 받아 1967년 폭력성을 동반해 일어난 '영국 폭정 반대' 운동이었다. 홍콩의 영국 정부는 이 운동을 통해 교훈을 얻어 유사한 사건이 다시 발생하는 것을 방지하기 위해 일련의 개혁 조치를 채택했다.

운동의 목표는 아니며 민주화는 처음부터 중앙 정부와의 관계 문제였다. 이 또한 민주 운동의 강령이 추상적인 경향으로 흐르게 한 한 원인이 됐다. 예를 들어, 중환 점령 계획이 전국인민대표대회가 제출한 방안의 수정을 강조한 원인 중 하나는 그것이 '국제 표준'에 부합하지 않기 때문이었다. 그래서 일부 민주파는 다른 나라와 중국 간의 대립 관계를 이용해서 중앙에 압력을 가하려는 의도로 홍콩 문제를 국제화하려고 했는데, 이것은 홍콩 민주화의 외향성을 더욱 극단적으로 밀어붙이는 것이었다.

외향성은 민주화운동이 외적 요인의 영향을 받고 그 지향이 홍콩의 외부를 향한다는 것만을 의미하는 것이 아니다. 민주화가 그다지 민주적이지 않은 현행 체제를 부정함으로써 일련의 문제를 해결할 수는 있지만 현행 체제의 내부 메커니즘과 반동의 가능성을 상대적으로 중시하지 않는다는 것도 역시 의미하는 것이다.[19] 이와 관련해 1989년 중국 본토의 학생운동은 깊은 교훈을 남겼다. 1980년대 후반 중국 민중들의 통화 팽창에 대한 공포와 관료의 부패에 대한 증오, 가속화되는 사회불평등에 대한 불안 등 이 모든 것들은 정치 민주에 대한 요구로 표현됐다. 운동에 참여한 학생들은 마치 일단 민주의 빛이 비추기만 하면 모든 문제들이 해결될 것으로 생각하는 것 같았다. 사람들은 사회주의의 정치와 평등 관념에 기반해서 당시 권력 주도의 시장화에 대해 질문을 제기했지만, 운동 중에는 오히려 사회주의 제도에서 벗어나라는 요구로 표현됐다. 어

---

19 홍콩 민주화의 외향성을 제기하는 것이 홍콩 시민들이 실질적 민주화를 일관되게 추구해 왔다는 것을 부정하는 것은 결코 아니다. 도시의 공공 업무에서부터 대학 캠퍼스 생활에 이르기까지 민주화에 대한 추구는 매일 존재한다. 여기에서 강조하고자 하는 것은 1990년대 이후 정당의 부상으로 대표되는 공식 민주화와 2003년 이후 운동의 전개이다.

떻게 민주화를 실현할 것인가에 대해서는 거의 어떠한 구체적인 구상도 없이 개별 책임자가 물러나라는 요구만 했다. 구체적인 사회 모순은 민주주의의 미완성으로 추상화됐다. 이는 오늘날 중국에 대해 여전히 깊은 영향을 미치고 있는 세 가지 결과를 낳았다.

첫째, 사회문제에 대한 단순화는 운동이 진행되는 동안 고도의 의견 일치를 조성했다. 이에 따라 정치적 태도는 계속해서 급진화됐고 정치 요구는 계속 높아졌다. 그래서 결국 학생들은 스스로 퇴로를 차단해 버린 결과를 낳은 것이다. 운동의 칼날이 점점 개별 권력자를 겨냥하게 됐을 때 국가 내부의 고위층은 분열됐고 이것의 직접적인 영향으로 전면적인 폭력 진압이 결정됐다.[20]

둘째, '민주' 담론이 1980년대 초 조금씩 드러난 각종 사회 문제를 덮어버렸고, 그 결과 이러한 사회 문제는 오랫동안 구체적으로 분석할 수 없게 됐다. 민주에 대한 꿈이 산산조각 난 후, 지식인이나 경제인들, 관료들, 학계의 학자들, 어용학자들 모두 운동의 긍정적 요소와 한계에

---

[20] 쩌우당(鄒讜TsouTang)은 1990년 쓴 『천안문』(1994)에서 1989년의 비극적인 결과를 전능정치(全能政治totalism) 체제 하 협상 체계의 결핍 때문으로 결론 내린다. 이러한 상황에서는 모든 주체가 후퇴는 곧 패배이고 패배는 곧 죽음이라고 믿기 때문에 정치 게임은 생사를 건 사투가 된다. 추당은 그 글에서 자신의 희망을 국가와 사회의 화해와 재건에 기탁하며, "당국은 도덕적 오류와 이데올로기의 고갈로부터 도덕적 구제와 자신의 갱신을 얻을 수 있다. 동시에 일부 학생들은 극단적으로 무책임한 태도에서 벗어나서 세계의 문제를 해결할 능력이 부족한 상태에서 그들 자신을 새로운 시민이자 충성스러운 반대파로 변모시켜 결국 책임 있는 지도자가 될 수 있다. 당-국가와 사회의 화해는 중국과 세계 여론의 화해를 촉진할 것이다."라고 썼다(추당 1994: 203). 이 점에서 홍콩은 1989년의 북경보다 훨씬 낫다. 추당의 글을 알려준 담동학(譚同學) 선생에게 감사드린다.

대한 깊은 성찰을 진행하지 못해서 이후의 사회 변화에 대해 분석적인 참조점을 제공할 수 없게 됐다.

셋째, 급진운동과 그에 대한 반격이 조성한 사상적 공백 상태를 통해 1989년 이후 중요한 위치를 맡게 된 관료들이 1989년에서 1992년 사이[21]의 동요를 거치면서 사회주의 혁명 전통과의 밀접한 관계가 단절돼 버렸다. 또한 그들은 서방의 정치 이념까지 배척하면서 그 결과 현존 제도의 유지와 현실적인 이익 추구만을 중심으로 하는 임무를 자임하게 됐다. 1992년 이후 시장화는 더욱 맹렬히 진행되어 가공할 힘을 얻게 됐고, 경제불평등은 전에 없이 가속화됐다. GDP가 계속해서 기록을 세우는 사이 자본과 권력 동맹은 각계 각층에서 조용히 동맹을 맺었다. 따라서 중국 '신자유주의'의 기원을 1989년 운동의 발발과 그 후과로 분석한 왕후이(汪暉, 1997; 2008)의 주장은 핵심을 찌르는 분석이다.

당연히 오늘날 홍콩의 상황은 다르다. 하지만 여전히 비슷한 질문을 던질 필요가 있다. 도대체 홍콩의 금융과 부동산 자본의 현황을 어떻게 분석해야 할 것인가? 불합리한 경제 구조에 도전하는 것은 현실에서 어떠한 구체적인 계기를 찾을 수 있을까? 홍콩과 중국 본토, 아시아 그리고 세계의 관계는 역사적인 변화에 직면하고 있는데 어떻게 이러한 변화를 이해하고 이에 대응해야 할까? 보통선거는 이러한 문제들에 결코 대답할 수 없다. 반대로 형식적인 정치 민주의 문제에 너무 집중하다 보면 진정한 문제들은 오히려 은폐될 수도 있다. 운동이 끝난 후 정치체

---

21 1989년 '천안문 사건'에서 1992년 덩샤오핑(鄧小平)의 '남순강화(南巡講話)' 사이를 의미. 덩샤오핑의 이 남순강화를 통해 중국은 '천안문 사건' 이후의 혼란에서 다소 벗어나 개혁개방 정책을 더욱 일관되게 추진할 수 있게 되었다고 주로 평가된다. -옮긴이 주

제 형식이 어떻게 변화했든지 간에 핵심 이익 집단은 약화되지 않을 뿐만 아니라 오히려 강화될 수도 있다. 격렬한 운동은 어쩌면 새로운 모습으로 등장한 보수 세력에게만 합법성을 제공하게 될 지도 모른다.

3. 다자 '불개입' 하의 자치

만약 민주화에 대한 요구의 외향성이 간접적인 것이라고 한다면 자치권은 직접적으로 대외적인 것이다. 우산운동 중 자치에 대한 요구는 사실 민주에 대한 요구보다 더 격렬했다. "홍콩은 중국의 또 다른 한 도시가 될 수 없다"는 구호는 민주파의 구호이자 적지 않은 보통 시민들의 우려이기도 했다. 홍콩은 확실히 상당히 특수한 도시 경제체이다. 홍콩의 자주성은 어떠한 역사적 조건 하에서 형성된 것이고, 지금은 또 무엇을 의미하는가?

우선, 홍콩의 자주성은 1997년 이전 상당히 특별했던 홍콩의 식민지 지위에 의해 결정된 것이다. 홍콩은 영국의 사실상의 식민지였다. 영국은 홍콩의 안전을 보호하고 기본적인 질서를 보장했다. 하지만 또 정식 식민지는 아니었다. 영국 정부는 '빌려온 지역, 빌려온 시간'이라는 생각을 갖고 있어서 홍콩에서 '고도의 식민주의'를 실행하지는 않았다. 홍콩섬의 엘리트들은 뿌리까지 영국화되지는 않았고 홍콩의 일반 시민들은 더 말할 것도 없다. 이런 것들이 홍콩의 일상 사회생활에서 일정 정도 자치성을 갖게 했다. 영국 정부는 홍콩에서 전형적인 경제자유주의정책을 시행했는데, 상업무역은 공공복지 지출과 노동권익 보호 등과 같은 '사회 외부적' 간섭을 최대한 적게 받았다. (이것은 전후 영국 본토의 발전과는 선명한 대비를 이룬다.) 그리고 홍콩에 새로 온 많은 이민자들도 '빌려온 지역, 빌려온 시간'이라는 생각을 갖고 경제적인 생존과 발전만을 추구했다. 이렇게 홍콩 경제는 순수한 자유자본주의의 모범이 되었다. 홍콩은 역사적으로 형성된 땅이 아니라 마치 모든 것이 자유롭게 유동하는 시장과 같은 곳이다. 홍콩은 각양각색의 사람들이 와서 각축을 벌이도록 수용하면서 대신 입장료를 받고 수수료를 버는 개방된 플랫폼이다. 순수한 자유자본주의는 어떠한 제약도 없이 자주적이고 자치적이지만, 반면 이는 홍콩 사회의 정치 성격의 결여로 이어지게 됐다.[22] 홍콩의 영국 정부는 1970년대 이후 중국인 엘리트 계층을 정치로 끌어들였다. 한편으로는 중국인 사회의 자주적인 경제생활과 일상생활을 허락했고, 다른 한편으로는 이 사회의 자주성이 정치화됨으로써 정부와 완전히 분리되고 심지어는 대립하는 것을 방지하고자 했다. 즉, 소위 '자치'는 엄격한 정치적 상황(즉 홍콩의 영국 정부와 해당 사회 사이의 통치와 피통치 관계) 하에서의 일종의 행정관리 방식이지 비정치적인 의미의 자치는 아니었다.[23]

---

[22] '정치 성격'은 역사적 투쟁을 통해 형성된 국내 문제와 국제 문제를 다루는 한 사회의 입장과 경향으로 초보적으로 정의할 수 있다. 무장혁명을 경험한 사회는 통상 비교적 강한 정치 성격을 갖는데, 예를 들어 베트남과 태국, 남북한과 일본, 프랑스와 영국을 비교할 수 있다. 그들은 사회의 구성원들에게 비교적 강한 일체감을 요구하며 이미 형성된 정치 이데올로기가 있고 행동의 기회를 잡는 대신 입장을 두고 경쟁하는 데에 익숙하다.

하지만 정치 성격이 강한 것이 좋은 것만은 아니다. 정치 성격이 강하면 부담이 될 수도 있고 사회가 큰 대가를 치뤄야 될 수도 있다. 정치 성격이 강하고 약한 것은 객관적인 역사 진행의 결과이다. 중요한 것은 우리가 자신이 처한 사회의 정치 성격과 그 역사적 형성을 분명하게 파악해야 한다는 것이고 그래야만 그에 대한 분석이 공허해지지 않을 수 있다.

[23] 창스궁(強世功, 2007)은 이에 대해 예리하게 분석해 결론을 내렸다. Ian Scott(1989)도 참고.

이와 같은 홍콩의 고도의 자유와 정치적 성격의 결여는 2차 대전 이후의 경제 발전에 특수한 장점을 제공했다. '아시아의 네 마리 용'으로 대표되는 동아시아와 동남아시아 경제의 급속한 발전은 냉전 체제와 밀접히 관련돼 있다. 조선민주주의인민공화국과 베트남 등 사회주의 국가들이 서방이 통제하는 세계시장체계에서 배제된 것과 특히 중화인민공화국의 고립(고립을 선택하기도 하고 고립되기도 한)은 다른 아시아 국가들에게 거대한 시장을 남겼다. 이 뿐만 아니라 그 국가들이 서방의 지지도 받게 함으로써 좋은 조건으로 국제자본주의 경제체계로 진입할 수 있게 했다. 게다가 홍콩은 다른 '용'들과는 비교할 수 없을 정도의 장점을 가지고 있었다. 고립 중의 중국과 서방 간의 무역을 거의 독점한 것이다. 홍콩의 자주와 자치는 홍콩의 독립성에 있었던 것이 아니라 다수의 주체들이 이러한 비정치적인 플랫폼을 필요로 한 결과였다. 즉 그 자주와 자치는 홍콩이 스스로 가지게 된 정치적 민주가 아니라, 홍콩이 정치적 주체의 자격이 없다는 전제 하에 여러 주체들이 '개입하지 않는' 자유항이었기 때문이다. 그 번영은 내생적인 것에 의한 것이 아니라 국제정치와 경제 상황의 특수한 위치가 결정한 것이었다. 냉전이 끝나고 중국이 개방 정책을 시행함에 따라 세계정세도 크게 변했다. 중국이 달라짐에

하지만 이와 동시에 홍콩의 주체성 결여는 중국 본토 측의 정책적 원인도 있다는 것을 지적할 필요가 있다. 중앙 정부는 신중국 건립 후 홍콩을 '해방'시키고 자신이 주장했던 반식민주의를 관철할 것을 고려하지 않았다. 오히려 홍콩에 더 큰 자주권과 더 많은 민주를 보장해줄 것을 포함해서 '탈식민화' 정책을 영국 정부에게 요구하는 것에 대해 매우 경계하고 반대했다. 중앙 정부는 홍콩 문제를 중국과 영국 이 두 주권 국가 사이의 협상으로만 엄격히 제한하기를 희망하면서 홍콩 문제에 제3자가 참여하는 것을 반대했기 때문에 이렇게 했다. 소위 '세 발 의자는 안정적이지 않다'는 것이다.

따라 홍콩의 위치도 필연적으로 달라질 수밖에 없었다.

이와 같이 홍콩 민주 정치의 발전 역사는 중국의 당-국가 체제 형성의 역사와 직접적인 관련이 없다. 이것은 각 주체들이 '일국양제'의 발전 궤적에 대해 원래 예상했던 것들이 왜 허망한 결과를 낳게 되었는지 일정 정도 설명한다. 모두들 중국 본토가 개혁개방을 거쳐 홍콩과 자연스럽게 점점 가까워질 수 있을 거라고 생각했지만 지금은 어떤 측면에서는 심지어 점점 더 멀어지고 있다. 그 배후의 원인은 19세기 후반부터 진행된 홍콩의 발전이 홍콩의 정치 주체로서의 자격 결핍 및 이에서 비롯한 사회 정치 성격의 모호함에서 기인했다는 것이다. 반면 개혁개방 후 중국의 발전, 특히 근래의 '굴기(급속한 부상-옮긴이 주)'는 장기적인 혁명과 냉전 시기 미국과 소련으로부터의 고립 중 형성된 선명한 정치 성격 및 정치적 자주의 원칙에 대한 견지(예를 들어 서방의 경제정책을 쉽게 따르지 않고, 정치적 각도에서 경제 문제를 분석하는 습관) 덕분이다. 만약 이러한 역사 발전의 내재적 논리에 충분히 주목하지 않고 추상적으로 쌍방에게 '민주' 혹은 '독재'라는 딱지를 붙이는 것에만 치중한다면 서로 소통하는 데 전혀 도움이 안 될 것이다. 홍콩 역사에서 형성된 정치 성격의 모호함으로 인해 아마도 민주화에 대한 요구가 더 외향성을 갖게 된 것 같지만, 더 큰 문제는 중앙정부가 현재 기본적으로 실어상태(失語狀態)에 있어서 자신의 정치 주장, 특히 구체적인 정책을 명확히 표현할 수 없다는 데에 있다. 이는 중국의 당-국가 체제 그 자체에 대해 분석이 필요한 부분이다.

4. 당-국가 체제의 변화?

일국양제에 관한 많은 토론 중 대부분의 논자들은 이 구상의 배후에 있는 점들에 주목했다. 예를 들어 당시 중국의 경제발전에 대한 홍콩의 역할, 홍콩에 대한 중앙 정부의 '충분히 이용하고 장기적으로 계획한다'는 일관된 생각, 홍콩의 영국 정부의 객관적 영향 등등. 비록 충분한 주목을 받지는 못했지만 아마도 이런 점들보다 더욱 중요한 문제는, 당시 덩샤오핑은 어떻게 이런 구상을 제기할 수 있었는가이다. 등소평은 일국양제가 각종 충돌을 일으킬 수 있다는 것을 분명히 인식했겠지만, 그는 이러한 충돌은 부차적인 불편함이기 때문에 전략적 판단의 방향을 방해해서는 안 된다고 생각했다. 왜 30년 후에 이러한 불편함이 지금과 같은 곤란함이 되었는가? 이는 단지 신의를 저버린 문제인가?

중앙인민정부 주홍콩연락사무실에서 3년 간 근무했던 법학자 창스궁은 일국양제의 의의를 중국공산당의 티벳, 대만 문제에 대한 해결 방안뿐 아니라 중국 한대(漢代)와 당대(唐代) 이래의 제국 형태와도 연계시켰다. 그 결과 이러한 국가 주권의 다양한 내재적 구성 방식은 중화민족이 존재해 온 특별한 방식이고 "장기 역사"가 부여한 합법성을 갖고 있는 것으로 생각했다.[24] 통일 주권 하 다양한 통치 권력이 공존하는 형식이 중국의 독자적인 것인지는 세계사적 관점에서 토론해볼 만한 문제이다. 중국의 현실은 확실히 유럽에서 기인한 현대 '민족-국가' 관념과는 다르다. 현대 민족-국가 관념은 원래 하나의 이상적인 형태로서 세계적으로 단지 소수의 몇몇 국가만이 이러한 형태에 진정으로 부합할 뿐이다. 여기에서 구체적인 현실과 일반적인 이론상의 차이를 유형의 차이로 이해하는 것은 적절하지 않은 것 같다. 일국양제 구상을 천년천조(千年天朝, 중국의 전통 왕조-옮긴이 주)의 연속으로 보기보다는 우선 그것을 현실

---

24 창스궁(2008a, 2008b). 중국 역사 상의 제국과 현대 국가의 관계에 대해서는 근래 적지 않은 학자들이 글을 썼다. 왕후이(2004), 꺼자오광(葛兆光, 2011).

조건 하의 생동하는 실천으로 보고 일국양제와 역사 상 주권 구성의 구체적 공통점과 차이점을 살펴보는 것이 더 나을 것이다.

역사적으로 볼 때 통일 국가의 주권이 다양한 수준의 정치 주체를 수용할 수 있는 것은 일반적으로 두 가지 조건을 필요로 하는 것 같다.

첫째, 국가기구를 초월할 수 있는 주권의 상징이 필요하다. 예를 들어 다양한 종교 신분을 가진 청조(清朝) 황제와 빅토리아 여왕이 그러하다. 국가기구는 통상 주권을 대표하는 유일한 기구이기 때문에 현대 국가가 주권을 실현하는 방식은 비교적 단일하다.[25] 중국공산당이 현재 이와 같은 국가를 초월하는 주권체의 역할을 맡고 있다고 생각할 수 있는 것은 아닌가. 이 역할은 자신의 역사성을 갖고 있다. 중국공산당 발전사상의 중요한 한 지점은 강력한 아래로부터의 군중 동원과 위로부터의 조직제도 건설을 결합하고 교차한 것이다. 전자가 전복성을 갖고 있고 후자가 보수성을 갖고 있기 때문에 이러한 결합은 독특하다. 1949년 이전 중국공산당은 혁명과 기존 권력의 전복을 기본 사명으로 삼아, 지방 소비에트를 발전시키고 혁명근거지를 건립하며 해방구를 형성해 이러한 지역에서 토지개혁을 진행했다. 그리고 경제를 발전시키고 법규를 반포해 민주적 통치를 실험하며 사상투쟁과 '정풍'운동(중국공산당 내 잘못된 기풍을 바로잡기 위해 당 내에서 전개한 정치운동-옮긴이 주)을 전개하고 이데올로기적 동원과 통제를 진행하는 등 풍부한 국가 통치의 경험을 쌓았다. '무장할거(武裝割據)'(분산된 다수의 지역에서 지역을 방어하며 무장투쟁을 벌이는 것-옮긴이 주)의 전략적 의의는 지역적 건설(분산된 다수의 지역에서 지방소비

---

25 유럽의 고전적인 민족-국가 이론에 따르면, 현대 국가는 국가의 합법성이 동질적인 '인민'의 의지에 기반을 두고 있기 때문에 가족과 부락에 대한 초월이라기 보다는 그것들에 대한 연장이라고 하는 편이 타당하다.

에트와 혁명근거지 건립-옮긴이 주)과 전국적 혁명을 결합했다는 것이다. 지역적 건설은 전국적 혁명에 지속성을 갖게 했다. 1949년 이전이 건설로서 혁명을 지지하는 것이었다면 1949년 이후는 혁명운동의 방식으로 건설을 추진하는 것이었다. 1949년 이후 중국공산당은 오랫동안 '집권 혁명당'이었다. 이는 중국공산당으로 하여금 동시에 강력한 군중 동원과 사회 통치 능력을 갖게 해 일반적 의미의 정당과 관료체계로서의 국가를 초월하게 했다.[26] 이러한 중국공산당의 특수한 위치에 기초해 덩샤오핑은 일국양제 방안을 제출할 수 있었던 것이다. 만약 다당제 민주체제 하에 있었다면 기존의 연방 체제는 유지될 수 있었겠지만 창조적인 사고로 새로운 국가 구성 방안을 도입하기는 어려웠을 것이다. 전형적인 독재 체제는 일반적으로 매우 취약해서 종종 협소한 민족주의 등과 같은 우파 세력에 의존한다. 또한 민주 체제 하에서보다 이러한 체제의 창조적 개혁을 이루기가 더 힘들다.

둘째, 강력한 이데올로기와 고도의 정치적 자신감이 필요하다. 예를 들어 식민주의 시기의 사회다원주의와 문명진화론이 그와 같다. 청제국은 유학을 핵심으로 하는 천조사상(天朝思想)이 있었고, 1980년대에는 중국 특색의 사회주의가 있었다. 이러한 이데올로기는 당시 엘리트들의

---

26 이는 왕후이(2013)가 중국의 국민당과 공산당은 '초강력 정당(超級政黨)'과 '초월적 정당(超政黨)'이라는 이중적 요소를 갖고 있다고 지적한 것과 직접적으로 관련이 있다. 왕후이에 따르면 소위 '초강력 정당'은 경쟁 중인 국민당과 공산당 양당이 모두 의회 내 경쟁형 정당 정치 형성을 목표로 두지 않고 헤게모니형 정당(혹은 지도적 정당) 체제 형성을 목표로 하고 있었다는 것을 가리킨다. 소위 '초월적 정당'은 양자의 대표적 정치가 의회 내의 다당제 혹은 양당 정치와는 결코 같지 않다는 것을 가리킨다. 그들은 미래를 대표할 수 있는 그람시의 소위 '신군주'와 더 가깝다.

전적인 지지를 받았고 동시에 대중에게도 상당한 설득력을 갖고 있었다. 홍콩의 정치경제 제도와 생활방식이 왜 50년 동안 변하지 않았는지를 설명하면서 덩샤오핑은 1988년에 다음과 같이 말했다. "이전 50년은 변할 수 없었고, 50년 후는 변할 필요가 없다." 미래에 대해 "변할 필요가 없다"는 바로 이 역사적 판단에 근거해 "변할 수 없었"던 현실적 전략을 형성할 수 있었던 것이다. 그리고 또 "변할 필요가 없다"는 판단에 근거해 덩샤오핑은 일국양제가 그냥 나온 말이 아니라고 단호하게 말했다.

'지도력'은 고도로 인정받은 권위와 강력한 이데올로기가 결합해 형성된다. 국제공산주의운동 중 발전해온 각종 이론들, 특히 그람시, 레닌, 트로츠키에서 마오쩌둥까지 혁명운동과 관련한 이론에 근거해 우리는 현대 정치 중의 지도력이 다음과 같은 세 가지 요소를 가지고 있어야 한다고 초보적으로 인식하게 되었다. 첫째는 역사 발전 방향에 대한 전망이다. 거대한 역사의 흐름 속에서 정당의 사명을 설명함으로써 정당이 순간적인 이익에 대한 요구에서 벗어나도록 하며 또한 보수적인 정치 요구(예를 들어 전통신앙이나 민족의 이익을 지켜야 한다는 등)에 발목 잡히지 않도록 해야 한다. 둘째는 엄격한 기율이 있는 발전된 조직이다. 이러한 조직은 광범위한 군중을 동원할 수 있다. 셋째는 강력한 간부대오이다. 각계 군중 속에서 성장했고 신념이 강하며 솔선수범하는 모범적인 간부가 필요하다. 마오쩌둥이 강조한 것처럼, 간부대오는 중요한 것들 중에서도 특히 중요하다. 지도력은 정치적 정당성과 이론적 설득력만을 의미하지 않고 도덕적 매력과 감정적 친밀성도 필요하다. 이것은 하나하나의 간부들이 매일 솔선수범으로 해내야 하는 것들이다. 간부는 당과 군중의 구체적인 매개체이다. 간부가 있어야만 정치 이론과 효과적인 조직도 발전시킬 수 있다. 군중과 긴밀히 결합된 관계를 유지하는 간부가 없다면 이데올로기는 공허해질 것이고 엄격한 조직 기율은 독재의 도구로 전략해 버릴 것이다. 간부의 역할은 또한 지도권과 통제권을 구분하는 것이다. 지도권은 기존의 체제에 의존해 통제하는 것이 아니라, 끊임없는 도전에 직면해서 새로운 것을 모색하는 중에 비로소 쟁취할 수 있는 것이다. 지도권은 군중노선과 분리될 수 없다. 지도권은 실천 중의 '지도력'을 통해서 얻을 수 있는 권력이지만, 통제권은 먼저 권력 관계를 정의하고 고정된 권력 관계에서 사회 생활에 대한 주도적인 능력을 얻는 것을 의미한다. 정당이 자신의 지도력에 대해 높은 자신감이 있지만 체계적인 통제력은 상대적으로 약한 상황에서 그 정치적 상상력은 종종 가장 풍부해지고 창조력은 가장 강해진다.[27]

중국공산당의 지도력에 대한 자신감은 1951년 티벳의 '17조협의', 1981년 전국인민대표대회 위원장 예젠잉(葉劍英)이 제출한 '대만의 평화통일과 관련한 9조 방침 정책(즉 '엽9조')', 그리고 홍콩에 대한 '12조' 제출의 공통 배경이라고 할 수 있다. 건국 초기든 문화대혁명 후의 수습 시기든, 중국공산당은 자신이 새로운 국면을 개척하고 있고 사람들의 지지를 받을 수밖에 없는 위대한 사업을 이끌고 있다고 자신했다. 그리고 중국공산당은 강력한 지도력이 있었기 때문에 홍콩과 타이완에 대해서뿐만 아니라 1950년대와 1980년대 창조적인 소수민족 정책을 집행할 수 있었다.

1990년대 이후 일국양제 구상이 제기된 원래의 배경에는 이미 큰 변화가 발생했다. 1989년 중공의 지도력은 전에 없던 도전에 직면했고, 그에 대응한 전략은 새로운 통치 기술을 개발하는 것이었다. 1992년 이후의 경제시장화는 사회 상식을 새롭게 확립하고 집권당의 권위를 강화한 것 같지만, 1990년대 이후의 '발전주의'와 1980년대의 '경제 건설

---

27 이와 관련해 레닌(1902); 마오쩌둥(1934, 1938, 1941) 등을 참조.

중심'에는 중요한 차이가 있다. 1980년대의 발전은 확고한 방침이었으며 다소간은 일종의 이데올로기였다. 그 '확고함'은 실질성과 설득력을 갖고 있었으며 정신적으로 만족감을 주는 일면이 있었다. 그런데 1992년 이후 발전에 대한 확고한 방침은 대체로 많은 사회문제에서 적절한 언어를 찾지 못한 실책에 대한 반응이었고 사회모순을 덮기 위한 수단이었으며 그 '확고함'은 수단의 강제력을 의미하는 것이었다. '3개 대표 28'의 제출은 중국공산당이 선명한 정치이데올로기와 노동자 농민의 대표라는 원래의 지도권을 조정하고자 한 것이었는데, 형식적으로는 전민당(全民党, 즉 비계급적 대중정당-옮긴이 주)이 되는 것을 추구했다. 구조적인 통제력의 강화와 행정권의 확대, 그리고 실질적인 지도력의 약화는 동전의 양면을 구성했다. 2003년 중공은 약자의 이익 강화, 조화로운 사회, 인간 중심, 과학적 발전관, 새로운 민중의 형상 수립 등을 강조했지만, 여러 심층적인 모순은 건드리지 못하면서 이 기간에 사회불평등은 오히려 심화되었고 중앙정부의 도덕화 현상이 출현했다(예를 들어 '민중의 명을 받든다'). 그리고 지방정부는 공리주의적 성격을 띠기 시작했고 심지어 점점 약탈적 현상이 나타났다(샹뱌오, 2010). '안정 유지'는 각종 문제를 해결하는 만병통치약이 되었는데, 정치 체제는 원래 '유지'를 위한 체제이기 때문에 안정 유지라는 이름의 많은 이상한 현상들을 단지 개별 사람들의 문제로만 치부할 수는 없을 것이다. 그리고 2008년 이후 또 한 번의 전환이 일어났다. 국가 부의 급속한 증대(중앙정부의 재정수입 증가, 소수 대형 및 특대형 국유기업의 독점적 발전, 지방정부의 토

---

28 장쩌민(江澤民)이 2000년에 제기한 중공의 지도방침으로, 중공은 선진 생산력 발전의 요구, 선진 문화의 전진 방향, 가장 많은 인민의 근본 이익을 대표해야 한다는 지침. 이러한 방침을 통해 자본가/기업가들도 중국공산당에 가입할 수 있게 되었다. -옮긴이 주

지 등과 같은 희소자원에 대한 투기적 운용)와 서방의 경제위기 및 이에 기인한 시장경제와 민주정치에 대한 세계적인 성찰은 중국 내 민족주의 정서와 국가주의 이론을 강화한 것이다. '중국모델', '중화문명의 굴기', '자신감 있는 노선, 자신감 있는 체제'와 같은 담론이 이러한 변화를 반영했다.

하지만 이러한 권위에 대한 자신감과 지도력은 전혀 별개의 문제이다. 게다가 이러한 상황은 지도력이 떨어진 상황을 오히려 은폐하고 있을 수도 있다.

중국 정부는 일국양제에서 '양제(兩制)'를 '중국 본토의 사회주의'와 '홍콩의 자본주의'라고 정의하고 있다. 하지만 이러한 정의는 현실과 전혀 부합하지 않는다.[29] 많은 사람들이 느끼기에 현실 중 양제의 가장 명확하고 직접적인 차이는 일당제와 다당제의 차이이다. 앞서 말했듯이 바로 강력한 일당집정의 '당-국가' 체제가 바로 일국양제의 구상을 가능하게 했다. 일당제와 다당제의 관계는 당파 간의 권력에 대한 쟁투로 단순화해서 이해해서는 안 된다. 문제는 당과 당 간의 관계에 있는 것이 아니라 당과 국가 간의 관계에 있다. 바로 당이 당시에 상대적인 초월성을 갖고 있었기 때문에 '일국' 중 '양제' 심지어는 다수의 제도를 수용하는 구상이 가능했다. 만약 당과 국가가 고도로 일체화되어 있다면 당은 국가를 초월해서 국가를 지도할 수 없고 오히려 국가에 의존해서만 존재할 수 있다. 이러한 조건 하에 있는 당은 지도력을 확보할 수 없고, '국가'는 유연성과 포용력을 잃어버리게 된다.

따라서 홍콩의 문제는 일반적인 지방과 중앙 사이의 분권 문제가

---

29 많은 사람들은 지금 홍콩이 중국 본토보다 사회주의적 요소를 더 많이 갖고 있다고 생각하는 것 같다. 10월 7일 홍콩중문대학에서 토론할 때 한 학생이 나에게 "지금 중국은 국가 전체가 자본주의로 나아가는 상황인데 홍콩과 같은 도시 하나가 독자적으로 사회주의를 실현할 수 있겠습니까?"라고 질문했다.

아니다. 이는 홍콩이 '불완전한 주권'을 갖고 있고 일반적인 지방 정부가 갖고 있지 않은 법률적 지위를 갖고 있기 때문만이 아니라, 중국 본토의 지방과 중앙의 관계가 상당 부분 당의 행정화(관료화)에 의존하고 있기 때문이다. 지방과 중앙 간의 경제 이익과 행정 권력 게임은 결국 당의 위로부터의 간부 인사권 발동을 통해 결정되는 것이다. 혁명 시기 당과 지방 사회 사이에 형성된 유기적인 관계는 당 자신의 행정화 및 당과 정부의 일체화로 인해 상당 부분 약화됐다. 말하자면, 당과 국가기구의 일체화는 사회생활에 대한 당의 일체화를 대체했다. 당은 홍콩에서 행정화된 위계적 수단으로 관리할 수도 없었고, 또한 자신의 전통적 이데올로기인 지방 사회와의 유기적 연계를 발휘할 수도 없었다. 그리고 당이 홍콩의 상업 세력과 반공개적으로 진행한 암묵적 계약은 이익 연대를 기초로 한 위탁식 관리였으며 이것이 바로 현재 위기의 직접적 원인 중 하나다. 따라서 '분권(分權)'이나 '주권-통치권'의 관계와 같은 틀을 통해 홍콩 문제를 분석하는 것은 단지 문제의 일부분만을 드러낼 수 있을 뿐이다. 홍콩 학자인 류조가(劉兆佳, 라우시우카이, 2012)는 중공과 홍콩의 관계 중 또 다른 한 측면을 제기했다. 중공은 중국의 집권당이고 또한 당연히 홍콩의 집권당이다. 그런데 중공은 홍콩에서 선거에 참여하지 않고 심지어 공개적으로 존재하지도 않는다. 이것은 많은 정치적인 문제에서 불확실성이 숨어 있는 복선이 있다는 것을 의미한다. 89년 이후 중공은 사도화(司徒華, 쓰투화, 홍콩교육전문인협회 회장, 홍콩애국민주운동시민지원연합회 주석, 홍콩특별행정구 입법회 의원 등 역임-옮긴이 주)와 같은 전우를 잃어버렸고, 점점 이가성(李嘉誠, 리카싱, 홍콩에서 가장 부자라고 알려져 있음. 장강그룹 설립자. 홍콩특별행정구 기본법제정위원회 위원 등 역임-옮긴이 주)과 같은 '한 배의 동료'에게 의존했다. 중공은 이데올로기적으로 자신의 입장을 설명할 수 없게 되자 점점 더 물질적 이익과 조작적 공작을 통해 침투하는 것에 의존하게 됐다. 중공은 홍콩에서 반공개 상태로 있고, 홍콩을 중국 본토 고위관리들이 거대한 금권을 교역하는 천국으로 만들었다.

그러므로 홍콩의 문제는 중국 본토의 문제와 아주 다른 게 아니라 독특한 방식으로 중국 정치의 총체적인 깊은 모순을 드러내는 것이다. 중공이 일국양제를 제출할 수 있었던 것과 같은 자신감 있는 지도권은 그 자신의 장기적 무장혁명, 사회주의 혁명, 그리고 '문화대혁명'에 대한 경험과 분리할 수 없다. 그리고 홍콩에는 당시 정당의 역량이 충분하지 않았고 정치이념과 담론의 경쟁은 존재하지 않았다. 오늘날 홍콩의 운동은 역사상 수차례의 혁명이 더 이상 정치적 합법성의 원천이 될 수 없다는 점, 그리고 정치적 요구의 다양성이 명확하게 증가했다는 점 등과 같은 새로운 도전을 보여주고 있다. 이러한 역사적 도전은 중국 본토에도 존재한다. 홍콩의 곤경은 바로 중공이 국가의 지도권을 어떻게 확보해야 할지에 대한 문제를 제기하고 있는 것이다.

진정한 정치는 종종 운동이 끝난 후에 시작된다. 운동의 성패는 운동이 당시 제기한 구체적 요구들이 해당 시기에 얼마나 만족할 만한 성과를 얻었는지만을 보고 판단할 수 있는 것이 아니다. 한 번의 시도로 만족할 만한 성과를 얻으려고 하는 운동은 모두 비현실적인 것이다. 끊임없는 운동만이 진실하고 성공적인 운동이 될 수 있다. 만약 운동의 구체적인 요구는 모두 만족할 만한 성과를 얻었는데 기본적인 사회경제적 관계는 변하지 않았다면 그것은 실패한 운동이라고 할 수 있다. '아랍의 봄'이 바로 그러한 예다.[30] 반대로 구체적인 목적을 즉시 이루지는 못해

---

[30] 2010년 말 튀니지에서 시작해 아랍 세계에서 파상적인 대규모 반정부 운동이 일어났다. 이집트, 리비아, 예멘, 시리아, 바레인 등 국가의 정부 수장이 하야했다. 이 운동은 교육 수준이 높고 심각한 취업난에 직면한 도시 청년들이 주체가 되어 독재 반대와 민주 쟁취라는 구호로 대규모 시위와 인터넷을 통한 동

서 그 순간에는 실패한 운동으로 보이더라도 만약 사회 변화를 일으킬 수 있는 흐름을 만들어내고 한순간 일어난 혁명적 역량이 장기적인 사회 진보의 역량으로 전화될 수 있다면, 실패가 아니라 오히려 성공이라고 할 수 있을 것이다. 1989년 중국의 사회운동이 실패한 것은 단지 그것이 진압됐기 때문이 아니라, 그 사회운동이 장기적 사회 변화의 역량으로 전화되지 못했기 때문이고 심지어 그러한 경험을 의미 있는 사상적 자원으로 만들지 못했기 때문이다. 지식계는 운동의 경험을 제때에 갈무리하지 못했고, 운동 후 혹은 일상생활에서 진행된 잠복된 정치에 대해 지속적인 개입을 만들어내지도 못했다. 홍콩의 우산운동과 타이완의 해바라기운동은 우리가 그것들을 어떠한 사건으로 평가할 것인가와 무관하게 그 운동들은 이미 새로운 정치적 과정을 만들어냈다. 인류학이 할 수 있는 역할은 통일된 사고의 틀과 공통의 언어를 제공하는 것이 아니라, 중국 본토와 홍콩, 대만 사이, 그리고 여러 사회 역량 사이의 구체적인 내재적 연계와 단절을 자세하게 서술함으로써 절대화된 주권 사상, 텅 비어버린 민주 담론, 그리고 본질화된 본토주의에 반대하는 것이다.

원 및 조정을 주요 수단으로 진행됐다. 서양 언론들은 이를 새로운 민주화의 물결을 가져온 '아랍의 봄'이라고 불렀다. 하지만 2012년 중반에 이르자 아랍의 봄은 '아랍의 겨울'로 바뀌었다. 대중운동은 오랫동안 집권한 독재 정부를 신속하게 끌어내렸지만, 이 운동은 농촌과 노동자 농민에게 침투하지 못했고 효과적인 민주주의 체제를 건설하지도 못했다. 혁명 후의 국가는 종교 근본주의 세력이 장악하거나 군대가 통제하거나 내전에 빠져들게 되었다(Sung, Timmy, Ernest Kao, and Tony Cheung, Occupy Central is on: Benny Tai Rides Wave of Student Protest to Launch Movement. *South China Morning Post*, 2014.9.27.(http://www.scmp.com/news/hong-kong/article/1601625/hong-kong-students-beat-us-it-benny-tai-declares-start-occupy-central?page=all, accessed April 10, 2015.)).

참고문헌

葛兆光(2011), 『宅茲中國重建有關「中國」的歷史論述』, 北京: 中華書局
強世功(2007), 「行政吸納政治的反思」, 『讀書』 9.
強世功(2008a), 「一國之迷: Country vs. State」, 『讀書』 7.
強世功(2008b), 「一國之迷: 中國 vs. 帝國」, 『讀書』 8.
鄧小平(1993), 「要吸收國際的經驗」, 中共中央文獻編輯委員會 編, 『鄧小平文選』 제3권, 北京: 人民出版社.
레닌(1902), 『무엇을 할 것인가?(우리 운동의 절박한 문제들)』.
劉兆佳(2012), 『回歸十五年來香港特區管治及新政權建設』, 香港: 商務印書館.
마오쩌둥(1934), 『대중생활에 관심을 두고 사업방법에 주의를 기울이자』.
마오쩌둥(1938), 『신단계론』.
마오쩌둥(1941), 『우리의 학습을 개조하자』.
汪暉(1997), 「當代中國的思想狀況與現代性問題」, 『天涯』 5.
汪暉(2004), 『現代中國思想的興起』, 北京: 三聯書店.
汪暉(2008), 『去政治化的政治:短二十世紀的終結與九十年代』, 北京: 三聯書店.
汪暉(2013), 「全球政治的「代表性」危機與「後政黨的政治」」, 『文化縱橫』 1.
鄒讜(1994), 『二十世紀中國政治』, 香港: 牛津大學出版社.
項飆(2010), 「普通人的「國家」理論」, 『開放時代』 10.
Ian Scott(1989), *Political Change and the Crisis of Legitimacy in Hong Kong*(Hong Kong: Oxford University Press).

옮긴이의 말

이 글(『直面香港: 群眾運動中的民主訴求與政黨政治』, 項飆)은 2019년 범죄인 인도법 개정안에 반대하면서 홍콩에서 일어난 시위에 대한 글이 아니라 2014년에 홍콩에서 일어난 '우산운동'에 대한 글이다. 우산운동 직후인 2015년에 타이완에서 발표된 이 글은 비록 2019년 당시와 최근의 홍콩 시위 상황은 다루고 있지 않지만 2015년에 제기한 분석과 문제의식은 지금도 여전히 의미 있고 2019년 시위에 대한 분석이라고 해도 큰 무리가 없어 보인다. 이렇게 비슷하게 보이는 사건이 반복되는 것은 그에 대한 평가와 분석이 철저히 진행되지 못했기 때문이라고 생각할 수 있다. 그렇기 때문에 2019년 홍콩 시위에 대해서도 철저한 분석을 통해 근본적으로 문제를 해결하지 못한다면 이런 대규모 시위와 충돌은 언제든 또다시 일어날 수 있을 것이다.

대부분의 사회 현상이 그렇듯, 2014년과 2019년 홍콩에서 진행된 대규모 시위도 다각도에서 분석이 가능하다. 이 글도 그 중 하나인데, 이 글은 2014년 홍콩 시위의 사회·역사적 원인을 비교적 전면적으로 분석하고 있다. 특히 이 글은 홍콩 시위를 "추상적인 '민주', '독재'와 같은 범주에서 출발하는 것이 아니"라고 명확히 하고 있다. 이 글의 작성 동기가 드러나는 부분이다. 이 글에서 홍콩 시위의 배경으로 홍콩 경제 상황의 변화, 중국 본토의 권력-자본과 홍콩 사회의 왜곡된 유착, 중국 본토와 홍콩 사이의 정치적 관계의 문제로 인한 홍콩 시민들의 불안함과 불만, 홍콩 시민들의 경제적 열악함 등을 지목한 부분들은 매우 설득력 있다고 생각된다. 이러한 분석을 통해 홍콩 시위의 본질이 표면적으로 대두된 '민주'나 '자치'만의 문제가 아니라 보다 심층적인 원인이 있음을 파악할 수 있을 것이다. 2014년 홍콩 시위를 계기로, 1989년 중국 본토에서 일어난 '천안문 사건'을 성찰한 저자의 평가도 흥미롭다.

이 글의 저자인 샹뱌오 교수가 홍콩 시위를 분석하며 가장 관건적인 행위자로 중국공산당(중공) 혹은 중국 정부 - 이 둘은 저자가 글에서도 지적하고 있지만 당-국가 체제를 형성해 사실상 구분하기 어렵다 - 를 지목하고 있는 것도 공감이 가는 부분이다. 문제가 중공과 중국 정부에만 있다는 것이 아니라, 홍콩 시위를 통해 제기되는 문제들을 해결할 수 있는 가장 유력한 위치에 중공과 중국 정부가 있다는 의미이다. 2019년 다시 일어난 홍콩 시위는 여러 의미에서 2014년 이후 중공과 중국 정부의 대응이 적절하지 않았거나 근본적으로 해결하지 못했기 때문에 다시 터져 나온 것으로 볼 수도 있다. 무엇보다도, 비록 홍콩에는 '독자적인' 홍콩 정부가 있긴 하지만, 그래도 중국 정부는 홍콩을 책임지고 있는 중앙정부이다. 중공과 중국 정부는 홍콩 시민들의 좌절과 분노에서 비롯된 행동들을 비난하고 중국 본토 시민들과 홍콩 시민들의 대립을 방임하거나 심지어 부추기는 방식이 아니라, 적절한 분석을 통해 해결책을 제시하고 중재해야 할 임무가 있다. 평화시위만으로는 아무 것도 바꿀 수 없다는 홍콩 시위대의 절망감이 바로 "폭력" 시위의 토양이 되고 있다는 것을 받아들여야 한다. 이러한 상황에서 중공과 중국 정부를 중심으로 하는 샹뱌오 교수의 분석과 비판은 적절해 보인다. 문화대혁명 시기 중국에서 유행하던 말 중에 '조반유리(造反有理, 저항에는 이유가 있다)'라는 말이 있다. 이 말은 그동안 평탄치 않은 역사를 거치면서 이미 상당히 복잡한 맥락을 가진 말이 되어 버렸지만, 기본적으로는 권력에 대한 민중들의 저항은 언제나 진지하게 고려될 필요가 있다는 의미로 이해할 수 있다. 이 말을 '민중들의 저항은 항상 옳다'로 해석하기보다는 '민중들의 저항에는 다 이유가 있다'로 해석해서, 그 저항의 정치적 방향이 옳든 그르든 저항의 복잡하고 다층적인 맥락을 제대로 파악할 필요가 있다고 생각한다. 이러한 접근이 홍콩의 시위대를 비난하는(혹은 반대로 무비판적으로 옹호하는) 일보다 더 시급하고 중요해 보인다.

　이 글은 다양한 문제를 제기하고 있다. '일국양제'에 대한 평가와 새로운 접근, 1989년 '천안문 사건'에 대한 평가, 홍콩의 식민지 역사에 대한 해석 등 하나같이 만만치 않은 굵직한 문제들이다. 그리고 이러한 문제들을 관통하는 핵심에는 중국공산당과 중국 사회주의의 역사적 의미와 변화에 대한 평가가 있다고 할 수 있다. 이 모든 것 하나하나가 거대한 토론의 대상들이고 중국 내부에서도 다양한 관점과 의견이 제출되고 있는 쟁점들이다. (정치적으로 봉쇄되어 토론할 수 없는 문제들도 있지만) 예를 들어, 이 중에서 샹뱌오 교수는 '일국양제'에 대해 "중국 정부는 일국양제에서 '양제(兩制)'를 '중국 본토의 사회주의'와 '홍콩의 자본주의'라고 정의하고 있다. 하지만 이러한 정의는 현실과 전혀 부합하지 않는다"라고 말하고 있다. 이 부분에서 샹뱌오 교수는 '지금 중국은 사회주의인가, 자본주의인가'라는 질문을 직설적으로 던지고 있는 것으로 보인다. 중국 체제의 성격에 대해서는 세계적으로도 논쟁이 되고 있는데, 적어도 중국이 전형적인 사회주의 체제라고는 하기 힘들다면 – 이에 대해서는 중국 스스로도 '중국 특색의 사회주의' 혹은 '시장 주도의 사회주의'라고 주장하고 있다 – 일국양제에서 '양제'의 의미는 새롭게 해석될 필요가 있다. 그리고 홍콩의 식민지 역사에 대한 해석에 대해 샹뱌오 교수의 이 글에서는 그다지 다루고 있지 않지만, 중국 내부에서는 일국양제에서 '일국(一國)'을 더 강조하며 한때 서구의 식민지였던 홍콩의 '미완의 탈식민화' 문제를 지적하는 흐름도 있다. 이는 일정 정도 중국 본토의 도덕적 우위를 전제하면서, 심지어 홍콩 사람들은 스스로 선택하지도 않은 홍콩의 피식민 역사를 비난하는 사고방식이라는 느낌을 지울 수 없다. 이때 '탈식민화'는 홍콩의 '(피식민으로) 오염된 역사에 대한 정화'라는 의미를 강하게 갖는 듯하다. 이는 '탈식민화' 자체가 문제라기보다는 중국 본토의 탈식민화 문제는 성찰하지 못하면서 홍콩의 탈식민화 문제만 지적하는 것이 문제인 것으로 보인다. 홍콩만의 탈식민화 문제를 지적할 때 여기서 '탈식민화'는 무엇을 의미하는가. 이와 같이 이 글에서 제기하고 있는 문제들은 하나같이 크고 복잡하기 때문에 더 많은 토론이 필요하다.

　이와 같은 문제들은 조금만 변용한다면 한국 사회에도 그대로 적용이 가능하고, 심지어는 절박한 질문이 된다. 한국 사회는 87년 '민주화 운동'에 대해 적절한 분석과 평가를 남기고 있나. 큰 시위가 있을 때마다 '민주주의'는 여전히 종종 소환되고 있고 '민주화 이후의 민주주의' 등과 같은 담론들이 제기되고 있는 것을 보면 87년 '민주화 운동'에 대한 평가는 여전히 제한적이거나 한국 사회에서 민주주의는 '미완의 무언가'로 남아 있는 것 같다. 하지만 '민주주의의 미완'이 문제일까, 아니면 '민주주의'를 핵심이자 강령처럼 설정한 인식 자체가 문제인 걸까. 87년의 그 '거대사건'을 과연 '민주화'라는 담론틀로 온전히 담아낼 수 있을지 의문이다. 샹뱌오 교수는 1989년 '천안문 사건'에 대해 "1989년 중국의 사회운동이 실패한 것은 단지 그것이 진압됐기 때문이 아니라, 그 사회운동이 장기적 사회 변화의 역량으로 전화되지 못했기 때문이고 심지어 그러한 경험을 의미 있는 사상적 자원으로 만들지 못했기 때문"이라고 평가했다. 이와 같은 문제의식은 한국 사회에도 그대로 적용할 수 있다고 본다. 한국에서는 1987년의 '민주화 운동', 1996~1997년의 민주노총 총파업, 2008년 그리고 2016~2017년의 촛불집회를 통해 어떠한 사회 변화의 역량이 형성됐고 이를 어떠한 사상적 자원으로 활용하고 있는가.

　이뿐만 아니라 현재 중국과 홍콩이 겪고 있는 일국양제 문제는 남북 관계에도 큰 시사점을 던지고 있다. 남의 국가연합 통일안이든 북의 연방제 통일안이든 현재 중국과 홍콩의 문제는 상당 부분 남북이 이후

유사하게 겪게 될 가능성이 높아 보인다. 그렇다면 우리는 홍콩과 중국 본토가 겪고 있는 많은 어려움들을 통해 어떤 교훈을 얻어야 할 것인가. 우리는 남북의 어떠한 미래를 상상할 것인가. 홍콩과 중국 본토의 현재 상황은 중요한 참조점으로 삼을 수 있을 것이다.

그리고 샹뱌오 교수가 현재 중국공산당의 결정적 문제 중 하나로 제기한 정치 세력의 지도력과 군중노선 등의 문제에 대해 한국 사회는 어떤 고민을 구체적으로 갖고 있는지도 토론이 필요하다는 생각이 든다. '정치'와 '민주주의', 20세기 혁명의 역사 등을 어떻게 이해할 것인가. 또 사회주의가 일개 구호나 타/아(他/我)를 구분할 선명한 정치색으로서만 의미를 갖는 것이 아니라면, 의미 있는 인류 역사의 한 부분으로서의 사회주의, 그 중에서도 중국 사회주의 역사를 어떻게 볼 것이고 이러한 경험을 통해 우리는 어떤 교훈을 얻어야 하는가. 혹은 질문을 좀 다르게 던진다면, 역사적 교훈을 통해 우리는 어떻게 지금의 중국과 다른 '사회/주의'를 상상할 수 있는가 하는 문제가 제기될 필요가 있다고 생각한다.

마지막으로, 이 글은 훌륭한 글이지만, 다소 조심스럽거나 아쉬운 부분이 없지는 않다. 일단 눈에 띄는 부분으로, 문화대혁명과 중국공산당에 대한 평가가 다소 일면적이라는 느낌을 지울 수 없다. 다양하고 복잡한 역사적 맥락이 좀 더 풍부하게 드러나는 평가가 있었다면 더 좋았을 것 같다는 아쉬움이 든다. 그리고 홍콩의 역사와 홍콩 시위에 대한 평가도 좀 아쉽다. 홍콩 시위에서 보여준 홍콩 시민들의 능동성을 좀 더 적극적으로 평가할 수는 없을까. 그리고 홍콩 역사의 대표적 특징으로 '비정치성'을 드는 것도 좀 이해하기 어려운 부분이다. 홍콩 역시 오랜 식민지 역사를 거치면서 적지 않은 민중들의 저항이 있었고 중국 본토의 혁명과도 긴밀하게 상호작용이 있었던 것으로 알려지고 있기 때문이다. 또한 홍콩 경제 발전의 역사와 관련해서도 외부적으로 형성된 조건만으로 홍콩의 경제 발전을 평가하는 것은 전면적인 평가로서는 좀 부족해 보인다. 홍콩 사람들의 적극적 노력과 그에 상응하는 홍콩 정부의 능동적 정책이 없었다면 홍콩이 과연 이만한 경제 성과를 낼 수 있었을까.

중국은 외부에서 흔히 쉽게 상상하듯 어떠한 단일체가 아니다. 중국에도 다양한 목소리들이 있고 적지 않은 다양한 사회주의자 혹은 마르크스주의자들이 존재하고 또 사회에 대해 다양하고 진지한 토론들이 진행되고 있다. 그리고 토론에서는 생각보다 정치적으로 다양한 의견들이 개진되는 것을 볼 수 있다. 어떤 면에서는 한국 사회보다 더 과감한 의견들이 자유롭게 오가는 것 같기도 하다. 그 중 '일부'는 검열로 삭제되기도 하지만. 그리고 다수의 사람들(특히 젊은 세대)은 '사회주의' 중국에서 서구 자유주의적 사고방식을 갖고 주류를 형성하고 있는 것으로 보인다. 사실 무엇이 '자유주의 우파'이고 무엇이 '좌파'인지도 경계가 모호할 때가 많다. 이는 일견 모순적으로 보이기도 하지만 현재 중국 사회의 전체적인 작동 기제, 특히 일상 생활의 경제 구조나 사람들의 의식 구조 등을 생각하면 오히려 하나도 이상할 것이 없는 것처럼 느껴지기도 한다. 이에 더해 반제국주의의 의미를 상실한 민족주의가 확실히 중국 사회에서 점점 확산되고 있는 것 같다. 이러한 중국의 현실에서 샹뱌오 교수의 주장은 소수 중에서도 소수에 가까운 것으로 보인다. 중국 사회가 홍콩 문제를 해결하는 데 있어서 무능함에 가까운 한계를 보이는 것은 이와 같은 중국 현실의 여러 요소가 복합된 결과일 것이다. 2019년 홍콩 시위 현장에서 울려 퍼진 '임을 위한 행진곡' 등을 통해 홍콩과 한국과의 거리가 생각보다 가까웠다는 것을 어느 정도 체감할 수 있었다.

그리 멀지 않은 곳에서 동시대를 살아가고 있는 한국 사회는 홍콩과 중국 본토의 문제에 대해 어떻게 화답할 것인가.

* 이 글의 번역에서 홍콩의 인명과 지명은 칸토니즈 광둥어의 발음을 그대로 적용했다.

장정아(張禎娥)

인천대 중어중국학과 교수, 인천대 중국·화교문화연구소 소장, 문화인류학자. 주요 저서(공저)로 『Intangible Cultural Heritage in Contemporary China』, 『민간중국』, 『여성연구자, 선을 넘다』, 『경독(耕讀): 중국 촌락의 쇠퇴와 재건』, 『도시로 읽는 현대중국』, 『종족과 민족: 그 단일과 보편의 신화를 넘어서』, 『중국관행연구의 이론과 재구성』, 『아시아 인권의 현장담론』 등이 있다.

제6장 모든 것이 정치다:
2019년 홍콩 시위의 기억과 유산[1]

장정아

1. 우리는 스스로의 한계를 돌파해 왔다

'당신이 우리를 불태운다면 당신도 우리와 함께 불타게 될 것이다.' 2019년 홍콩의 범죄인 송환법 반대시위 과정에서 이 슬로건이 처음 등장했을 때 그것은 은유였다. 우리를 몰락시키고자 한다면 우리는 당신도 함께 몰락시킬 거라는 이 슬로건은, 중국과 홍콩의 관계에 대한 나름의 판단에 기반한 구호인 동시에 이번 싸움에 임하는 홍콩인들의 다짐이기도 했다. 이 은유가 처음 등장할 때만 해도, 얼마 후 홍콩 길거리와 지하철

---

[1] 이 글은 『황해문화』 2019년 겨울호(105호) 특집에 실렸던 글로, 당시의 시점에서 씌어진 글이다. 이 책의 다른 글들과 통일성을 기하고 당시의 현재성을 살리기 위해 거의 그대로 실었다. 2019~2020년 시위에 대해 그 후 국내외에서 나온 문헌들 소개는 주석에 추가했다.

역 곳곳이 실제로 매일 불타게 될 거라고 생각한 이는 아무도 없었다. 홍콩 역사상 가장 긴 시간 동안 길거리에서 폭력 충돌이 일어난 것은 1967년 '폭동' 때였다. 공장 파업을 경찰이 폭력진압한 데 대한 항의가 대륙의 문화대혁명 영향으로 거세지면서 폭동으로 발전한 이 사건은 반영(反英)폭동으로도 이름붙여졌다. 7개월 넘게 지속된 폭동 기간 사방에 폭탄이 날아다녔고 총과 구타와 방화로 50명이 넘게 사망했다.

그 후 또 한 번 사람들을 놀라게 만든 사건은 1989년 중국대륙에서 천안문사건이 일어난 직후인 6월 6일 밤 일어났다. 다음 날인 7일은 대륙에서 일어난 사건에 항의하며 홍콩에서 대규모 파업·휴점·수업거부와 대행진이 계획되어 있었고, 150만 명 이상의 역사상 최고 인원이 나올 것으로 예상되었다.

그런데 6일 밤 갑자기 일군의 사람들이 차에서 내리더니 건물과 차를 부수고 경찰을 공격하고 차를 불태우기 시작했다. 지금까지도 정체를 알 수 없는 그들을 당시 경찰은 밤새 진압했고, 행진 주최측은 7일 대행진이 자칫 이런 괴한들로 인해 혼란스러워질까봐 행진을 전격 취소했다. 홍콩인들의 '순수한' 마음과 상관없는 폭도들의 파괴행위가 '애국민주운동'을 훼손할 거라는 우려가 컸다.

67년에도 89년에도 홍콩인들에게 길거리 방화와 폭력 행위는 공산좌파 또는 의심스러운 폭도들만이 하는 공포스럽고 이질적인 행동이었고, 이런 행동으로부터 홍콩이라는 공간은 지켜져야 하는 곳이었다.

그러던 홍콩에서 오늘 이 순간에도 연일 방화와 충돌, 공공건물과 시설물 파괴가 벌어지고 있다. 날로 시위가 격해지던 10월 대파업을 제안한 이들은, 정치를 싫어하는 게 홍콩인의 본성이라 여겼으나 홍콩인이 스스로의 한계를 돌파해왔다며 "집회와 행진뿐이던 순민(順民)이 이제 시민 불복종운동을 하게 되었다"고 했다. 각종 여론조사에서는 비폭력을 선호하는 이들조차도 정부가 계속 민의에 응하지 않으면 시위대의 무력사용을 이해할 수 있다는 응답이 많았고, 폭력수단에 결코 동의하지 않는 이들도 시위대보다는 정부를 비난하는 목소리를 많이 내고 있다. 홍콩은 왜 이렇게 달라졌는가. 그 변화를 야기한 것은 어떤 새로운 물음인가. 보도블록과 돌을 던지고 불을 지르는 행위를 넘어 그들이 세상에 던진 새로운 메시지는 무엇인가.

2. 홍콩은 누구의 도시인가

이번 시위가 그동안의 홍콩 운동과 차별화되며 주목받은 점 중 하나는 국제 여론의 적극적 활용이다. G20 정상회의를 앞두고 온라인에서 제안한 모금운동에 몇 시간 만에 약 1,400만 홍콩달러(22억 원)가 모여 세계 10여 개 나라의 20여 개 신문에 광고를 실었고, 미국과 유럽에 직접 가서 지지를 호소하며 강연과 좌담회와 의회 연설을 했다. 백악관에도 수많은 청원을 올렸고 홍콩의 각국 영사관 앞을 돌며 마라톤 집회도 했다. 네티즌의 제안으로 영국 의회에서 중국을 비판하는 성명에 초당파 의원 55명의 연대서명을 사상 최초로 받아내기도 했다. 공항에서 몇 번 벌인 시위는 안전한 장소에서 평화적으로 외국인들에게 알리려는 것이었다. 홍콩 정부와 중국 정부만을 대상으로 요구하던 방식을 넘어 국제적 시선을 끌고 들어왔다는 점에서 이번 시위는 운동방식의 돌파였을 뿐 아니라, 홍콩이 중국만의 도시가 아니고 국제적 도시라는 선언이요, 중국의 여러 도시 중 하나에 불과하지 않다는 주장이기도 했다.

홍콩은 과거에도 현재도 항상 많은 외국인과 외국 회사가 와서 일하며 사는 곳이다. 지금도 30만여 명의 캐나다인과 9만여 명의 미국인이 홍콩에 살고 있으며, 미국 기업의 홍콩 지부와 홍콩 사무실은 700개가 넘고 홍콩에서 사업을 하는 미국 회사도 1,000개가 넘는다. 이번 송환법은 '중국 국적' 홍콩인만의 문제가 아니라 홍콩에 살고 있는 여러 나라 사람들의 문제이자 전세계의 문제임을 알리고, 홍콩의 위험이 홍콩만의 위험이 아님을 알리려는 시위대의 전략은 분명한 현실에 기반하고 있었다.

특히 시위대는 미국 의회의 '홍콩 인권민주주의 법안' 통과에 많은 노력을 기울였다. 이미 상·하원을 통과하고, 트럼프 대통령의 서명까지 마친 이 법안은, 홍콩의 자치에 훼손을 가한 홍콩 관원과 인물들의 미국 자산을 동결하고 미국 비자도 거부하며, 매년 홍콩의 자치상황에 대한 보고서를 미국 의회가 작성하여 자치가 침해받고 있다고 판단되면 홍콩의 독립관세구 지위 박탈 등의 조치를 취할 수 있도록 하는 법안이다.

중국이 내정간섭이라고 거세게 비난하는 이런 법안을 미국 의회가 논의하는 이유는, 그동안 미국은 홍콩이 자치를 누린다는 걸 전제로 홍콩에 대해 관세·투자·비자발급·법 집행 등에서 중국과 다른 특별대우를 해왔기 때문이다. 그 근거인 미국의 홍콩정책법(1992년 제정)은 홍콩이 국제적 금융·물류 허브가 되는 데 큰 역할을 했다. 미국은 이 특별대우의 전제조건인 홍콩의 자치가 침해받는다면 더이상 홍콩에 대해 중국과 다른 대우를 할 필요가 없다고 함으로써 중국에 압박을 가하려는 것이다. 여전히 국제 금융중심지로서 중국 투자의 관문이자 자본 조달 창구인 홍콩이 만일 미국으로부터 이런 특수 지위를 박탈당하면 홍콩만이 아니라 중국에게도 타격이 클 것이고, 바로 이 점이 홍콩 시위대가 '함께 불타면 누구에게 더 피해가 큰지 한번 끝까지 해보자'고 나오는 배경이기도 하다.

성조기를 들고 나온 홍콩 시위대의 모습에 한국을 비롯한 외국에서는 놀랐고 그 의미를 해석하기에 분주했다. 홍콩 내에서도 외국, 특히 미국의 도움에 너무 의존하면 안 된다며 위험성을 지적하는 목소리가 없지는 않았다.[2] 그러나 그동안 여러 국가들의 정치게임 속에서 피동적으로 이용만 당하던 홍콩이 이제 주체적으로 다른 국가들을 활용한다는 데서 의미를 찾는 이들도 있었고, 무엇보다 점점 경찰의 폭력 수위가 높아지는 상황에서 절박해진 대부분의 홍콩인은 홍콩 관원을 직접 제재할 수 있도록 외국의 도움을 청하는 데 크게 반대할 이유가 없었다. 직접 성조기를 들고 집회에 나올 정도로 적극적 찬성을 하는 이는 소수였더라도, 대부분은 그렇게 해서라도 홍콩 상황에 출구가 보이길 희망했다. 필자는 성조기의 등장 그리고 조슈아 윙 등의 활동가들이 미국 의회에 가서 도움을 직접 요청하는 것에 놀라 홍콩 지인들에게 우려를 표한 적이 있다. 한 활동가는 "이것마저 못 해낸다면 이제 우리가 할 수 있는 건 아무것도 없는 것 같다"고 답했고, 거의 대부분의 시위에 참여한 50대 예술가는 필자에게 이렇게 답했다.

"나 같은 전통적 좌익은 아우룽위와 마찬가지로, 미국에 기대는 거 별로 좋아하지 않는다. 그래서 미국 영사관 시위엔 안 갔다. 그러나 조

---

[2] 아우룽위(區龍宇)는 이 법안이 홍콩이 아닌 미국의 국가이익을 위한 것이라고 지적하며 '홍콩 인권을 미국 외교정책에 묶어놓는 이런 법안을 홍콩 민주파가 왜 무조건 지지해야 하는가? 미국의 국가이익이 인민의 이익과 같을 수 없음을 기억하자'고 했다("外國勢力的配對哲學",「明報」, 2019.9.12.). 아우룽위와 같은 입장에서 홍콩 운동이 미국에 의존할 때의 위험성을 지적한 글로 "미국의 '홍콩인권법'을 우려한다: 미국의 '홍콩 인권 및 민주주의 법안'(HKHRDA)에 대한 비판적 분석」(流傘(Lausan), "Hong Kong Human Rights and Democracy Act: a critical analysis", *Lausan Collective*, 2019.9.15.", 홍명교 옮김,「프레시안」2019.10.17.이 있다.

슈아 웡이 외국에 어딜 가서 의견을 표명하든 그건 반대 안 한다. 이번 운동에서 특히 젊은이들이 친중이기보다 친미에 가까운 태도인 걸 내가 비록 공감하진 않지만 이해가 안 가는 건 아니다. 얼마 전 티벳 독립 지지자들에게 내가 왜 미국에 자꾸 가까워지냐고 묻자 그들이, 중국이 저렇게 나오는데 미국과 가까이 하면 안 되냐고 묻더라. 지금은 전략적으로 그럴 수밖에 없는 상황인 것 같다.

난 사실 웡의 국제행동에 대해 큰 반감은 없다. 왜냐하면 누구도 누구를 대표하지 않는 이번 운동에서 그는 군중으로부터 권한을 위임받은 게 아니고 그냥 본인이 뭘 하든 상관없기 때문이다. 또 그런 행동들은 나중에 망명 등 어떤 희생이나 대가를 치러야 할지 모른다. 그들은 스스로 행동하고 스스로 그런 대가도 치를 것이다. 남들이 뭐라 할 이유가 없다. 중앙무대가 없는 이번 운동에서 각자가 자신의 방식으로 운동에 참가하는 것이야말로 진정한 운동의 정신이다."

홍콩인 시위행렬에서 휘날리던 성조기의 의미는 복합적으로 봐야한다. 홍콩의 이번 행동은 미국에 의존하는 것이라기보다 홍콩의 독특한 지위를 활용하여 중국을 압박하려 한 것이고, 더 나아가 홍콩이 누구의 도시인가, 홍콩이 갖고 있는 이런 독특함의 상실은 정말 홍콩에게만 불행인가 하는 질문을 던지는 것이었다.[3] 이렇듯 복잡한 상황을 안고 있는 홍콩 시위를 단지 중국에 맞서 이기느냐 지느냐의 문제로 보는 건 지극히 단순한 시각일 뿐 아니라 상황을 제대로 볼 수도 없게 만든다. 이번

---

3 그러나 국제 시민사회보다 미국이라는 특정 국가에 도움을 요청한 것이 과연 장기적으로도 최선이었는가, 그런 행동전략이 보여주는 가치의 한계에 대해선 충분히 토론했는가 하는 문제는 무겁게 남아있다.

에 드러났듯 국제 정세는 중국과 홍콩의 관계에서 역할이 점점 커지고 있고 역학관계는 계속 새로운 변수를 만들어낼 것이다.[4] 또 중국과 홍콩의 관계만 변화하는 게 아니라 어떤 중국인지, 어떤 홍콩인지도 고정되어 있지 않다. 한국에서 주로 초점을 맞추는 중국과 홍콩의 양자관계 특히 승패 프레임은, 어떤 중국과 어떤 홍콩이 어떻게 만나며 변화를 만들어내는지를 결코 정확히 포착할 수 없다.

3. 중국대륙과 홍콩: 좌절된 접속들

2019년은 홍콩의 중국반환 이후 중국에 대한 홍콩인들의 반감이 가장 강렬해진 해로 기억될 것이다. 반환 후 계속되어온 정체성 조사에서 올해(2019년) 중국인 정체성은 역대 최저를, 홍콩인 정체성은 역대 최고를 기록했다. 한국을 비롯한 국제 언론보도에서도 반중 정서가 가장 큰 초점이었다. 중국의 압박은 거세졌고 홍콩 지도자는 자기 마음대로 할 수 있는 게 아무것도 없다고 토로했으며, 중국 국경절에는 18살 홍콩 소년이 경찰의 실탄에 맞았다. 방문비자로 홍콩에 와서 홍콩인들에게 폭력을 가하는 중국대륙인들에게 맞거나 찔려 다치는 홍콩 시민이 늘어날수록, 중국에 대한 미움은 커질 수밖에 없었다.

한국 언론에선 잘 볼 수 없었지만, 중국대륙인과 홍콩인은 사실 서

---

[4] 홍콩 시위와 대만 정세의 관계에 대해선 공유식(2019), "홍콩시위와 대만 정세", 「동서중국」 웹진 6호 참고. 정규식은 동아시아 권역적 사유 속에서 홍콩 시위를 바라볼 것을 제안하였다. 정규식, "홍콩 '범죄인 인도법' 반대 시위가 말해주는 것들", 「프레시안」, 2019.6.21.

로를 향해 계속 말을 건네고 있었다.⁵ 시위 초반 '항쟁은 출신을 따지지 않는다'는 플래카드를 들고 참여한 이들은 대륙에서 이주해온 신이민들이었다. 홍콩의 '아줌마' 이름으로 연대서명한 여성들은 송환법 반대성명을 발표하며 대륙의 '아줌마'들에게 손길을 내밀었다.

> "우리는 중국대륙의 아줌마들이 억울한 일을 당하곤 한다는 걸 안다. 인권변호사 남편이 갑자기 실종되어도 법정 재판에 가볼 수도 없고 감옥에 면회도 못 간다는 걸 안다. 강제로 불법구금되기도 한다는 걸 안다. 우리는 그들에게 존경과 지지를 보내며, 우리가 그런 일을 당하는 다음 사람이 되길 원치 않는다."

심지어 희생을 감수하며 홍콩 시위에 지지를 공개적으로 드러낸 대륙인도 꾸준히 있었다. 지지를 표시했다는 것만으로 잡혀간 시민도, 교수도 있으며, 홍콩시위를 취재하고서 우호적으로 기사를 쓴 기자도 잡혀갔다. 한 익명의 홍콩인은 시위가 격해지기 시작하던 8월 대륙 동포에게 공개 서한을 썼다.

> 이번 항쟁에 대해 당신들에게 어떤 설명도 미리 하지 못한 걸 깊이 사과드린다. 이번 풍파가 이렇게까지 대규모 항쟁으로 발전할 거라고

---

5 박민희 기자는 홍콩 시위에서 희망을 발견하며 숨죽여 응원하는 중국 대륙인들의 목소리를 전한 바 있다("우리는 모두 홍콩인이다", 「한겨레」, 2019.6.16.). 조문영의 글은 중국과 홍콩 사이에 이뤄져왔던 연대를 상기시켰고("1997년 베이징, 2019년 홍콩", 「한겨레」, 2019.10.23.), 진철군의 글은 다양한 중국인의 목소리를 전하며 중국인과 홍콩인이 공동의 아젠다로 연대할 가능성을 제시하기도 했다("홍콩을 바라보는 우리의 눈, 틀렸다", 「프레시안」, 2019.7.24.)

아무도 예상 못했기에, 대륙의 동포들에게 미리 설명할 생각을 하지 못했다. 우리 항쟁은 홍콩 독립을 위한 항쟁도 아니요, 홍콩과 대륙을 분리시키려는 항쟁도 아니다. 이것은 바로 용감하고 정직하고 선량한 대륙 동포들이 30년 전 천안문광장 바깥에 남긴 회한과 선혈과 눈물의 세례를 받고 생겨난 항쟁이다.

"시위하러 천안문광장 가요."

"왜요?"

"이게 내가 할 일이니까요"

30년 전 머리에 빨간 띠를 두르고 자전거를 밟던 북경대학생과 기자의 대화가 카메라에 기록된 그 장면. 지금까지도 우리 홍콩인에게 그 장면은 널리 전해지고 있다. 우리가 오늘 싸우는 것은 그 무엇 때문도 아니요, 바로 홍콩인이 1989년 6월 4일 그날 밤부터 대륙 동포와 분리되어본 적이 없기 때문이다.

이번 항쟁은 어쩌면 홍콩인의 최후의 항쟁일지도 모른다. 이번 항쟁이 실패하고 나면 이제 홍콩인이라는 정체성과 집단은 빠르게 역사의 강물 속으로 사라져버릴지도 모른다. 그러나 대륙 동포들이여, 홍콩의 항쟁자들이 한 번도 당신의 적(敵)이 아니었음을 기억해주길 바란다. 이 모든 것은 어쩌면 30년 전 그날 밤 용감하고 정직하고 선량하던 중국 동포들이 죽어가면서 남긴 분부로 인한 숙명인지도 모른다. 그러나 이 숙명은 저주가 아니다. 그리고 이 횃불은 계속 전해질 것이다.

슬프게도 이렇게 서로를 향해 끊임없이 발신한 메시지들은 상대에게 잘 가닿지 못했다. 홍콩 시위를 지지한다는 이유만으로 끌려간 대륙인들이 있다는 사실을 아는 홍콩인은 많지 않다. 홍콩인의 눈에 보이는 대륙인은 홍콩에 와서 홍콩인들에게 테러를 가하는 이들뿐이다. 대륙 동포에게 설명을 못해 미안하다며 사과하고 우리는 결코 당신의 적이 아님을 기억해달라는 홍콩인의 편지를 아는 대륙인은 거의 없다. 그들의 눈에 보이는 홍콩 시위는 미국을 등에 업고 중국의 분열을 시도하는 홍콩 독립분자들의 폭력시위일 뿐이다. 후반부로 가면서 대륙인과 홍콩인에겐 서로에 대한 미움만 남겨지고 있다. 홍콩에 사는 대륙 이주민 중 시위에 대해 우호적 발언을 하거나 경찰폭력을 비판하는 이들도 있지만, 이들은 중국 대륙에 이름과 사진과 연락처가 공개되어 공격 타깃이 된다.

천안문사건 30주년인 올해(2019년), 송환법 반대운동 직전의 홍콩에선 천안문사건을 어떻게 추모할 것인가에 대해 어느 때보다 많은 토론이 나오고 있었다.[6] 중국대륙에서 천안문광장에 나왔던 그들이 추구하던 가치와 우리가 추구할 가치는 어떻게 같고 다른가, 우리는 어떤 가치를 위해 죽을 수 있는가 하는 토론이 시작되던 즈음 벌어진 시위로 중국의 압박이 거세지면서, 토론의 공간은 좁아졌고 대륙과의 거리는 다시 멀어지고 있다. 물 공급을 끊겠다는 위협도 심심찮게 내걸며 모든 수단을 동원해 홍콩인들을 압박해오는 중국에 대해, 홍콩인으로선 공산독재정권이라는 규정 외에 다른 상상을 하기 어려워졌다. 이것은 중국도 원치 않던 상황이다. 홍콩은 반중(反中)이라는 가치가 전부일 수도 없고 전부여서도 안 되며, 그것을 넘어서는 가치를 만들어왔고 만들어나갈 공간이다. 그러나 생명까지 위협하는 전방위적 압박 속에서 모든 상상이 중국에 대한 반감과 거부로 수렴되고 있는 현재의 상황은, 홍콩뿐 아니라 중국에게도 비극이다.

---

[6] 홍콩사회와 천안문사건이 서로에게 가지는 특별한 의미에 대해서는 하남석, "되살아나는 홍콩의 '천안문 트라우마'", 「한겨레」, 2019.8.3. 참고.

4. 모든 것이 정치다: 환상이 깨진 자리에서

"홍콩은 여전히 내가 자랑스러워할 만한 곳인가." 2019년 시위 과정에서 홍콩의 운동선수들이 던진 질문이다.

> "체육은 체육이고 정치는 정치라는 말을 우리는 입에 달고 산다. 그러나 홍콩을 대표하여 좋은 성적을 내야 하는 우리는 지금, 우리가 단휘장이 대표하는 홍콩이 과연 여전히 우리가 자랑스러워할 만한 그 홍콩인지 의문을 던지지 않을 수 없다."

2019년 홍콩에선, 정치가 아닌 것은 없다는 생각이 퍼져가고 있다. 세계적 상업도시이자 쇼핑도시인 홍콩, 쾌적함과 깔끔함과 효율성이 자랑이던 홍콩 곳곳이 이번 시위 기간 후반부에는 거의 매일 핏자국으로 얼룩졌다. 정부에 대한 항의의 표시로 학교 앞에서 인간띠잇기를 하려던 중고등학생들도 경찰과 괴한들에게 공격을 당했다. 14살 소년을 비롯, 3명이 경찰의 실탄에 맞았다. 쇼핑몰 안에도 지하철 안에도 조폭과 경찰의 구타로

그림 01 시위에 못 나가는 사람이 시위 대신 매일 할 수 있는 일 목록을 야쿠르트 모양으로 만든 홍보물

그림 02 소망을 담은 메모지를 붙여 홍콩 곳곳에 만든 '레논벽'은 수시로 누군가에 의해 훼손되고 시민들에 의해 다시 복구되고 있다. 사진 속 레논벽엔 포스터와 전단지들이 찢겨지고 배설물이 묻어있다. (2019년 필자 촬영)

핏자국이 선명하게 남았다. 안온함을 주던 일상적 공간, 특히 소비의 공간조차도 더이상 안전하지도 편안하지도 않다.

영국 식민통치 시절 1967년 폭동을 비롯한 몇 번의 사건을 거치며 식민정부는 민주를 주지 않는 대신 눈부신 국제상업도시 시스템을 건설했고, 홍콩인들은 그것이 주는 안온함으로도 자랑스러워했다. 1970년대부터 경제발전과 함께 점점 갖춰진 청렴하고 전문적인 정부와 경찰은 아시아 최고라는 명성도 얻었다. 그러나 2019년을 계기로, 시민의 직접적 참여가 보장되지 않아도 충분히 현대적이고 국제적이고 합리적인 도시를 건설해냈다는 생각은 더이상 유효하지 않게 되었다. 시민에게 무차별 폭력을 행사하는 경찰과 정부는 아시아 최고의 시스템을 가졌다는 자부심이 환상에 불과했음을 깨닫게 해줬고, 그 폭력에 대한 대응으로 시위대는 홍콩의 자랑이던 것들을 겨냥해 훼손행위를 했다. 67폭동 직후 만들어 세계적으로 유명해진 염정공서(廉政公署ICAC, 반부패 수사기구) 표지판 위에 최근 시위대는 "당신은 어디 있는가?"라고 써놓았다.

수십 개 부서의 공무원 수백 명은 연대서명으로 정부가 시민의 요구에 응할 것을 요구했다. 정부를 홍보·선전하는 부서 공무원들조차도 "현재 국면에선 중립을 선택할 수 없다. 공무원은 인민의 공복으로서 소수의 정부 고위층이 아닌 시민을 위해 복무해야 한다. 우리는 모두 높은 벽 위에 있는 달걀이다. 달걀과 높은 벽 사이에서 우리는 영원히 달걀 편에 설 것이며, 달걀을 보호하는 높은 벽이 되길 희망한다"는 성명을 발표했다. 병원에 경찰이 함부로 들어오거나 다친 시위대 정보를 알아내 체포해가는 일이 발생하자 의료인들도 집회와 연대서명으로 항의하고 있다. 지하철공사는 지하철 안에서 조폭과 경찰에 의해 두 번의 참담한 테러가 발생했을 때 시민을 보호하기 위한 조치를 취하지 않고 CCTV 공개도 거부했을 뿐 아니라, 시위가 예정된 날에는 경찰의 요청에 따라 일찍부터 지하철역들을 대거 폐쇄하고 지하철 운행을 안 하면서도 경찰을 호송하곤 하여 거센 비난을 받는다. 지하철 차장들의 연대서명도 있었지만 이제 지하철역은 집중적인 방화와 파괴행위의 대상이 되었고 시민들은 지하철 안 타기 운동을 벌인다. 이용할 교통수단의 선택도 정치적 행위가 되었다.

어떤 가게에 가서 무엇을 먹고 무엇을 사는지도 더이상 당연하지도 사소하지도 않다. 시위대는 점포들을 분류하여 어떤 점포는 어떤 종류의 파괴행위를 하고 어떤 점포는 적극 지지할지 제시한다. 중국자본 은행은 물론이고 일반 점포들도 소유자와 운영자 정보가 낱낱이 공개되고, 시민들은 어디에서 어떤 소비를 할지 매일 매순간의 행동에 대해 판단하고 결정하기 시작했다. 그동안 산발적으로 이뤄져온 '더 좋은 삶과 우리가 원하는 도시'에 대한 토론(장정아, 2013), 그리고 자생적 경제체계 구축을 통해 대자본의 독점에 문제제기하는 것[7]을 넘어서 이제 일상의 모든 것

---

[7] 김주영(2019, 2020)은 홍콩의 사회주택 운영과정에서 '부동산 패권'이란 구

그림 03 중년 시민이 들고 있는 글: "오늘의 청년이 홍콩을 위해 희생을 치렀는데 문제가 안 끝나니, 몇 년 후 길거리에 나오는 건 다음 세대일 것이다." (2019년 필자 촬영)

이 정치라는 선언을 하고 있다. 자본주의 체제를 정면으로 겨냥하는 것은 아니지만, 홍콩의 수많은 사회·경제 문제를 야기한 정치·경제 시스템과 독점구조에 대한 분노와 불만은 분명해지고 있다.

시위가 점점 격해지면서 두려움 또는 폭력에 대한 입장 차이로 시위에 못 나오는 사람들이 일상에서 할 수 있는 일에 대한 가이드라인도 계속 제시된다.

무력감을 느낀다면 힘들게 시위 나오지 말고 2주간 이런 도전을 해보세요: 지하철 안 타기, 필수품 아니면 2주 동안 물건 안 사기, 물건을 사더라도 작은 가게 또는 시위를 지지하는 가게에 가기, 중국대륙 물건 불매, 시위에 안 나오는 대신 레논벽에 메모지 붙이거나 홍보하거나 돈모으는 일 참여하기. 이런 행동들로도 홍콩 지하철공사와 프랜

조적 모순이 어떻게 개인-공동체적 차원의 의제로 수렴되는지를 보여준다.

차이즈 가게들에 타격을 가할 수 있고, 많은 물질이 없이도 편하다는 걸 깨닫게 됩니다.

복면금지법 시행 이후엔, 시위 안 나가는 사람들도 시위대를 돕기 위해 외출시 마스크 쓰기, 입장이 달라도 서로 비난 안 하기, 팩트체크된 정보들 전달하기, 홍보하기, 물자 나르기, 시위대들 밤에 집에 데려다주기, 수업은 거부하되 공부는 하기 등을 매일 하자고 서로 격려하고 있다. 일상 속 정치 실천에 대한 인식은 2014년 우산운동 때도 생겨났지만, 우산운동은 패배 이후 지나치게 낭만적으로만 복기되었다(후이 보경, 2015). 모두가 '각성'하고 평화롭게 협력한 아름다운 시기로 회상되는 데 멈춘 우산운동에 비해, 2019년 시위는 낭만적으로 복기되기엔 너무 격렬해졌다. 그래서 환상은 더욱 철저히 깨졌고, 일상 속 정치에 대한 각성은 명료하고 광범해졌다. 이 각성이 홍콩을 어떻게 앞으로 지속적으로 바꿔놓을지에 주목해야 한다.

5. 몫 없는 이들, 그 각자의 이름으로

시위대의 행동 수위가 높아지던 8월 홍콩 행정수반 캐리 람은 기자회견에서 젊은 시위대를 '몫 없는 이들'로 명명했다.

> "많은 홍콩인에게 경제는 매우 중요한데 극히 소수만이 경제를 파괴하는 걸 개의치 않는다. 그토록 많은 이들이 함께 건설한 이 사회에 몫이 없는 그들은 폭력적 방식과 방해행위로 홍콩 경제와 일상생활을 파괴하고 있다."

거센 논란을 야기한 지도자의 이 발언은, 시위의 주요 세력인 젊은이들이 사회에 '기여'한 게 없으면서 파괴를 일삼고 있다는 인식을 드러냈다.

사실 이번 시위는 젊은층, 특히 10대가 대거 나온 점에서 주목받았지만 젊은이들만 참여한 건 아니다. 초반부터 여러 연령대가 함께 나왔고 지금도 대규모 행진 때는 그러하다. 흰머리 '은발족'의 행진은 계속 이어지고 있고, 6월 첫 며칠간 청년들이 최루탄과 곤봉에 맞자 어른들이 "젊은이들이여, 우리가 늦게 나와서 미안하다, 이제 무서워 마라"고 말하며 뛰쳐나와 지금도 곳곳에서 돕고 있다. 나이든 자원봉사자들은 최루탄 속에서 뛰어다니며 경찰에 맞아가면서도 젊은이들을 돌본다. 다만 시위 기간이 길어지고 점점 행동 수위가 높아지고 다양한 게릴라식 행동이 많아지면서 젊은 참여자의 비중이 커진 것이다.

이번 시위의 슬로건 중 하나는 '다음 세대를 위하여'이다. 민주가 보장되지 않았던 식민시절, 홍콩인의 의사와 상관없이 주권이 양도되던 시기, 그리고 반환 후 20여 년, 이 기나긴 시간 동안 어른 세대는 왜 더 노력하고 싸우지 않았는가, 왜 민주와 자유를 노력으로 얻지 않고 통치자가 그저 정치적 고려에 따라 선물처럼 조금씩 주는 것으로도 충분하다고 여겼는가 하는 질문을 청년들은 우산운동 때부터 던져왔다. 이제 곤봉과 물대포와 고무탄총과 실탄총 앞에서 매일 싸워야 하는 2019년, 그 질문의 무게는 어느 때보다도 커지고 있다. 바로 그렇기에 젊은이들은 다음 세대를 위해 끝까지 싸울 수밖에 없다.

> "정말 슬픈 건 중고등학생들이 시위대 맨 앞에 있다는 사실이다. 난 매번 그들에게 물러나라고 권하려 시도하고, 만일 안 물러나면 그들을 붙잡아서 가게 만들기도 한다. 나는 그들에게 설명할 때, '이건 연령 차별이 아니라 너야말로 우리가 가장 지키고 싶은 세대이기 때문'

이라고 이야기한다."(시위대 맨 앞에서 싸우는 20대 청년의 인터뷰)[8]

현실이 냉혹할수록, 아주 작은 변화도 스스로 노력하지 않으면 얻을 수 없다는 청년들의 인식은 분명해진다. 그런 점에서, 홍콩 젊은이들이 시위에 나오는 이유가 심한 빈부격차와 비싼 집값 그리고 취업난 등의 경제문제라는 국내 언론 보도들은 현실의 극히 일부만을 설명하고 있다. 언제 어디서나 경제 문제는 중요하다. 그러나 그렇게만 이야기하면, 지금 홍콩의 젊은이들이 경제문제를 통해 어떤 문제제기로까지 나아가는지를 보지 못하게 된다.[9]

이번 시위는 경제문제가 정치문제와 직결되어 있음을 분명히 인식하게 해줬다. 홍콩의 경제문제는 경제질서와 독점구조의 문제라는 공감대가 크게 퍼졌고, 홍콩인을 위한 경제질서를 어떻게 만들 것인가, 화려한 쇼핑몰과 체인점과 수많은 금은방이 과연 우리가 원하는 홍콩인가,

---

8 "第一批衝入立法會 最前線抗爭少年的自白 : 我有心理準備隨時會死",「立場新聞」, 2019.7.12. 이 인터뷰를 한 청년은 반환기념일인 7월 1일 의회에 맨 앞에서 난입해 들어간 사람이다. 모두에게 충격을 준 그날의 의회 난입사건은 '누구도 다른 이를 포기하지 않는 운동'을 만들어내는 분수령이 되었다. 장정아, "서로를 포기하지 않는 운동: 홍콩 시위가 남긴 것",「월간 워커스」 57호, 2019.7.29; Viv Chou, "謝謝香港 一場沒有人會放棄另一個人的社會運動",「立場新聞」, 2019.7.3.

9 김한주·정은희, "홍콩 경제 불평등이 만든 청년의 '엔드게임'",「월간 워커스」 59호, 2019.10.3; 문흥호, "[차이나인사이트] 덩샤오핑의 약속, 홍콩의 일국양제는 지속가능한가",「중앙일보」, 2019.7.24; 박세준(2019), "끝나지 않은 홍콩 시위의 미래",「동서중국」 웹진 6호 등은 홍콩 청년의 분노가 경제적 불평등뿐 아니라 그것을 야기한 정치 시스템과 기형적 산업구조 등 복합적 요인에서 기인함을 지적하였다.

그걸 거부한다면 우린 정말 생활습관부터 바꿔나갈 수 있는가, 불편함을 얼마나 감수할 수 있는가 하는 성찰이 본격적으로 시작되었다. 주거 문제도 단순히 비싼 집값에 대한 불만에 그치지 않고, 집을 지을 토지의 부족 문제가 알고 보니 식민역사와 관련되는 정치적 문제였다는 점도 더 널리 알려지고 있다.[10]

경제정책 관련 법안들을 시민의 반대와 상관없이 항상 통과시키는 의회(立法會)는 식민시절 만들어진 기형적 제도로 인해 민의를 왜곡시키는 구조로 되어 있다. 복잡하게 만들어진 직능대표제(功能界別)로 선출되는 의석은 의회 전체의 반을 차지하는데, 행사하는 표의 영향력이 철저히 사회경제적 자원에 따라 차이가 현저하다. 행정수반 선거위원회에도 영향을 끼치는 이 기형적 선거제도는 홍콩의 정치와 사회를 왜곡시키는 핵심으로 지목되며 폐지 요구가 계속되어 왔지만, 영국 정부도 그랬듯 반환 후 중국 정부도 너무나 편리한 통치도구인 이 제도를 결코 쉽게 포기하지 않을 것이다.

개인의 사회경제적 자원이 의회와 행정수반 선거에 결정적 영향력을 끼치는 구조 속에서 홍콩의 경제정책은 결정되고 있다. 경제는 정치다. 그것을 깨닫고 있는 젊은이들을 향해, 경제건설에 공헌하지 않은, 못 없는 이들이 파괴를 일삼고 있다고 비난한 지도자의 발언은 분노를 폭발시킬 수밖에 없다. 이 발언은 사실 영국 식민시절부터 홍콩인들에게

---

10 Alice Poon(2011), *Land and the Ruling Class in Hong Kong*(Enrich Professional Pub); Alice Poon and Brian Ng, "How real estate hegemony looms behind Hong Kong's unrest: An interview with Alice Poon", *Lausan Collective*, 2019.11.6.("https//url.kr/264fy9")(홍명교 옮김, "홍콩 불안의 이면에서 부동산 헤게모니는 어떻게 드러나는가: 『홍콩 토지와 지배계급』 저자와의 대화", 「플랫폼C 사이트」, 2019.11.21.(https://url.kr/liufvx)); 장정아(2018).

매우 익숙한 논리였다. 경제건설에 공헌하지 않았으면 정당한 요구를 할 권리가 없다는 건 홍콩에 팽배한 주류 담론이었고, 바로 이런 논리로 중국에서 온 이주민들은 경멸과 비난의 대상이 되어왔다(鄭宏泰·黃紹倫, 2003; 谷淑美, 2001; 장정아, 2002).

열심히 일한 이들만이 정당한 시민이고 복지 권리가 있다는 오래된 담론을 오늘 홍콩 시민들은 넘어서고 있다. 캐리 람의 발언에 대한 거센 분노와 반발에서 우리는, 시민권이 경제적 기여에서 나온다는 관념에 대한 거부, 그리고 민주는 누구나 몫(지분)을 가지고 평등하게 참여하는 것이라는 선언을 읽어낼 수 있다. 단지 취업이 안 되어서, 경제적 박탈을 느껴서 젊은이들이 길거리에 나왔다고 이야기하면, 새롭게 생겨나고 있는 주장과 가치를 보지 못하게 된다.

현재 출구는 잘 보이지 않는다. 또 이번 시위 과정에서 거세진 대륙인과 대륙 이주민에 대한 반감 그리고 홍콩 내의 소수 인종을 비롯한 여러 '몫없는 이들'과의 연대에 소홀했던 점은 큰 과제로 남겨졌다. 그러나 일상 속 정치에 대한 인식과 실천이 확장되고 다양한 개인과 집단이 정치주체로 등장한 2019년 시위는 홍콩에 중요한 기억과 유산으로 남을 것이다.[11] 우산운동 이후 5년간의 극심한 분열로 더이상 어떤 운동도 불

---

[11] 한국에서 언론을 비롯한 많은 이들은 홍콩이 우리에게서 민주화운동을 배웠다고 강조하고 싶어한다. 이런 이야기가 위험한 이유는, 정확한 사실이 아닐 뿐 아니라 우리 사회에 남아 있는 문제를 간과하게 만들기 때문이다. 우리가 과연 일상 속 민주화가 무엇인지 제대로 토론하고 실천하는 사회라고 할 수 있는가? 올해 홍콩의 시위는 오히려 여러 면에서 우리가 배우고 생각할 점을 많이 던져주고 있다. 홍콩 시위를 바라보는 한국 논의의 문제점에 대한 지적으로 상현, "한국에 사는 한국인이 홍콩을 위해 할 수 있는 일", 「프레시안」, 2019.10.27; 홍명교(2019) 참고.

가능할 거라는 무력감의 팽배 속에서 다들 홍콩은 끝났다고 느끼던 순간, 누구도 예상치 못했던 103만 명의 시위와 함께 이 모든 것은 시작되었다. 변화의 순간은 예기치 않게, 그러나 축적된 조건들 속에서 온다.

필자는 이 책 1장에 실린 글(2016년 발표)에서 2014년의 우산운동을 아름다웠던 순간으로만 낭만화하면 안 되고, 우산운동이 멈추며 파열된 지점의 폐허에서부터 다시 시작해야 한다고 쓴 바 있다. 이제 2019년, 그야말로 폐허로부터 다시 시작되고 있다. 이젠 결코 낭만적일 수 없는 이 자리에서, 지도자에 의해 '몫 없는 이'란 이름으로 소환된 이들은 몫이 없어도 정당한 시민이라고 주장하며 새로운 정치를 만들어내고 있다. 여기서 몫 없는 이들이 누구인지는 결코 명확하지도 않고 명확해서도 안 된다. 매일매일 위험하고 절박한 홍콩의 현실은 누가 적이고 누가 몫 없는 이인지에 대한 상상을 단순하게 만들기 쉽다. 그럴수록 더욱 단순한 상상의 유혹을 넘어서야 한다. 홍콩의 몫 없는 이들은 여러 얼굴이며 때로는 이들끼리 서로를 공격의 타깃으로 삼을 수도 있다. '갑과 을의 대립을 넘어 을들 내부의 이질성과 다양성, 그리고 갈등성'(진태원, 2017: 444)에 주목하며, 복잡한 현실의 곤혹을 안고 상상은 만들어져야 한다. 그 어떤 하나의 이름도 아닌 각자의 이름으로.[12]

---

[12] 이 글이 『황해문화』 105호에 게재된 2019년 말 이후 국내외에서는 홍콩 시위와 상황에 대한 다양한 분석이 나왔다. 지면상 모두 쓸 수는 없지만, 국내 언론에 실린 글 그리고 국내외의 주요 문헌으로 나누어 소개하겠다. 먼저 국내 언론에 실린 글 중 본문에서 언급되지 않은 글로 다음과 같은 것들이 있다.
구정은, "영국은 돌변, 필리핀은 걱정…홍콩을 보는 세계", 「경향신문」, 2019.11.19.; 구정은, "중국의 홍콩 탄압, 그 배경엔 '광저우의 불안'", 「경향신문」, 2019.11.20.; 구정은, "'외지 출생 40%' 복잡한 홍콩…민족주의에 가려진 '격차'", 「경향신문」, 2019.11.21.; 권재현, "제3의 '소셜미디어혁명', 홍콩 우산시위", 「주간

동아」, 2019.8.23.; 김하림, "홍콩 시위와 중국을 보는 눈", 『한중관계브리핑』, 2019.8.16.; 김하림, "신장, 티베트, 홍콩과 하나의 중국", 『한중관계브리핑』, 2019.11.4.; 김한주, "거리에 나선 홍콩 청년을 만나다", 『월간 워커스』, 2019.10.2.; 나현필, "홍콩 투쟁과 한국의 기억, 우리의 연대는?", 『월간 워커스』, 2019.8.30.; 미류, "홍콩의 오늘은 세계의 내일". 「프레시안」, 2019.11.20.; 윤영도, "옴니버스영화 「10년」을 통해 살펴보는 '우산혁명' 이후의 홍콩", 「씨네21」, 2019.7.24.; 이양수, "홍콩 시위 파도, 대만해협 지나 동아시아 전체로", 「피렌체의 식탁」, 2019.10.11.; 이재호, "'떠나거나 싸우거나' 다음 세대 위한 홍콩의 두 갈래길", 「한겨레21」, 2019.9.1.; 임채원 · 윤지영 · 지미샴 · 얀호라이 인터뷰, "홍콩혁명은 자치와 자유를 되찾기 위한 싸움입니다", 「나눔문화」, 2019.10.7.; 장정아, "홍콩 100만명 시위 뒤에 '한번도 존중받지 못했다'는 절망감", 「한겨레」, 2019.6.15.; 장정아, "대표되지 않는 자발성: 홍콩 200만 '검은 대행진'의 의미", 「창비 주간논평」, 2019.6.19.; 장정아, "홍콩 시위에서 확인한 '얼굴의 힘': 홍콩의 복면금지법과 식민 역사", 「한겨레」, 2019.10.12.; 조문영, "민주의 자격", 「한겨레」, 2019.11.20. 등.

그리고 국내외에서 나온 주요 문헌은 다음과 같다.

김준영(2019), 류영하(2020), 박광득(2020), 손인주(2020), 신원우(2020), 유영수(2019), 윤영도(2019), 이해수(2020), 전명윤(2021), 최경준(2019), 홍명교(2020); 환타, "1959년의 티베트, 2019년의 홍콩", 「시사인」, 2021.3.17; Au Loong-yu(2020), Lai Yan-ho and Sing Ming(2020), Lee, Francis Lap-fung(2020), Pun Ngai(2020), Zuraidah Ibrahim and Jeffie Lam eds.(2020) 등

참고문헌

谷淑美(2001), 「移民政策與身分建構1950-1980」, 『政策訊』第十三期, 香港理工大學應用社會科學系 社會政策研究中心.
김주영(2019), 「홍콩 '틴지족와이(天姿作圍)'의 사례를 통해 본 사회적 경제의 정치학」, 『비교문화연구』 제25집 1호.
김주영(2020), 「홍콩식 사회주택(社會房屋)의 정치학: '책임감 있는 시민'과 '의존-자립의 공동체' 만들기」, 『아세아연구』 63권 2호.
김준영(2019), 「중국 전국인민대표대회의 법률해석권과 홍콩 보통법체계의 충돌과 과제」, 『중국연구』 81권.
류영하(2020), 『방법으로서의 중국-홍콩 체제』, 소명출판.
박광득(2020), 「최근 홍콩시위와 일국양제의 현황과 전망에 대한 연구」, 『대한정치학회보』 28권 1호.
손인주(2020), 「2019년 홍콩 민주화 시위의 기원」, 『한국정치연구』 29집 1호.
신원우(2020), 「2019년 홍콩 시위의 특징과 일국양제 위기론에 관한 고찰」, 『아시아연구』 23권 1호.
유영수(2019), 「2019년 홍콩 시위에 대한 중국의 대응을 어떻게 바라볼 것인가」, 『한국과국제정치』 35권 4호.
윤영도(2019), 「홍콩 레논 벽과 포스트잇, 그리고 정동정치」, 『중국문화연구』 46집.
이해수(2020), 「기억의 초국가적 이동과 다방향적 접합」, 『한국언론정보학보』 통권 102호.
장정아(2002), 「타자로서의 이주민: 홍콩의 중국본토 이주민(新移民)」, 『비교문화연구』 8집 2호.
장정아(2013), 「빈민가에서 문화유산의 거리로: 홍콩 삼쉬포지역 사례를 통해 본 도시권」, 『동북아문화연구』 제36집.
장정아(2018), 「홍콩 땅을 지킨다는 것: 홍콩 정체성에서 향촌과 토지의 의미」, 『현대중국연구』 19집 4호.
전명윤(2021), 『리멤버 홍콩: 시간에 갇힌 도시와 사람들』, 사계절.

鄭宏泰 · 黃紹倫(2003), 『移民與本土: 回歸前後香港華人身 認同問題的探討』. 香港: 香港浸會大學.

진태원(2017), 「을의 민주주의란 무엇인가」, 『을의 민주주의: 새로운 혁명을 위하여』, 그린비.

최경준(2019), 「홍콩 시위와 민주화」, 『JPI 정책포럼』 225권.

홍명교(2019), 「홍콩시위와 동아시아 국제연대를 위한 조건」, 『참여사회』 10월호.

홍명교(2020), 『홍콩은 불타는가: 홍콩 사회의 모순과 항쟁의 전개』, 플랫폼C.

후이 보경(2015), 「학습과 사유를 결여한 홍콩사회에서 '우산운동'을 사고한다」, 『창작과 비평』 제167호.

Au Loong-yu(2020), *Hong Kong in Revolt: The Protest Movement and the Future of China*(Pluto Press).

Lai Yan-ho and Sing Ming(2020), "Solidarity and Implications of a Leaderles Movement in Hong Kong: Its Strengths and Limitations", *Communist and Post-communist Studies*. Vol.53, No.4.

Lee, Francis Lap-fung(2020), "Solidarity in the Anti-Extradition Bill movement in Hong Kong", *Critical Asian Studies* 52(1).

Pun Ngai(2020), "Reflecting on Hong Kong protests in 2019-2020", *HAU*, Vol.10, No.2.

Zuraidah Ibrahim and Jeffie Lam eds.(2020), *Rebel City: Hong Kong's Year of Water and Fire*(South China Morning Post Publishers Limited).

장정아(張禎娥)

인천대 중어중국학과 교수, 인천대 중국·화교문화연구소 소장, 문화인류학자. 주요 저서(공저)로 『Intangible Cultural Heritage in Contemporary China』, 『민간중국』, 『여성연구자, 선을 넘다』, 『경독(耕讀): 중국 촌락의 쇠퇴와 재건』, 『도시로 읽는 현대중국』, 『종족과 민족: 그 단일과 보편의 신화를 넘어서』, 『중국관행연구의 이론과 재구성』, 『아시아 인권의 현장담론』 등이 있다.

제7장 **불가능의 자리가 품은 가능성:**
국가안전법 이후의 홍콩

장정아

이 책에 실린 "이 폐허를 응시하라: 홍콩 우산혁명과 그 이후의 갈등이 드러낸 것"은 2016년에 씌어진 글로, 여기서 다룬 2014년 우산운동 후 홍콩에는 많은 일이 있었다. 우산운동 후 무력감 속에서 폭력혁명을 주장하는 청년들이 등장했고 독립에 대한 청년층의 지지가 어느 때보다 높아지던 와중에, 청년 초선 의원들이 의회에서 돌출 행동을 했다. 욕설을 섞어 '홍콩은 중국이 아니다'라고 소리치며 선서를 한 그들의 행동에 다들 당혹한 사이 중국정부는 신속히 유권해석으로 몇 명 의원의 자격을 박탈했다.

청년의 시대가 오고 있다고 느껴지던, 그리고 강경파를 향해 기울며 고조되던 분위기는 빠르게 가라앉았다. 곧 이어진 행정수반(지도자) 선거에서 시민들은 강경파의 반대쪽 극단을 향해 달려갔다. 후보자 중 한 명인 존 창은 "싸우거나 정부에 반대할 필요 없는 사회를 만들겠다. 서로 돕던 화목한 홍콩을 다시 만들겠다"고 말했고, 시민들은 '이제 우린 지쳤으니 쉬게 해달라'며 그에게 열광했다. 그러나 홍콩 선거구조 속에서 존 창의 승리는 거의 불가능했고, 중국정부가 원한 캐리 람이 당선되었다. 이제 더 이상 할 수 있는 건 없는 듯 보였다.

그때 송환법 반대시위가 시작되었고 역대 최대 200만 명이 길거리에 나왔다. 이 시위의 의미에 대해서는 이 책에 실린 또 다른 글 "모든 것이 정치다: 2019년 홍콩 시위의 기억과 유산"에서 다뤘다. 이제 홍콩판 국가보안법(국가보안법)은 상상 이상의 강한 버전으로 중국정부에 의해 도입되어 홍콩의 제도 뿐 아니라 일상 구석구석을 바꿔놓고 있다. 이 글은 홍콩에서 몇 년간 벌어진 변화를 설명하는 간략한 보론으로서, "이 폐허를 응시하라" 글과 "모든 것이 정치다" 글 이후의 상황에 대한 이해를 돕고자 한다.[1]

1. '폭력혁명'과 '투쟁 회피' 사이에서 요동친 갈망: 우산운동 이후의 무력감

점령운동은 시민사회를 구하고자 했다. 고상한 민주와 자유라는 이상(理想)을 품은 그들은, 진정한 서구적 의미에서의 자유파였다. 이들은 민의를 쟁취하여 홍콩정부와 중국정부에 압력을 가하길 기대했지만 중공은 전혀 양보하지 않았고, 자유파는 더 이상 시민사회 논리로 문제를 처리할 수 없게 되었다. 시민사회의 가치와 규범은 이제 현실적 조건을 상실했다. 이런 모델과 가치에 대해 이제 많은 이들이 참을 수

---

[1] 이 글을 쓰는 과정에서 함께 토론해주신 조문영, 박경섭, 심주형, 조장훈 님께 감사드린다.

없게 된 것이다.[2]

우산운동은 비폭력적 시민불복종운동으로 정치를 변화시킬 수 있다는 믿음이 홍콩에서 가장 뜨겁게 마지막 불꽃을 피워 올렸던 정치운동이다. 아름다운 촛불과 비폭력으로 아무 것도 얻을 수 없다는 패색이 짙어지자, 폭력을 쓰자거나 정부 건물에 난입하자는 강경파의 요구를 거부하고 그들에게 발언권을 주지 않으려는 운동 지도부에 대한 비난은 거세졌다. 강경파의 주요 공격 대상은 꿈쩍 않는 정부나 중국정부가 아니라, '포용과 비폭력'을 주장해온 전통적 민주파였다. 사랑과 평화와 비폭력으로는 아무 것도 얻을 수 없고, 바로 그것들이 홍콩의 운동을 망쳤다는 인식이 청년층에서 확대되었다. 우산운동의 무력감은 중국대륙에서 오는 자유여행객과 사재기꾼을 타겟으로 폭발했다.

2016년에는 이후의 홍콩에 오랜 영향을 미치게 될 사건들이 연이어 발생했다. 연초에는 일부 강경파 젊은이들의 '폭력적' 행동으로 하룻밤동안 시내에서 방화와 충돌이 발생하는 '어묵혁명'이 있었다. 어묵 등을 파는 행상 노점을 춘절(설) 기간에 불허하자 반발하는 시민들이 모인 자리에서 벌어진 일인데, 수많은 이가 다치고 체포되었다. 사람들은 어묵 노점처럼 '정치적이지 않은' 이슈로도 방화와 벽돌던지기가 나온다는 데 충격을 받으며 '홍콩이 죽어가고 있다'고 개탄했지만, 젊은이들 사이에선 지지 의견이 많았다.[3]

같은 해, 홍콩대학의 학생회 잡지에서 수행한 여론조사에선 무장

---

[2] 李達寧, "從雨革到魚革, 公民社會的範式轉移",「評台」, 2016.2.14.(http://wp.me/p2VwFC-gol).

[3] 이 시기의 상황에 대해서는 전명윤(2021: 8장)에 잘 나와있다.

혁명 찬성이 31%, 홍콩독립 찬성이 61%였다. 물론 이 조사는 385명 대상으로 많은 숫자가 아니고 다양한 샘플도 아니므로 객관성을 가진다고 보기 어렵지만, 3년 동안 계속 했던 여론조사 중 가장 높은 숫자가 나온 것은 시사점을 지닌다.

폭력행동을 주장하는 이들에 대한 관심과 지지가 빠르게 고조되며 운동 주도세력의 세대교체가 이뤄지는 듯 보이던 2016년 말, 의회 선서 사건으로 이 세력은 순식간에 바닥으로 내려왔다. 최연소 의원으로 선출된 강경파 청년 두 명은 의회 선서 때 욕을 섞고 '홍콩은 중국이 아니다'라고 쓴 배너를 들고 선서했다. 중국정부의 유권해석에 따라 이들을 포함한 민주파 의원 4명은 자격을 상실했고 홍콩 내에서도 역풍이 불었다. 이들의 자격 상실로 친정부파가 의회의 다수가 되었고, 이는 정부 정책들이 여론의 반대에도 불구하고 속속 통과되는 시발점이 되었다. 폭력행동과 독립에 대한 열광적 지지는 겨우 1년 반의 기간 동안 절정과 급락을 오갔다.

몇 달 후인 2017년 3월, 나는 곧 있을 홍콩 행정수반 선거과정을 참여관찰하기 위해 홍콩에 가서 한 달간 머물고 있었다. 3월 24일, 홍콩 도심 곳곳에서 누군가를 기다리려 모여든 사람들은 열기를 뿜어내고 있었다. 이들이 '침묵의 소리Sound of Silence' 노래를 틀어놓고 간절하게 기다리는 사람은 행정수반 후보자 중 한 명인 존 창이었다. 직선도 아니고 선거위원회의 '체육관 선거'일 뿐인데 사람들이 왜 이토록 감정이입을 하는지 홍콩 내에서도 의아해하는 사람이 많았다. 더구나 존 창은 놀라울 정도로 구체적 정책 내용이 없이 그저 '희망과 단결과 화합'만을 이야기하고 있었다.

"우리가 만들고 싶은 사회는, 아침에 일어났을 때 신문을 보면서 화가 나지 않는 사회, 친구들끼리 서로 입장이 다르다고 해서 반목하지 않는 사회, 홍콩다운 홍콩이다."

시민의 이름으로 정치를 하면서도 시민들이 정치에 굳이 참여할 필요 없다고 주장하는 점에서 그는 일종의 엘리트 포퓰리즘을 보여주었다. 그는 '투쟁은 피할 수 있으면 좋은 것'이라 설파하고 있었고, 사람들-특히 중산층-은 지난 몇 년간 시위와 싸움에 지쳤으니 더 이상 어떤 갈등도 싸움도 보고 싶지 않다는 목소리를 당당히 내기 시작했다. 항쟁과 운동이 설 자리는 없었다. 이는 "민주라는 가치가 '잠시 쉬며 원기를 회복하자'는 환상에 자리를 내주게 되어 모든 게 원점으로 돌아가는"**4** 퇴행적 현상이라는 비판이 나왔지만, '휴식'을 원하는 사람들의 열기 속에서 이런 비판은 허용되지 않았다.

> "겨우 3년 싸워보고서 지쳤으니 쉬어야겠다고? 왜 우리는 너희 한국처럼 끊임없이 싸우지 못할까? 도대체 우리가 뭘 싸워봤다는 건가? 끝까지 철저하게 해본 항쟁은 단 하나도 없는데."
>
> (90년대 출생 활동가와 필자의 인터뷰, 2017.3.25.)

존 창에 대한 지지를 놓고 민주파는 분열했다. 그리고 선거에서 존 창은 패배했고, 중국정부가 원하던 후보 캐리 람이 선출되었다. 다시 무력감이 팽배해졌다. 어묵혁명 참여자를 비롯해 우산운동과 여러 집회·시위 참여자들은 속속 잡혀갔고, 정부에 대한 어떤 반대의 목소리도 내

---

4 "從雨傘到曾俊華 羅永生: 不再玩虛擬自由的一套 不代表一定玩真", 「立場新聞」, 2017.5.10. (https://bit.ly/3blwosD).

본 적 없는 극히 온건한 후보자 존 창마저 패배한 후, 더 이상 가능한 것은 없어보였다. 그러나 농촌에서, 그리고 지역사회에서, 묵묵히 주변 사람들과 함께 조그만 변화를 만들어내는 이들이 있었다. 폭력혁명을 주장하는 강경파들은, 이렇게 묵묵히 오랜 싸움을 준비하는 이들이 털끝 하나도 바꿀 수 없다며 비웃고 조롱했다. 그들이 만들어내고 있던 변화의 힘은, 2019년 송환법 반대시위가 터져나오기 전에는 아무도 알지 못했다.

2. 모든 환상이 깨져나간 송환법 반대시위

2019년 6월 103만 명이 모이기 직전까지도, 홍콩은 지독한 패배감에 빠져있었다. 정부가 추진하는 정책과 법은 하나도 예외없이 모두 강행처리되고 있었다. 민주파가 힘을 잃은 의회에서 모든 일은 막힘없이 진행되었다. 의회 앞에서 항의하는 건 소규모 활동가들 뿐이었고, 사회운동은 다시는 일어설 수 없을 것처럼 보였다. 홍콩 역사상 처음으로 독립을 주장했던 홍콩민족당은 SNS 발언만으로 정당활동이 중지되었다. 우산운동을 이끈 9인의 지도자는 2019년 4월 전원 유죄판결받았고 그 중 일부는 수감되었다. 무력감 속에서, 끊임없이 잡혀가는 이들, 특히 청년들의 희생에 대한 죄책감이 생겨나고 있었다.

그리고 6월 9일, 103만 명이 길거리에 나와 송환법을 반대했다. 이 규모를 예상한 사람은 아무도 없었다. 상대가 중국이든 어떤 나라든 홍콩정부에 요구하면 범죄자를 신속하게 넘겨주려는 송환법이 통과되면 홍콩에서 더 이상 목소리를 내는 게 불가능해지리라는 우려는 남녀노소를 모두 나오게 만들었다. 빠르게 결집된 2019년의 송환법 반대시위에서 가장 놀라웠던 점은, 2014년 우산운동이 남긴 아픈 교훈에 대해 몇

년간 토론할 시간이 없었음에도 불구하고 모두가 몸으로 교훈을 체득하고 있었다는 점이다.[5]

폭력과 비폭력 등 행동전략에 대한 입장차이로 거세진 상호공격이 모두를 무력하게 만든다는 걸 경험한 시민들은, 특히 활동가들이 강경파건 온건파건 계속 잡혀가는 걸 보면서, 이번만큼은 함께 싸우지 않으면 끝이라는 절박함을 순식간에 공유했다. 이 모든 것은, 아무 것도 얻지 못한 채 실패로 끝나며 갈등과 무기력의 '폐허'만 남긴 듯 보였던 우산운동이 있었기에 가능했다.

이제 사람들은 어떤 지도자도 대표도 인정하지 않았고, 강경한 행동과 온건한 행동의 공존을 모색했다. 더 이상 서로 '같아야' 할 필요는 없었다. 초반부터 이어진 경찰의 최루탄과 구타 앞에 맞서 싸우는 시위는 길어졌고, 앞에서 싸우지 못하는 이들은 뒤에서 보호했다. 어떤 시위와 집회에 어떤 역할로 나갈지는 오롯이 각자 온라인 정보를 보며 결정했다. 당장 귀가할지 더 남아 싸울지 정하는 건 지도부가 아니라 현장과 온라인상의 토론이었다. 그리고 6월 16일 역사상 최초이자 어쩌면 최후가 될지 모를 200만 명이라는 시위 기록을 썼다.

우산운동 이후 '평화적 청원'에 대한 환상이 깨지면서, 제도 안에서 할 수 있는 게 많지 않다고 느끼며 강경한 행동에 눈을 돌린 청년들이 있었던 반면, 조용히 농촌과 지역사회 속으로 들어간 청년과 시민들도 있었다. 내 옆에서 살아가는 사람들을 이해시키고 함께 변화하지 않으

---

5 송환법 반대시위 과정과 사회적 배경에 대한 상세한 설명은 홍명교(2020)을 참고. 그리고 전명윤(2021)에는 송환법 반대시위 당시 현장에서 생생하게 취재한 상황과 분석이 자세히 나와 있다. 2019년부터 이어진 홍콩 시위 관련 국내외 주요 문헌은 이 책의 6장 제일 마지막 주석에 소개하였다.

그림 01 지역 곳곳에 설치된 '레논벽'에 빼곡이 붙어있는 포스터와 메모지. 곳곳에 찢기거나 훼손된 것들이 있다. (2019년 필자 촬영)

면, 시내 중심가에 아무리 많은 사람이 모여 평화적으로 점령한들 소용없다는 것을 '깨달은' 이들이었다. 농촌지역엔 오래된 토착 집단이 많았고, 그들 중 상당수는 식민시절부터 계속된 특권을 가진 보수적 성향의 사람들이었다. 선거 때마다 보수파의 표밭이던 농촌지역에 청년들은 약속도 조직도 없이 각자 흩어져 들어가 농사를 지으며 살기 시작했다. 도심 지역들에서도 청년들은 이웃 노인들의 어려움을 돕고 이야기를 들어주며 생활을 함께 하기 시작했다(장정아, 2017).

2019년 송환법 반대시위가 폭발해 나온 후, 지도자도 없고 도심 점령구도 없이 '물처럼 흐르는' 시위에서 몇 년간 쌓아온 민간의 힘은 빛을 발했다. 그동안 신뢰를 구축해온 주위 사람들에게 뭐가 문제인지 알리고, 더 이상 도심을 향해 모일 필요 없이 각자 자신이 사는 지역에서 산발적 행동을 하며 포스터와 메모지를 붙인 '레논벽'을 만들었다. 도심 점령구가 일반인들의 일상생활과 분리되어 있던 우산운동 때와 달리, 이제 홍콩 전역에 만들어진 '레논벽'은 누구의 일상도 정치를 벗어날 수 없음을 매일 깨닫게 해줬다.[6] 바로 그렇기에 곳곳의 '레논벽' 앞에선 친정

---

[6] 레논벽의 의미와 정동정치에 대한 분석으로 윤영도(2019) 참고.

부파들이 포스터를 찢고 불지르고 청년들에게 폭행을 가하는 일이 계속 발생했다.

매일 음식점에 오던 청년들이 맞거나 잡혀가는 걸 본 음식점 주인들, 나를 도와 집을 고쳐주고 내 이야기를 들어주던 이웃 청년들이 잡혀가는 걸 본 노인들은, 이번만큼은 정부와 경찰이 잘못한다는 생각을 하게 되었다. 우산운동 때보다 훨씬 많은 시민의 마음을 얻었다. 시위나 집회 도중 도움이 필요할 때면 그동안 쌓아온 네트워크의 힘으로 빠르게 서로 도왔다. 각자 자신이 잘 아는 지역에서 산발적 행동을 하기에, 도망치기도, 서로 숨겨주거나 돕기도 편했다. 전설적 영웅 이소룡의 말을 따와서 붙여진 이름처럼, 시위는 그야말로 '물처럼 흐르며 형태없이', 때로는 충돌하고 때로는 비켜가며 퍼져나갔다.

송환법 반대시위의 또다른 놀라운 점은, 역대 어떤 운동보다도 새로운 연결이 곳곳에서 만들어졌다는 사실이다. 중국 대륙 출신자들이 시위에 '신이민'의 이름을 걸고 합류했고, 시위에 참가하기 위해 본토에서 일부러 온 청년들도 있었다. 식민 시절부터 형성되어온 중국 대륙과의 오랜 단절은, 이번 시위 과정에서 비로소 잠시나마 극복되었다. 홍콩에서 주로 중하층 일자리를 맡는 남아시아 출신 이주민 또는 홍콩인들도 시위에 동참하며 처음으로 연대가 만들어져, 유창한 광동어로 함께 "홍콩인 힘내라"고 외치며 걸었다. 그들은 "이제야 비로소 홍콩인으로 인정받는 느낌"이라며 기뻐했다. 홍콩인들은 그동안 중국대륙 출신자와 남아시아 출신자를 비롯하여 많은 이들에게 닫혀있었던 자신의 폐쇄성과 편견을 사과하며 "우리는 배우며 진화하고 있다"고 선언했다.

1년여 이어진 송환법 반대시위가 홍콩에 남긴 가장 큰 유산은, 오랫동안 홍콩을 지배했던 견고한 환상들이 모두 깨져나갔다는 것이다. '국제자유도시'라는 오랜 명성은, 홍콩에 비록 민주는 좀 부족할지 몰라도 자유만큼은 세계 최고라는 자부심을 갖게 하는 원천이었다. 그 자유가 정치적 민주 없이는 취약하다는 것을, 송환법 반대시위를 거치며 소수의 청년 뿐 아니라 수많은 시민이 느끼게 되었다. "자유는 한 번도 그저 손을 뻗으면 얻을 수 있는 게 아니었다"라는 시위 슬로건은 이 '각성'을 담고 있다.

어쩌면 '자유'보다 더 큰 충격을 주며 깨져나간 환상은 '법치'였다. 홍콩의 마지막 식민 총독이자 지금도 홍콩인에게 사랑받는 사람 중 하나인 패튼Patten은 반환 직전 최후의 시정연설에서, 영국이 홍콩에 대해 공헌한 바가 무엇이냐는 질문에 자신있게 답했다: "법치, 자유주의적 가치, 실력주의적 공공서비스, 그리고 다원주의적 사회."(Wong, Thomas W.P., 1998: 10) 법치는 식민통치가 남긴 자랑스러운 업적 중 하나라는 생각은 대부분의 홍콩인 뿐 아니라 외국인들에게도 받아들여졌고, 중국을 비롯해 전세계 어느 화인(華人) 사회보다도 홍콩을 우월한 사회로 만들어주는 핵심 요인이었다. 홍콩 법치의 '우월성'에 대한 자부심 속에서 홍콩의 법치가 가진 식민주의적 성격에 대한 성찰은 그다지 전면적으로 제기되지 않았다.

> "몇백 년 후 홍콩은 그저 역사 속으로 사라질 수도 있지만, 홍콩이 중국에 대해, 중화(中華)문화에 대해 할 수 있는 공헌이 있다면 이는 바로 법치일 것이다"[7]

법치사회 홍콩에 대한 견고하던 믿음과 자부심은, 송환법 반대시위를 거치며 철저히 깨졌다. 2019년 10월에는 수십 년만에 긴급법을 동원

---

[7] 陳文敏, "法治-香港對中國的貢獻", 「明報」, 1999.2.15.

그림 02 〈법치는 죽었다, 홍콩인 각성하라〉
(시위과정에 등장한 포스터, 2020.3.15. 텔레그램)
그림 03 〈다들 주동해서 파업한다면 그가 총맞을 필요 없었을 텐데〉
(시위과정에 등장한 포스터, 2019.11.14. 텔레그램)

해 복면금지법이 즉시 시행되었고, 법적 절차에 정부기관 율정사가 개입하는 등 전례없던 일이 이어졌다. '법치가 이미 죽었다'는 이야기가 많이 나왔지만, '홍콩에 법치는 존재했던 적이 없다'는 목소리도 저음으로 등장했다.

이렇게 환상이 깨져나간 자리에서, "기댈 것은 법이 아닌 집체(集體)니 노동자가 단결해야 한다"는 이야기도 나온다. 법보다 노동자의 단결에 기대하는 주장은 홍콩에서 그동안 상상도 할 수 없었던 말이다. 공산 중국에 맞선 '자유사회의 보루'로 식민 시기부터 자리매김된 홍콩에서, 그리고 중국대륙에 정치경제적 어려움이 있을 때마다 '살기 위해' 옮겨온 이주민의 땅 홍콩에서, 노동운동이나 파업의 토양은 척박했다.

우산운동 때도 송환법 반대시위 때도, 청년들이 무릎꿇고 파업을 호소해도 대파업은 어려웠다. 8월 5일 딱 하루 성공 이후 대규모 파업은 다시는 이뤄지지 않았다. "홍콩인들은 참으로 출근하길 좋아한다"는

제7장 불가능의 자리가 품은 가능성: 국가안전법 이후의 홍콩 239

자조(自嘲)는, 시위가 격렬해지자 강한 어조의 요구로 바뀌었다. "어른이 파업하면 젊은이들이 앞에서 싸우지 않아도 될 텐데", "어른이 파업하면 젊은이들이 앞에서 총맞지 않아도 될 텐데" 등 여러 버전으로 나온 공격적 요구는, 홍콩에 중대한 인식의 전환이 생겨났음을 보여주었다.

이렇듯, 송환법 반대시위는 단순한 법조례 반대에 그친 것이 아니라 홍콩에 깊이 뿌리박혀있던 자부심과 환상을 다 무너뜨리며 전례없는 연결과 연대가 생겨난 사건이었다. 누구도 예상치 못했던 이 모든 각성과 연결과 열림이 시작될 때, 또한 누구도 예상치 못했던 코로나, 그리고 국가안전법이 도래했다.

3. 강해지는 압박, 다시 닫히는 상상: 국가안전법의 비극적 귀환

2020년 6월 중국정부의 결정으로 도입되어 홍콩의 제도와 일상을 뒤바꾸고 있는 홍콩판 국가안전법은, 2003년 홍콩정부가 도입하려 시도했다가 거센 반발에 부딪쳐 철회했었다. 당시 안전법 입법에 저항하며 홍콩의 단체들과 개인들은 뭉치고 조직화되어 50만 명의 길거리 시위로 법 철회를 이뤄냈고, 이는 사실상 홍콩 시민사회의 탄생을 알리는 신호탄이었다. 승리의 기록이었던 안전법 입법 철회는, 2020년 훨씬 강한 버전으로 중국정부에 의해 귀환했다.

안전법 도입 몇 달 전부터 코로나19로 인해 홍콩에선 모임제한령이 강하게 시행되어 길거리 시위나 정치적 활동이 거의 불가능해졌지만, 사람들은 체포의 위험을 무릅쓰고 다양한 행동을 계속하고 있었다. 2003년 사스 때의 희생을 기억하는 홍콩인들은 코로나 초기부터 중국과의 출입경 문을 닫아달라고 정부에게 요구했다. 홍콩정부는 "동포의 마음을 헤아려보라"며 출입경 통제를 거부했고, 시민들의 분노는 커졌다.

'중국대륙인'은 곧 '나의 생존을 위협하는 위험한 외부인'이라는 상상은 다시 강해졌다. 나를 지키기 위해선 그들을 막아야 한다는 절박감이 커졌다. 바이러스는 국적이나 특정 집단의 문제가 아니므로 중국대륙인 또는 중국대륙 출신자들만을 향하는 배제나 혐오는 옳지 못하다는 학자들의 지적이 나왔지만, 299명이 죽어간 사스의 악몽이 아직도 생생한 홍콩인들로선 포용이나 '과학적 객관성'을 생각할 여유가 없었다. 어렵게 생겨난 중국대륙인들과의 연결은 끊어져갔다.

그리고 2020년 6월, 국가안전법이 등장했다. 그동안은 언젠가 도입되더라도 홍콩정부가 입법을 시도할 것이라 예상했기에, 높아진 시민의 단결력으로 막아내면 된다는 자신이 있었다. 그러나 중국정부는 홍콩 법 조항의 애매한 틈을 이용해 직접 도입했고[8] 홍콩정부는 이를 즉각 승인

---

8 국가안전법은 중국이 아닌 홍콩이 자체 입법하도록 홍콩 기본법(반환 후 헌법) 제23조에 명시되어 있다 "홍콩특별행정구는 자체적으로 법을 제정하여, 국가를 배반하고 분열시키며 반란을 선동하고 중앙 인민정부를 전복하며 국가기밀을 절취하는 행위를 금지하고, 외국의 정치조직 또는 단체가 홍콩특별행정구에서 정치 활동을 하는 것 그리고 홍콩특별행정구의 정치조직이나 단체가 외국의 정치조직이나 단체와 연계하는 것을 금지해야 한다." 따라서 2003년부터 중국정부가 아닌 홍콩정부가 국가안전법 입법을 시도했다.

그런데 2020년 중국 정부는 다른 법 조항을 내세워 국가보안법을 도입했다. 기본법 부칙3에 있는 중앙정부의 '전국적 법률'은 홍콩에 적용시킬 수 있는데, 기본법 18조 3항에 '전국인민대표대회 상무위원회가 부칙3의 법률을 증감할 수 있다'고 되어 있다. 중국 정부는 이에 따라 전국인민대표대회 상무위원회에서 부칙3에 국가안전법을 넣기로 결정했으므로 문제가 없다는 입장이다. 그러나 중국이 근거로 내세운 기본법 18조의 3항에는 '부칙3에 포함되는 법률은 국방, 외교, 그리고 홍콩 자치범위가 아닌 법률에 한한다'는 문구도 있고 이번 국가안

선포했다. '중앙정부'보다 훨씬 넓은 '국가정권'(홍콩정부도 포함) 전복 금지, 그리고 외국 '정치조직'의 활동이나 결탁만이 아니라 외부세력과의 연계에 의한 '정책집행 방해, 증오 유발'까지 금지하여, 그동안 논의되던 국가안전법보다 훨씬 폭넓고 강력한 내용으로 돌아왔다.[9]

시행 첫날부터 사람들은 잡혀가고 기소되었다. 수많은 구호와 슬로건과 노래가 금지되었고, 항의의 표시로 흰 종이를 들고 서있는 것만으로도 체포 위협을 받았다. 단체와 조직들은 해산하거나 해외로 망명하고 있다. SNS 계정과 웹사이트가 비공개 전환되거나 폐쇄되었고, 정부는 일부 인터넷 사이트를 접근금지하기도 한다. 공영방송 사이트에선 이미 방영되었던 프로그램도 삭제되고, 강하게 정부를 비판하던 기자들은 계약이 해지된다. 인터넷도 언론도 홍콩에서 더 이상 온전히 자유롭지 않다. 지금 이 순간에도 '금서' 목록은 계속 갱신되며 홍콩 공공도서관 서가에서 내려지고 있다.

경찰은 수시로 활동가들 집에 불시 진입하여 체포한다. 공무원과 의원들은 충성 선서에 서명이 요구되고, 정권이 아닌 시민에 충성하겠다는 이들은 서명을 거부하며 사퇴하고 있다. 해외에도 수십 명이 수배되어 있고, 홍콩인 뿐 아니라 전세계 사람들의 출입경에 대한 입경처장의 금지 권한도 강화되었다. 선거제도도 개정되고 행정수반과 의회·구의회 의원 후보자들에 대한 자격심사 절차가 생겨나, 정부 반대파는 의회

전법은 홍콩에만 적용되는 것이다. 무엇보다 국가안전 관련해서는 23조가 별도의 조항으로 있으므로, 홍콩 법조계에서는 이 법을 갑작스럽게 중국정부가 제정하여 부칙3에 삽입한 것은 기본법 위반이라고 비판했다.

[9] "홍콩 국가보안법: 당신이 알아야 할 10가지 문제점", 「국제앰네스티」, 2020.8.3.(https://amnesty.or.kr/37222/); 허재철·연원호·김홍원·김종혁·윤형준(2020); 최병헌(2021).

진입이 더 어려워졌고 행정수반에 선출될 가능성은 사실상 제로가 되었다. 촛불을 들고 평화시위를 했던 이들도 유죄가 확정되고 수감된다. 더 이상 '평화와 비폭력'도 안전을 보장해주지 못한다.

유명 활동가들은 수감·기소되거나 속속 망명·이민을 떠나고 있다. 난민들을 받아주던 홍콩인들은 이제 난민이 되어 떠난다. 몰래 도망치다 붙잡혀 중국대륙에 수감되기도 한다. 외국과의 '결탁'은 국가안전법의 핵심 타겟이지만, 홍콩을 떠난 활동가들은 외국의 현지 정치인들과 함께 홍콩 상황에 대해 목소리를 낸다. 작년 말 미국 국무장관 폼페이오는, 중국 공산당으로부터 우리 자유를 지키는 것이 우리 시대의 사명이라고 선언했다. 미국이 주도하는 중국 견제구도 속에서 표면적 구도는 '자유사회 대(對) 공산중국'의 이분법으로 환원되고 있고, 점점 악화되는 상황을 전세계에 호소해야 하는 홍콩 활동가들은 이 구도를 적극 활용할 수밖에 없다. 전방위적 압박 속에서 포용과 다원적 개방은 어려워지고, 열리던 상상은 다시 닫히고 있다.

4. 다시 폐허 위에서 질문을 던지다

"홍콩인은 과거에 너무 오랫동안 부유하고 안일하게 지내서, 민주를 쉽게 얻을 수 있다고 여겨왔다. 최근 7년간의 항쟁, 특히 국가안전법 하 홍콩의 새 헌제 질서는 마침내 홍콩인들로 하여금, 민주는 대가를 치르고서야 비로소 얻을 수 있음을 알게 해줬다. 현재 겪는 고난은 이 교훈을 모든 이의 마음 속에 깊이 새기게 만들어준다."[10]

---

10   戴耀廷, "苦難的意義", *Facebook*, 2020.12.15 (https://bit.ly/3trQqYm).

(베니 타이(Benny Tai) 전(前) 홍콩대 법학과 교수의 말.
그는 점령운동을 제안하여 2014년 우산운동을 이끌었고
2020년 대학에서 해임되었으며 현재 수감 중임)

　　100여 년 전 영국에 빼앗겼던 땅 홍콩은 중국에게는 굴욕의 상징이었다. '빼앗긴 땅' 홍콩에 사는 홍콩인들에게 '조국' 중국은 때로는 위험한 공산사회 타자였고 때로는 청년들이 민주를 외치다 죽어가는 뜨거운 슬픔의 땅이었고 때로는 홍콩의 경제를 살려주는 구세주이자 기회의 땅이었다. 개혁개방 그리고 반환 후 크게 밀접해진 경제와 사람의 교류는, 중국대륙이 생각만큼 공포스럽지도 낯설지도 않은 곳임을 느끼게 해줬다. 그러나 2014 우산운동과 2019 송환법 반대시위 그리고 2020 국가안전법을 겪으며 홍콩인들에게 조국은 다시 생명을 위협하는 타자가 되었다.
　　국가안전법 하에서 홍콩인들은 자신이 불순한 외부세력도 비(非)국민도 아님을 매순간 증명해야 한다. 국제도시의 시민임에 자부심을 가졌던 홍콩인들은, 이제 오직 충성스러운 국민으로서 홍콩이 중국의 일부임을 의심하지도 부인하지도 않는다고 선언해야 한다. 홍콩의 행정수반을 지낸 렁춘잉은 "홍콩인들이 배은망덕하여 자신에게 밥을 주는 손을 물어뜯고 있다고 대륙인들은 느낀다"고 말하며 홍콩인들의 반성을 요구한다.
　　역사의 아이러니는 반복된다. '조국'이 위협하는 생명을 '구해주겠다'며 옛 식민자 영국을 비롯한 미국과 캐나다 등의 서양 국가들은 홍콩 청년들에게 손을 내밀고 있다. 이를 지켜보는 중국대륙인들의 마음은 불편하다. '홍콩 청년의 시위는 결코 순수하지 않고 미국을 등에 업고 나라를 분열시키려는 폭력시위일 뿐'이라는 정부의 선전을 받아들이는 대륙인들이 늘어난다. 오랜 역사의 골을 메우며 생겨나던 대륙과 홍콩 간 연결은 끊어지고, 골은 다시 깊어지고 있다.

그러나 송환법 반대시위 속에서 모든 환상이 깨져나가며 경험한 새로운 연대와 열림의 기억은 쉽게 사라지지는 않을 것이다. 급속도로 영향력을 확대해 트위터에서 새로운 이모지도 만들어낸 밀크티동맹[11]은 홍콩-대만-태국에서 시작해 인도-인도네시아-필리핀-미얀마를 포함하며 계속 확장되고 있다. 이들은 종종 '우리는 중국이라는 공통의 적을 갖고 있다'며 반중으로 단순화되는 구도를 보여주곤 하지만, 홍콩인들이 그동안 관심을 갖지 않던 미얀마나 태국 사회문제에 주목하며 연대를 선언하는 현상은 분명히 새로운 열림의 가능성을 품고 있다.

홍콩인들이 해온 그리고 앞으로 해나갈 노력의 의미는, 단순히 '자유와 민주'를 지키는 것도, 단순한 '반중'만도 아닌, 그것을 넘어서는 것이며 넘어서야 한다. 일국양제는 차이의 공존을 실험하는 '인류 역사상의 중요한 혁신'(費孝通·李亦園, 1998)이 될 수도 있었다. 중국에서 차이를 어떻게 다루며 공존할 것인가는 역사적으로 중요한 문제였고, 일국양제는 대일통(大一統) 속에서 다양한 제도를 허용하며 운용했던 중국 제국 경험의 계승의 의미도 지닌다(이종화, 2017; 장윤미, 2020).[12] 그러나 현실

---

11 밀크티 동맹은 2020년 초 태국 유명인들의 SNS 게시물이 중국에서 논란이 되자 홍콩·대만·태국인들이 SNS상에서 서로 연대하며 게시물을 올리며 생겨난 용어로, 세 나라 모두 밀크티를 마신다는 공통점이 있다. 베트남과 한국 네티즌도 SNS에서 밀크티 동맹 해시태그를 통해 많이 참여하고 있고, 2021년 트위터에 생겨난 '밀크티 동맹' 이모지에는 한국어 버전도 있다. 밀크티동맹에 대해서는 김주영(2021); Adam K. Dedman and Autumn Lai(2021: 97-132) 참고. 특히 김주영의 글에는 밀크티동맹의 양상과 배경, 그리고 태국과 홍콩 청년 세대가 밀크티동맹을 활용하는 맥락의 차이에 대한 상세한 분석이 나와있다.

12 중국과 홍콩의 관계를 중국-홍콩체제로 바라본 논저로 류영하(2020)이 있다.

에서는 당위적인 체제화 논리 외에 사상적·이념적 지향을 제기해내지 못했던 중국은(백원담·천광싱, 2016: 40), 이제 차이와의 공존이 아닌 동화를 명시적으로 요구하기 시작했다. 학교에서도 직장에서도 어린아이들도 언론에서도 충성스러운 애국을 요구받지만, 그 애국의 기준은 불명확하다.

> 당신이 '대(大)중국을 진정으로 사랑한다'고 목이 터지도록 외쳐도, 이건 진심이 아니라고 중국 당국이 말하면 당신은 진심이 아닌 것이다. 왜냐면 당신이 목이 갈라지도록 소리친 후 가래를 뱉으면 마음 속의 경멸을 암시한다고 간주되기 때문이다. 어떤 사람이 '진심으로 애국한다'는 걸 증명하는 건 매우 어렵고, 어떤 사람이 '애국하지 않는다'고 신고하는 건 매우 쉽다.[13]

어느 때보다 중국으로의 동화와 포섭이 요구되고 있는 지금, 홍콩인들은 '하나의 중국이라는 이데올로기에 균열을 내고, 국민국가의 경계를 고착화하지 않는 이주와 마주침'(조문영, 2019: 117)을 만들어낼 수 있을 것인가. 스스로 '또다른 보편'이 되고자 하는 중국 속의 일부일 뿐임을 받아들이라고 요구받는 상황에서, 홍콩인들은 그 '보편성'을 변화시켜내는 차이를 만들 수 있는가.[14]

---

[13] 吳崑玉, "誰是愛國者？",「眾新聞」, 2021.3.11. (https://bit.ly/3twr3VQ).

[14] 2021년 5월 26일 5·18민중항쟁 제41주년기념 학술회의 "After 5·18: 운동과 사상의 5·18"(현대정치철학연구회 주관)의 토론에서는 광주항쟁 그리고 홍콩을 비롯한 국제적 운동에 대해 중요한 논의가 많이 이루어졌다. 홍명교는 홍콩 상황에 대해 토론하면서, 사회경제적 모순에 대한 문제제기, 그리고 국가

지금은 마치 모든 것이 불가능해 보인다. 그 불가능의 자리에서 홍콩인들은 살아가고 있다. 여전히 지역사회에서, 농촌에서, 그리고 노동운동을 힘겹게 만들어내며, 수십 년 후 다시 찾아올지도 모를 '누구도 예상치 못한' 순간을 준비하는 이들이 있다. 광동어 노래와 독립영화를 만들고 독립서점을 열고, 밥 한 끼도 민주파 가게 아니면 먹지 않으며, 배달도 택시도 민주파 업체 아니면 이용하지 않는다. 민주파 음식점에서 주는 영수증에는 시위 구호가 조그맣게 적혀 있다. 길거리 곳곳 배관공 광고에도 시위 구호는 암호처럼 숨겨져 있다. 없어져가는 '메이드 인 홍콩'이란 이름을 지키고 싶은 이들은, 외국으로 수출하는 시계 속 부속품에 조그맣게 'HK'이라 새겨넣는다. 겉으로 보이지 않아도 '홍콩'이 남아 있도록, 사라지지 않도록.

표면적으로 홍콩은 시위 이전으로 돌아간 듯 보이지만, 많은 이들의 일상은 과거와 달라졌고 과거로 돌아갈 수 없다. 김정한이 이야기하듯, '대중봉기'는 (잠시) 소멸하더라도 그 성취와 실패가 새로운 문제설정과 과제를 던져주고 실천형식을 변화시킨다(김정한, 2021: 14-15). 한때 운

와 자본의 폭력에 맞서 국경을 넘은 동맹 구축의 필요성을 제시했다. 진태원은 "새로운 보편적 상징을 통해 적대를 재생산하는 가능성을 찾는 것이 바로 5·18 이후(After 5·18)"라고 지적했으며, 양창렬은 "5·18이 애도의 대상이 되고 국가적 제도화가 되는데, 그런 방식의 청산으로 환원되지 않을 수 있는 5.18의 유산은 무엇인가, 5·18을 어떤 억압받은 이들의 전통과 연결할 것이며 어떤 다른 계열이 가능할 것인가" 하는 질문을 던졌다. 이들이 지적하듯, 모순과 적대·갈등을 봉합하지 않고 어떻게 계속 제기할 것인지, 홍콩에서 일어난 대중봉기가 어떻게 끊임없이 다른 계열과 연결되며 새로운 가능성을 만들어낼지, 이 부분은 이론적으로나 실천적으로나 과제로 남아 있다. 토론 내용을 공유해주신 양창렬, 홍명교 선생님께 감사드린다.

동의 최전선에 있었으나 지금은 농촌에서 농사를 짓고 있는 한 활동가는 말한다. "시위의 최전선에 있던 때보다 농촌에서 농사짓는 지금이 평온하냐고? 아니다. 나는 충분히 격렬히 살고 있다. 이 곳은 최전선과 다르지 않다. 나는 여기서 변화를 만들어낼 것이다." 송환법 반대시위가 끝나고서 무력감을 딛고 서점을 연 이는 묻는다. "이것은 홍콩인에 대한 일종의 테스트다. 이 사회는 진정 항쟁을 장기간의 생활 속에 녹여넣기를 원하는가?"

참고문헌

김정한(2021), 『1980 대중 봉기의 민주주의』, 후마니타스.
김주영(2021), 「태국과 홍콩의 사회운동에서 청년세대의 연대 배경과 분기점」, 『전동연 이슈페이퍼』 10, 전북대 동남아연구소.
류영하(2020), 『방법으로서의 중국-홍콩 체제』, 소명출판.
백원담·천광싱(2016), 「타이완과 홍콩 그리고 사상의 일대일로」, 『황해문화』 92호.
費孝通·李亦園(1998), 「中國文化與新世紀的社會學人類學: 費孝通, 李亦園對話錄」, 『北京大學學報』 第6期.
윤영도(2019), 「홍콩 레논 벽과 포스트잇, 그리고 정동정치-홍콩 우산혁명과 송환법 반대시위를 중심으로」, 『중국문화연구』 46.
이종화(2017), 「중국의 대일통(大一統)과 일국양제(一國兩制) 홍콩, 그리고 제국성(帝國性)에 관한 시론(試論)적 연구」, 『국제지역연구』 26권 1호.
장윤미(2020), 「'하나의 중국' 원칙과 양안의 갈라진 마음」, 『현대중국연구』 22권 3호.
장정아(2017), 「국제대도시이기를 거부하다: 홍콩의 도시공간운동」, 박철현 편, 『도시로 읽는 현대중국 2: 개혁기』, 역사비평사.
전명윤(2021), 『리멤버 홍콩: 시간에 갇힌 도시와 사람들』, 사계절.
조문영(2019), 「'보편' 중국의 부상과 인류학의 국가중심성 비판」, 『중국사 회과학논총』 1권 1호.
최병헌(2021), 「홍콩 국가보안법에 대한 의견 차이 연구: 한국인, 중국인 및 기타 아시아인들의 의견 비교」, 『중국지역연구』 8권 1호.
허재철·연원호·김홍원·김종혁·윤형준(2020), 「홍콩 국가안전법 제정 추진에 따른 영향 및 전망」, 『KIEP 세계경제 포커스』 Vol.3, No.16, 대외경제정책연구원.
홍명교(2020), 「홍콩은 불타는가: 홍콩 사회의 모순과 항쟁의 전개」, 플랫폼C.
Adam K. Dedman and Autumn Lai(2021), "Digitally Dismantling Asian Authoritarianism", *Contention*, Vol.9, Issue 1.

Wong, Thomas W.P.(1998), "Colonial Governance and the Hong Kong Story", *Occasional Paper*(HK: Hong Kong Institute of Asia-Pacific Studies The Chinese University of Hong Kong Press).

중국 쟁점 기획 계열 2

중국과 비(非)중국 그리고 인터 차이나:
타이완과 홍콩 다시보기

제2부 대담

제8장   타이완과 홍콩 그리고 사상의 일대일로   **백지운 · 천광싱**

제9장   홍콩은 우리 한복판에도 있다   **백지운 · 웡익모**

백원담(白元淡)

성공회대학교 중어중국학과/국제문화연구학과 교수, 동아시아연구소장, 中國 上海大學文化研究學系 해외교수, 『황해문화』 편집위원, 臺灣 『人間思想』 편집위원. 한국냉전학회/한국문화연구학회 회장 역임, 논저로는 『열전 속 냉전, 냉전 속 열전』(2017), 『신중국과 한국전쟁』(2013), 『냉전아시아의 문화풍경 Ⅰ·Ⅱ』(2008, 2009)(공저), 『동아시아 문화선택 한류』(2005), 주요논문으로 「아시아가 만드는 세계; 38미터의 관계학에서 신시대 평화연대로」(2018), 「The 60th anniversary of the Bandung Conference and Asia」(2016) 등이 있다.

천광싱(陳光興)

타이완 쟈오퉁대학(交通大學) 사회와 문화연구소 교수. 아시아태평양/문화연구실 담당자. 『대만사회연구계간 臺灣社會研究季刊』 편집위원, Inter-Asia Cultural Studies: Movements와 『인간사상(人間思想)』의 공동 주간. 타이완 신주 칭화대학(新竹 靑華大學)에서 20년 동안 강의했으며 UC버클리, 한국 연세대, 베이징 칭화대학, 싱가포르국립대학, 상하이대학, 링난대학 방문교수 역임. 주요 저서 『去帝國:作爲方法的亞洲』, Asia as method: towards Deimperialization, 『제국의 눈』(2003)천광싱, 『미디어/문화비판의 인민민주주의 도피노선』 「반둥/제3세계 기행 노트 : 아시아·아프리아·라틴아메리카 지식계획의 선행자 샘 모요 교수를 기리며」 등 다수.

· · ·

제8장 타이완과 홍콩 그리고 사상의 일대일로

■ 대담인 : 백원담·천광싱
■ 일　시 : 2016년 6월 24일 오후 2~3시
　　　　　2016년 6월 28일 오전 11~12시 30분
■ 장　소 : 성공회대 새천년관 교수휴게실, 학림다방,
　　　　　홍콩 영남대 게스트하우스
■ 번역 정리 : 연광석(문학박사. 성공회대학교 동아시아연구소 연구원)
■ 교열 정리 : 백원담

백원담　서울에 와서도 일정이 많이 바쁘신데 대담에 응해주셔서 고맙습니다. 타이완의 대표적 문화연구학자로서 아시아, 최근에는 아프리카까지 새로운 사상체계를 건설하는 기획을 제출하는 등 대단한 사상적 입지와 활동 범위, 추진력을 두루 갖춘 천광싱 선생님과 다시 마주 앉으니 저하고는 세 번째 대담인데도 감회가 새롭네요. 저로서는 아시아 학자 중에 선생님께 가장 영향을 많이 받아왔고 사업도 가장 긴밀하게 추동하고 있는 관계이지만, 이렇게 실제적으로 타이완 문제를 중심으로 토론자리를 갖는 것은 처음인 것 같습니다.

　　이번 계간 『황해문화』의 가을호 특집은 타이완 및 홍콩을 문제화하고자 합니다. '중국'과 '비중국'이라는 문제틀 속에서, 중국과 일국양제

제8장 타이완과 홍콩 그리고 사상의 일대일로

백원담

관계에 있는 홍콩, 그리고 비국민국가로서 타이완을 살펴보고자 하는데, 바로 이어서 저희 학교에서 강연이 있으셔서 심도있는 논의를 위한 시간이 부족한 것이 아쉽지만 속도감 있게 논의를 해나가보도록 하겠습니다.

21세기 중국의 부상과 함께 타이완과 홍콩은 애매한 위치에서 경제적으로 중국에 대한 의존성이 두드러지면서 그 어느 때보다도 중국과의 관계에서 그 존재의미를 강하게 규정받고 있지만 그로 인한 갈등 또한 강렬하게 분출되고 있습니다. 예컨대 타이완에서의 해바라기운동이나 홍콩의 우산운동이 모두 중국과의 관계설정의 어려움을 방증하고 '반중국'의 기조가 두드러지고 있습니다. 그러나 그러한 중국과의 관계의 측면 한편에 보다 넓은 관계성, 특히 아시아지역이라는 관계의 맥락에서 홍콩과 타이완의 역사와 현재가 이루어져왔다는 점에서 타이완과 홍콩을 아시아라는 지역의 역사적·현실적 맥락에서 바라보는 작업 또한 중요한 시점이라고 하겠습니다. 그런 점에서 이번 특집의 주제를 '중국과 비(非)중국: 타이완과 홍콩 다시보기'로 정했는데 이러한 문제설정은 어떠신지요. 구체적인 이해를 위해 해바라기운동과 우산운동에 대한 선생님의 입장을 말씀해주시는 것으로부터 이야기를 풀어나갔으면 합니다.

천광싱 우선 해바라기운동과 우산운동에 대해서 말씀드리자면 저는 다른 사람들과 접근하는 방식이 좀 다릅니다.

백원담 아, 그런데 이번 특집의 목적은 아시아인으로서 다른 아시아를 인식하는 방식과 방향을 제기하고자 하는 것에 좀더 강조점을 두고 있다는 점을 미리 말씀드려야 할 것 같습니다.

천광싱

천광싱 지난번 오키나와와 인 터아시아저널에 백 선생이 발표한 아시아의 아시아[1] 곧 아시아 안의 제3세계를 말하는 것이지요?

---

1 천광싱선생이 말한 '아시아의 아시아'는 백원담이 반둥 60주년을 기념하여 아시아현대사상기획(Modern Asian Thoughts, MAT)의 那覇事務局(오키나와 나하 사무국)이 주최한 'インターアジア・ワークショップ인터아시아 워크샵 2015'(亞際書院 バンドンと第三世界 60年 シリーズ: 思想としてのリアリズムー芸術と現代史をめぐる討議)에서 발표한 논문주제 '반둥 60주년과 아시아 バンドン60周年とアジア'를 말한다. 이 글은 추후 수정·보완되어 *Inter-Asia Cultural Studies Journal*에 게재(Wondam Paik, 2016)되었다.
여기서 아시아현대사상계획(MAT)과 亞際書院은 천광싱선생이 주도한 아시아 공동의 지식생산 구조로서 중요하게 자리매김될 필요가 있다. 곧 상하이(上海)에서 2011년 동아시아 비판적 잡지 구성원들이 모여 亞洲現代思想計畫討論會(Modern Asian Thought Project : 2011 East Asian Critical Journals Workshop in Shanghai)을 개최하였고, 이때 夢周財團의 지원을 받는 아시아지식인 연대기구인 亞際書院Inter-Asia School이 출범했다.

백원담 그렇습니다. 국민국가의 경계나 국민국가 중심의 관계 틀을 벗어나서 역사적 아시아와 오늘의 아시아를 살아가는 대다수 아시아민의 입지에서 타이완과 홍콩 문제를 바라볼 필요가 있다는 취지입니다. 한편 중국의 입장에서도 최근에 일대일로(一帶一路One Belt One Road)의 국가전략을 제기하고 구미유럽이 패권적으로 세계질서를 주도해간 것과는 다른 '평화발전의 사상'을 제기함으로써 새로운 세계질서를 만들어가고자 하는 중국몽(中國夢)을 구체화하였습니다. 그러나 그 일대일로의 기획 자체가 중국 경제의 내부모순, 곧 생산력 과잉의 문제를 해결하고자 하는 자본의 위기적 공간화 실천과 다름없다는 비판이 높고, 정치적으로는 빈부격차나 신장문제 등 소수민족문제 또한 홍콩과의 일국양제에서 강권행사 등으로 곤경을 맞고 있으며 그 해결 과정에 대한 우려가 높고 갈등이 확산되는 양상이라는 점에서 타이완과 홍콩의 관계를 어떻게 풀어내느냐가 21세기 중국이 명실공히 근대적 국민국가의 완성으로 가는 시험대가 될 것이라는 생각입니다.

1. 타이완과 홍콩은 하나의 중국인가?

천광싱 좋습니다. 그럼 우선 하나의 전제를 먼저 이야기하겠습니다. 타이완과 홍콩의 문제를 좀더 큰 범주에서 역사적으로 보자는 것인데요. 그리고 비민족주의적이고, 권역적인 시각에서 보자는 것입니다. 해바라기운동과 관련해서 그 내재적 구성을 먼저 이야기해보도록 하지요. 객관적으로 보면 이는 타이완에서 학생운동 이후의 흐름을 반영합니다. 1990년, 즉 1989년 톈안먼 운동 이후인 1990년의 야백합운동[2]에서 시작해

---

2   野百合學生運動, 일명 三月學運. 이 운동은 1990년 3월 16일에서 3월 22일

야 합니다. 그것은 우리 자신과 관련되는 것인데요. 당시 우리가 제기했던 것은 한국어로 표현하면 '민중 민주'였습니다. 우리는 그때 이를 '인민 민주'라고 불렀습니다. 영어로는 'popular democracy'였고요. 1990년 야백합운동은 이번 두 운동과 비교가 됩니다. 참여의 범위도 매우 광범위했구요.

그러나 이 두 운동은 아주 중요한 차이가 있습니다. 1990년의 운동은 아주 명확한 좌우 노선의 경쟁이 있었고, 교수 그룹을 포함해서 학생 지도부에도 명확한 차이가 있었습니다. 그런데 해바라기운동에서는 좌우 문제가 존재하지 않습니다. 좌파 학생들이 없다는 의미가 아니라 10여 년의 변화를 경험하면서 의제 전체가 기본적으로 반(反)중국으로 설정되었다는 것입니다. 중국과의 서비스 무역과 관련하여 '이익 양보'라는 입지에서 타이완을 중국의 영역에 흡수시킨다는 논리가 있는데 상당히 논쟁적이고 아직 공감대가 형성되어 있지도 않습니다.

1990년대의 학생운동은 높은 수준의 공감대가 형성되어 있었습니다. 낡은 제도를 전복한다는 것이었지요. 그러나 어떤 의미에서 보면 우리는 90년대에 모두 이용당했습니다. 리덩후이는 스스로 '독립 타이완'의 방향으로 전환했지요. 원래 중국 대륙의 늙은 입법위원들 – 장제스(蔣介石)는 국공내전의 실패로 1949년 12월 타이완에 정착한 이후 그를 따라온 국회의원들의 특권을 수십 년 동안 보장해주며 계엄령 통치로 정권을 유지해왔다 – 을 모

까지 발생했다. 6,000여 명의 전국 각지 대학생들은 중정기념당 광장(中正紀念堂廣場)에 정좌하여 '국민대회해산, 임시조례(動員戡亂時期臨時條款, 국공내전 중이던 1947년 7월 전시총동원령으로 국민헌법보다 우위에 있다. 국민당 정부는 타이완에 도주하여서도 이 비상임시조례를 유지했다) 폐지. 국시회의(國是會議) 개원 및 정치개혁시간표 등 4대 요구를 걸었고 당시 총통이었던 리덩후이는 학생들의 요구를 수락, 타이완 민주화 운동은 새로운 단계에 돌입하였다.

두 제거한 것입니다. 실질적으로 타이완을 범위로 하게 된 것인데 그것이 야백합운동의 한 후과(後果)가 되었습니다. 지금 회고해보면 당시 운동은 '국민당 반대'와 '권위주의 체제 반대'라는 점에서 동력을 가지고 있었습니다. 한국에서의 박정희 반대 및 군부독재 반대 등과 연관이 있지요. 바로 그러한 반독재운동 속에서 여러 종류의 동력이 생겨났습니다.

이와 상대적으로 최근인 해바라기운동에 투입된 역량은 여러 가지 다양한 종류임을 알 수 있을 것입니다. 나중에는 사회운동도 참여했습니다. 영향력이 아주 컸고 모든 운동 세력이 이 과정에 참여했지요. 그러나 학생 지도부는 기본적으로 '타이완파'라고 표현합니다. 타이완파와 타이완 독립파는 다릅니다. 이 또한 10여 년 동안의 전환입니다. 거기에는 하나의 좌표가 있습니다. 중국은 중국이고, 타이완은 타이완이라는 것입니다. 이 그룹들은 '타이완 사랑'과 같은 간단한 표현을 아주 좋아하지요.

우리 세대가 이 문제를 사고할 때, 우리는 중국 대륙과 타이완이라고 하고 모두 하나의 중국이라는 범위에 포함시킵니다. 그러나 이 세대들은 아주 명확하게 타이완은 타이완이라고 합니다. 그들은 '타이완'과 '중국'이라는 표현을 씁니다. 그리고 많은 학생들이 이 공간에 진입한 동력 또한 다릅니다. 예를 들면 중국 대륙의 학생도 참여했지요. 그들은 내부로 진입하면서 큰 곤란을 겪었습니다. '반(反)중국'이 중국인은 물러가라는 요구로 이어집니다. 그래서 그들은 그 안에서 매우 힘들어했습니다. 나는 서로 다른 힘을 이야기하는 것입니다. 그 안에 참여한 사회운동단체 사람들을 포함하고요. 물론 우리 친구들 일부는 이를 간단하게 '반중국'이라고 규정짓기도 하는데, 이 또한 옳지 않습니다.

사실 무역의 관점에서 보더라도, 중국과의 무역은 문제가 되고 미국과의 무역은 문제가 없다는 것은 논리적으로 맞지 않지요. 국민당 전체와 민진당 전체가 모두 이런 틀 안에 있습니다. 그래서 국민당을 '타이완 독립노선'이 아니라 '독립타이완노선'이라고 부르지요. 이는 조어도 (釣魚島) 보위 운동3의 우파, 즉 마잉주(馬英九)이 총통이 그 대표격입니다(1969년부터 국민당은 '혁신보대(革新保台)'를 실시하면서 타이완본토화정책을 개시했다-옮긴이 주).

그들이 견지하고자 하는 타이완의 우수성은 간단하지요. 바로 '민

---

3 조어도운동(臺灣保釣運動)은 대만에서 권위주의정부에 대해 학생운동을 중심으로 민간사회운동이 본격적으로 시작된 의미를 갖는다. 조어도 열도는 일본명으로는 센카쿠열도로서 1895년 청·일전쟁에서 승리한 일본은 조어도를 일본영토로 편입하기로 결정했지만 1969년까지 섬의 영토소유권 표지를 설치하지 않았다. 전후 대만해협 양안정부도 일본영해에 조어도를 포함시켰다. 그러나 1968년 유엔 아시아 및 극동위원회가 동중국해를 조사하면서 인근해역에 석유를 포함한 광범위한 해양자원이 분포되어 있다고 발표했다. 이로부터 일본정부는 1969년 조어도에 국가 표준을 제정했고 1970년 오키나와정부 입법원은 미국의 감독 하에 "센카쿠 열도의 영토방어 신청 결정에 대한 초안"을 작성했으며, 1971년 6월 17일 미국과 일본은 오키나와 반환협정에 서명하면서 1972년 5월 센가쿠열도의 행정관활권이 일본으로 넘어갔다. 중국과 대만의 양안정부는 1971년부터 이에 조어도 열도에 대한 주권행사를 주장하고 미·일 안보조약에 따른 결정에 항의하기 시작했다. 이에 1971년 4월10일 미국 워싱턴 D.C.에서 대만과 홍콩의 유학생들이 "중국영토인 조어도 보위, 保衛中國領土釣魚台 Diaoyutai Defense Chinese Territory" 시위를 거행했다. 한편 1971년 10월에 중화민국은 미·중 데탕트로 인해 중화인민공화국이 중국의 대표성을 띠게 되고 중화민국은 연합국 지위에서 축출되었고, 일본과 단교를 하기에 이르렀다. 당시 대만에서는 이를 외교적 좌절(外交挫敗)로 충격에 휩싸였고, 젊은 대학생들을 중심으로 한편에는 좌절감과 다른 한편으로는 현실로 회귀한 세대(回歸現實世代)로 일컬지는 바와 같이 정치와 문화의 전환을 이끄는 핵심적 역할을 자임하게 되고 대만사회운동의 기축을 이루게 된다. 참고자료로는 聯經出版社(2007) 참조.

주'입니다.

백원담 역사적으로 그리고 비민족주의이고 권역적 관점으로 해바라기운동이나 우산운동을 바라본다고 하셨는데, 해바라기운동의 의제가 '반중국'으로 귀결된다는 점에서 운동 자체의 긍정적 측면보다는 타이완과의 형성, 그 명분으로서의 민주를 드는 문제에 비판적 입장을 제기하시는 것이 의외네요. 그런데 해바라기운동은 중국과의 무역 자체에 대해 문제를 제기한다기보다는 "블랙박스 협상 반대(反黑箱子)"라는 구호에서 보듯이 중국과 국민당 정부가 무역협정 체결에 있어서 밀실정치로 일관했다는 것과 그것이 대다수 타이완인의 삶에 미치는 부정적 영향에 대한 문제제기 차원이라는 점에서 반중국의 기치는 어쩌면 자명한 귀결이 아닌가요? 중국이 다름 아닌 중국으로서 거대 국가 자본으로 타이완 경제에 관여하고 대륙에 진출한 타이완 자본이 전체 타이완 경제의 구조 전환을 야기함으로써 일어난 신자유주의에 대한 도저한 대중적 저항의 의미를 간과할 수 없다고 봅니다. 사회주의 중국이 신자유주의적인 서비스 무역협정을 주도한다는 비판이나 타이완의 독점자본의 이해에 복무하는 국민당 정권과의 결탁에 대한 반감이 반중정서의 기조를 형성하고 있다는 점에서 운동의 흐름은 매우 전향적인 것이지 않은가요? 통일파냐 독립파냐 하는 구래의 대립구도가 아니라 타이완 자체의 새로운 활로를 모색하고자 하고, 그 하나의 출로로서 타이완 독립의 기치가 대두된 것은 아닌지요. 그리고 그것의 정당성을 찾다보니 타이완사회가 반독재투쟁 속에서 제도적으로 정착해온 보편적 민주의 가치를 발견한 것이고, 그것으로 거대 중국에 대한 상대적 우위를 강조하는 문화적 포퓰리즘이 정향된 것이 아닌가 합니다.

그리고 그 '민주'의 역사적 소환이 문제가 있는 것이라면 그것은

1980년대 야백합운동을 통해 '국민당 반대'와 '권위주의 체제 반대'라는 점에서 동력을 가지고 있었던 '민주'가 21세기 해바라기운동에서는 대륙에 대한 '민주'의 문제로 전화되기까지 오히려 타이완 사회운동이 그것에 대한 어떤 새로운 내용을 만들어가지 못한 정치적 후과가 아닌가 싶습니다.

천광싱 지금 제기하신 문제를 운동형식에서부터 다시 점검해보는 것도 좋을 것 같습니다. 사실 우산운동, 해바라기운동뿐만이 아니지요. 그 전에 촛불시위가 먼저 있었습니다. 이번 젊은이들이 일으킨 학생운동 형식은 과거와 다릅니다. 기본적으로 고도의 조직화를 거치지 않았습니다. 그 시작점에 아마 촛불시위가 있었던 것 같습니다. 물론 거리가 좀 멀고 기억이 명확하지 않군요. 최근의 경우로 보면, 나는 일본의 '자유민주주의 학생 긴급행동 Students Emergency Action for Liberal Democracy'이 아주 중요하다고 생각합니다. 조직 형태가 이전과는 전혀 다름에도 불구하고 고도로 정치화되어 있습니다.

이케가미 요시히코(池上善彦)에 따르면 그들은 모두 흥분했습니다. 일본사회가 50년 동안 침잠해 있었다가 깨어났기 때문인데, 다시 말해서 1960년대 안보투쟁 이후로 이러한 계기가 없었기 때문입니다. 이 운동은 여러 차례 이어졌는데, 한번은 내가 직접 현장에서 본 것이고, 다른 하나는 안보 투쟁의 좌익과 공산당에 의해서 밀려나온 일군의 나이 많은 사람들이었습니다. 일본의 좌익운동은 민중과 대중을 흡수하지 못했는데, 이 사람들은 1960년대의 운동으로 인해서 여전히 계속해서 길을 열어가고 있었습니다. 이 운동의 다른 한 부분은 젊은이들인데, 아주 큰 역할을 담당하고 있었습니다. 최근의 예를 들어보면 (각자의) 무슨무슨 오키나와라는 식입니다. 한 사람이 자기입장을 가지고 나서 다음 공통적 지향에 대해서 동의하면 곧 오키나와 운동의 한 부분이 됩니다. 그렇게 사람들이 계속 드나듭니다. 이는 비정당 정치인데, 그들이 건드리는 문제는 고도로 정치화된 문제입니다. 안보 문제도 있고, 댐 문제, 핵 문제, 그리고 미군기지 문제도 있습니다. 모든 문제가 이 안으로 들어오게 됩니다.

이 운동의 형식은 하나의 새로운 가능성을 열어주는 것 같습니다. 우산운동이나 해바라기운동은 하지 못한 것입니다. 적극적으로 참여하고자 하는 누구에게나 열려 있습니다. 아주 작은 규모로 조직하지만 그들은 생각을 가지고 있습니다. 나는 오키나와에서도 이 사람들을 만났습니다. 사나(崎濱紗奈, 사나 사키하마)를 통해서였습니다. 일본의 젊은 세대들은 어디에서든지 활동을 할 수 있지요. 특히 오키나와, 일본, 한국에서 만난 젊은 세대들은 과거와 다르게 자신의 생각과 주체성을 가지기 시작했습니다.

백원담 타이완에는 그런 흐름이 없습니까?

천광싱 타이완에도 부분적으로 이런 활동이 있습니다. 우리는 과거 모든 운동에 대해서 잘 알고 있는데, 이 운동들은 규모가 커지면 모두는 아닙니다만 한 세대 전체에 영향을 미칩니다. 그러나 이른바 해바라기운동, 우산운동, 촛불시위 그리고 이번 일본의 운동은 한 세대에 영향을 준 운동입니다. 그 방향은 무엇이고 그것에 담론적으로 어떤 의미를 부여해야 하는 것일까요? 우산운동이나 해바라기운동을 전면 부정할 수 없는 것은 그것에 참여한 사람들 하나하나가 투영하는 문제와 관심이 서로 다르기 때문입니다. 그래서 어떤 경우는 경제 문제 혹은 어떤 문제와도 관계가 없습니다. 그들은 자신이 관심을 갖는 것을 표현합니다. "나는 참여하고 싶지만, 어떤 것에도 속하고 싶지 않다."그 스스로 명확히 이야기하지 못하는 상황입니다.

그런데 과거 우리의 경험으로 보면 학생운동 지도부 상당수가 정계로 진출하게 됩니다. 1990년의 야백합학생운동의 경우에도 일부 좌익이 있었고, 나중에 이탈하여 정계로 진출한 경우가 소수 있습니다. 대부분은 운동계나 학술계로 갔고, 일부는 지역 운동 등으로 갔습니다. 타이완 대학의 조직, 즉 자유주의 계통은 우익이라고 부를 수는 없는데, 대부분 민진당 계통으로 들어가 공직을 얻어 국가를 장악했습니다. 그 세대는 학술 및 정치 등 영역에서 서로 경쟁했습니다. 그래서 "그는 이미 민진당 비서장이 되었어, 나는 아직도 이런 걸 하고 있고…"와 같은 낙담이 나옵니다. 물론 그들이 국가장치를 장악했습니다. 지금 대략 45~55세에 이르는 사람들은 중간층인데, 모든 것을 차지했습니다. 다음 세대는 꼭 그렇지 않겠지요. 앞선 사람들이 그런 길을 갔지만 새로운 길을 열지 못했음을 보았기 때문입니다.

나는 핵심이 지도부에 있지 않다고 봅니다. 이 과정에 참여한 비지도부가 중요합니다. 이는 조어도(釣魚島) 보위운동이 한 세대에 영향을 미친 것과 비슷합니다. 조어도 보위운동의 특색은 이공계가 중심이었다는 것입니다. 그러나 이번엔 다릅니다. 아주 광범위하고, 다방면에 걸쳐 있습니다. 그들의 이러한 관심은 어떤 관점에서 보면 사회의식의 각성이라고 할까요? 어쩌면 사회의식의 연대라고 할 수 있죠. 그들이 성장하는 미래의 20년 동안 타이완사회와 홍콩사회에서 발효과정을 거칠 것입니다. 물론 이러한 운동들 속에서 탈식민 문제는 처리되지 않고, 사상적 출구도 없습니다. 그래서 기성 체제에 흡수될 것인데 이는 우리 책임입니다. 우리가 제대로 하지 못했고, 어쩌면 우리가 제기한 담론이 민중사상과 유리되었기 때문입니다.

백원담 민중사상과의 유리란 어떤 현상을 말하는 것인가요?

천광싱 나는 추상적으로 민중을 이야기하는 것이 아닙니다. 학생운동의 외곽에 수많은 이른바 '민중'이 참여했습니다. 운동 단체도 포함됩니다. 그런데 우리는 지금 큰 흐름을 제대로 볼 수 없습니다. 그래서 그 안에서 드는 느낌은 이 몇 개의 공간이 서로 연동되면서 상호영향을 형성한다는 것이고, 일부는 긍정적이지만 일부는 매우 부정적이라는 것입니다. 일본의 사진작가가 타이완에 와서 보고는 이는 혁명이라고 했습니다. 그리고 낭만적으로 이를 이야기하더군요. 그러나 그는 제대로 본 것 같지 않습니다. 정말 의미 있는 것은 일본의 운동이지 타이완의 운동이 아닙니다.

타이완의 해바라기운동은 이미 끝났습니다. 해바라기운동이 본래 약속했던 학교 간 연대조직 등은 형성되지 않았습니다. 이는 은밀한 네트워크로 남아 있습니다. 이제 우리에게 주어진 과제는 대규모 운동 이후에 어떻게 조직을 형성하고 유지할 것인가의 문제입니다. 인터넷도 있고, 페이스북도 있고, 다른 무엇일 수도 있습니다. 어떤 식으로 가능할지는 잘 모르겠습니다.

백원담 과거 운동이 민중사상과 유리되었다는 측면과 새로운 세대의 달라진 운동의 형식과 관련 지점을 좀더 설명해주셨으면 합니다. 과거에는 민중사상과 유리되었다기보다는 다양한 민중적 쟁점들을 수렴해내지 못한 것이 아닐까요? 그리고 새로운 세대의 운동에서는 민중적 쟁점들이 자생적이고 자발적으로 표출되어 나왔지만 운동 지도부에 의해서 조직화되기보다는 그 자체로 병렬화되어서 문제군으로 상존하고 있지만 전체적으로 주도할 수 없는 것으로 이해됩니다. 그렇다면 다변화되고 탈중심적인 운동의 흐름 속에서 다양한 주체들에 의한 새로운 정치의 장소들을 구체적으로 포착한 지점은 없으신지요?

천광싱 계속 관찰할 필요가 있다고 생각합니다. 그러나 과거의 경험으로 볼 때, 이들이 만들어낸 거대한 영향력을 볼 수 있습니다. 우산운동과 해바라기운동에 참여한 이들은 낙생원운동(樂生保留運動)[4]과 다른 세대입니다. 한센병 시설을 보호하고자 했던 낙생원운동의 청년들은 지금 환경운동, 노동운동, 성소수자운동, 반철거운동, 고등교육개혁운동 등 여러 영역에서 활동을 하고 있습니다. 후칭야(胡雅) 같은 친구들이 이 세대에 속합니다. 원주민운동에서는 보지 못한 것 같습니다. 일부는 연구자로 성장하였고요. 그중에는 인도로 공부를 하러 간 친구도 있습니다. 곧 학업을 마치고 돌아올 것입니다.

이들이 다음 세대에 이 사회의 지도자가 될 것이고, 자신에게 축적된 것들을 바탕으로 역할을 맡게 될 것입니다. 우리와 같은 예전 세대들

---

4 타이완 러성요양원의 한센병환자들의 명예와 권익을 위한 대만 대학생들과 민간단체의 지원운동.
러성요양원은 한국의 소록도와 같이 일제시대에 한센병환자들을 격리·수용하였고 특히 한센병에 걸린 임산부를 치료한다는 명목으로 강제 낙태를 시행하였고, 이로서 낙태에 실패한 다음 세대들은 신체적·정신적 장애를 앓게 되었다. 1994년 타이베이시 정부는 러성요양원을 기계공장 부지(新莊機廠預定地)로 선택하고 산간벽지에 있는 요양원의 강제 철거와 환자들의 퇴거작업에 독립했다. 이에 대만의 의과대학학생들이 2004년 '청년러성연맹(青年樂生聯盟)'을 결성하고 한센병환자들의 권리와 이해를 위해 투쟁해나갔다. 이에 러성지역 주민들도 동참하였고, 2008년 입법원에서 "한센 인권 보호 및 보상 조례《漢生人權保障及補償條例》"를 통과시켰으며, 2015년 현재 공장건설 기획 철회를 촉구하였다.

은 이러한 축적이라는 의식이 없었던 점이 가장 안타깝습니다. 축적 의식 없이 일을 하면 준비 방식이 다릅니다. 결국 이른바 조직 작업을 어떻게 할 것인가가 커다란 도전으로 제시되었다고 봅니다.

백원담 새로운 조직화의 과제를 제기하시는 것인가요?

천광싱 어떤 관점에서 보면, 우리는 또다른 방식을 제기합니다. 반복해서 드나드는 조직인데, 이는 협의의 조직이 아닙니다. 우리가 인터아시아로 제기한 방안과 같습니다. 기본 정신은 '땅에 닿는 것'입니다. 현지의 근거지를 바탕으로 하는 것이지요. 네트워크는 이미 만들어져 있습니다. 따라서 진정한 관계는 현지에만 있지 않고, 전체적인 상태로 존재합니다. 그러나 사람은 드나들되 지도부는 없습니다. 우리가 준비하는 '또다른 세계 센터(Another World Center)'[5]도 그렇습니다. 하나의 네트워크인데요. 그런 경우 리더가 있을 수 없습니다. 정당의 형태도 아닙니다. 그러나 전통적인 의미의 정치에 작용을 할 때, 전환될 수 있을까요? 우리의 규모가 너무 작은 것 같습니다. 그러나 이는 비교적 명확한 사상운동을 형성할 것입니다. 그리고 우리는 이미 일정한 준비 작업을 마쳤습니다.

그래서 앞으로 방향에 있어서 우리는 앞서 나갈 수는 없습니다. 이

---

5 2016년 대담 당시 천광싱선생은 '아시아 비판적 잡지 회의'에서 신자유주의 세계화 모순에 대한 전격적 대응을 아시아연대로 극복할 것을 제시하면서 '대안세계센타'의 건설을 제기했다. '동아시아 비판적 잡지 회의'는 2016년 6월 20~21일 서울에서 계간 『창작과비평』 창간 50주년을 기념하는 회의로 개최되었다. 공동주제는 "동아시아에서 '대전환'을 묻다"(A Great Turning in East Asia: Where and How?).

른바 앞선다는 것은 객관적 국면이 우리에게 이렇게 하도록 요구하고 있고, 그렇게 하지 않으면 운동이 전개될 수 없기 때문입니다. 현재까지 와보니 운동에 대한 우리의 이해는 개인적으로 보면 매우 명확합니다. 이른바 운동이 형성될 때는 '통제 불가능'상태입니다. 운동을 어떻게 하라고 통제하는 것은 이미 불가능합니다. 매 지점에서 방향은 서로 다릅니다. 그러나 우리 전체는 연대를 형성할 것입니다. 현재 상황은 대략 이렇습니다.

2. 식민과 냉전의 중첩 사이에서

백원담 비교적 명확한 사상운동이란 무엇이고, 이미 일정한 준비작업을 마쳤다는 것은 구체적으로 어떤 상황인지 궁금합니다.

천광싱 해바라기운동은 기본적으로 '민주', '반권위', '반중공집단' 등을 담론 구조로 갖습니다. 여기에서 '중공'은 미국과 대비되는 권위주의입니다. 이 학생운동의 지도부들은 운동이 정점을 찍고 나서 미국으로 갔고, 타이완 독립파들과 결합하였습니다. 같은 상황이 홍콩의 우산운동에서도 발생하고 있다고 볼 수 있습니다. 어떤 사람들은 미국이 배후에서 지지하는가의 여부는 중요하지 않다고 보는데 이는 옳지 않습니다. 하나의 세계관이 그들을 지탱하고 있습니다. 그래서 우리가 줄곧 이야기하는 하나의 핵심 문제가 '탈식민'이 됩니다. 세계관 전체의 차원에서 탈식민이 진행되지 않았기 때문에 이러한 상황이 발생하는 것입니다. 저는 이번 해바라기운동에 그것이 표현되었다고 봅니다. 그 가운데에서 핵심 문제로 우리가 감당해야 할 일은 지식 방식에 문제가 발생했던 것, 즉 한

세기 동안 우리가 남의 지식체계를 사용해서 우리 자신 위에 군림했던 문제를 해결하는 작업이 될 것입니다.

백원담 앞서 비교적 명확한 사상운동이라는 방향 설정과 그를 위한 준비작업이 끝났다고 해서 좀 전향적 국면으로 파악했는데 아니었군요. 이 학생운동의 지도부들을 지탱하는 하나의 세계관이라면 제국주의=식민주의를 말씀하시는 것인가요? 세계관 차원에서 탈식민화가 진행되지 않은 것이 문제의 진원이라면 그것이 이루어지지 않은 역사적 구조의 문제가 중요해보입니다. 이를테면 식민과 냉전, 그리고 전 지구화가 중첩된 아시아에서 근대화가 추동된 경로의 문제인데, 현실사회주의가 대안적 경로를 열어내는 데 실패한 역사적 과정이 아시아에서 모든 새로운 근대 극복의 기획들을 블랙홀처럼 집어삼키고 폐허상태를 야기한 문제도 다루어지지 않으면 안 될 것이라고 생각합니다. 선생님은 그 대안적 운동들이 혹여 외재적 요인에 의해 좌절되지 않았더라도 그 내부에는 여전히 자기오리엔탈리즘이 내재화되어 있다고 보고 근원적으로 식민적 지식체계의 유지와 온존을 문제삼으며 그것의 내파작업이 필요하다고 보는 입장에서 탈식민화문제를 제기하시는 것 같습니다. 그런데 이번 해바라기운동이나 우산운동에는 무역협정 체결과 그 입법화 과정의 민주적 경로를 제기한 바와 같이 전혀 새로운 정치화의 도정들도 확인되고 있다는 점에서 반중국=미국화라는 탈식민화의 문제틀로만 파악할 수는 없다고 보는데 어떠신지요?

천광싱 아주 간단한 예를 들어보죠. 학생운동의 지도자는 타이완대학 학생이고, 배후에서 지지한 세력은 사회학과입니다. 주도 세력은 타이완의 신주(新竹) 청화(淸華)대학 등이 있고, 홍콩에서는 홍콩대학 및 중문대학 등이 있었습니다. 이들은 지식 차원의 탈식민 과정을 경험하지 못했습니다. 특히 홍콩을 예로 들어보면 아주 큰 문제가 발생했음을 알 수 있습니다. 1997년 이후로 탈식민지화되었다고 하지만 아무런 변화가 없었습니다. 지식 방식의 측면에서 새로운 도전이 없었던 것이지요. 표면적으로 보면 이 문제는 홍콩과 타이완의 문제이지만, 한국은 우리보다 더 심각할 수도 있습니다. 과학의 분류 등을 포함해서 새롭게 문제제기 되지 못했습니다. 결국 한 세기 동안 누적된 결과물을 만들어냈습니다. 전후 대부분의 지역에서 사회과학의 체계를 구축할 때, 기본적으로 유럽과 미국의 전통을 근거로 했습니다. 간단히 말하면 18세기에 구축된 대학 체계와 지식 분류가 제국주의적 강압에 의해 소독된 것입니다. 예를 들면, 아프리카는 식민지 대학을 설립했습니다. 마흐무드 맘다니Mahmood Mamdani[6]가 명확히 이야기한 바 있습니다. 제3세계에는 두 가지 대학이 있는데, 하나는 식민지 대학이고 다른 하나는 민족주의 대학이라는 것입니다. 이 두 가지는 연속성을 갖습니다. 그러나 학과 차원에서도 그들은 도전한 바 없었습니다. 왜냐하면 제3세계에서 현대화된 지식과 대학은 현대화를 추진하는 중요한 기제였기 때문입니다. 백낙청 선생의 표현으로 하면 "우리가 우리를 식민자colonizer로 초청했다"는 것입니다. 내가 보기에 이는 매우 중요한 문제입니다.

그래서 해바라기운동과 우산운동을 이해하려면 역사적 전개 과정

---

6 우간다의 마케레레(Makerere) 대학 마케레레 사회조사연구소 소장이자 미국 컬럼비아 대학 인류학과 교수 및 아프리카연구소 소장. 최근 저서로『구원자와 생존자: 다푸르, 정치, 대테러전쟁』,『착한 무슬림, 나쁜 무슬림: 미국과 냉전 그리고 테러의 기원(Good Muslim, Bad Muslim; America, the Cold War, and the Roots of Terror)』(2005) 등이 있음.

안으로 되돌아와서 아주 많은 문제들이 발생했음을 보아야 합니다. 사회운동을 포함해서 말이죠. 한국의 사회운동은 아마도 타이완에 비해서 상황이 좋을 것입니다. 타이완의 사회운동은 민중과 관련이 없습니다. 간단히 말하자면, 타이완의 사원은 타이완에서 아주 중요한 정신적 구조물입니다. 그렇지만 사회운동은 이것과 어떤 관련도 없습니다. 즉 그러한 사유 방식은 유럽적인 것이고 이론적인 개입 방식인 것입니다. 그래서 반추해 보면 타이완에서 지금까지 여러 문제가 발생했는데 우리가 책임을 져야 합니다. 왜냐하면 당시에 제기했던 '인민 민주'이론 및 정치 입장이 이와 같은 틀에서 출현한 것이기 때문입니다. 1990년대를 지나면서 우리는 아시아와 제3세계로 시야를 돌려서 점차 우리 자신을 발견하였습니다. 우리 자신의 잘못을 발견하면서 비로소 이와 같은 지식 방식의 조정을 시작했습니다. 그렇지만 효과는 제한적이었죠. 그래서 나는 줄곧 이 운동이 반영하는 핵심 문제가 1980년대 이후 지식이 부단히 유럽과 미국을 향해 심화되었던 결과물이었다는 데 있다고 봅니다.

백원담 한국에서도 1980년대 이후 지식체계가 유럽과 미국 중심으로 재구성되었다고 할 수 있습니다. 그러나 1980년대에 변혁사상의 빈곤을 문제로 삼을 수 있고, 변혁운동의 전통과 이론의 부재에 따른 다양한 참조체계를 찾고자 하고 그런 점에서 해외이론의 수용이 두드러졌지요. 하지만 그것이 식민지식체계만을 구축하기보다는 그에 저항하는 방향으로 동력화되었습니다. 1980년대 후반에서 1990년대 한국의 사회구성체 논쟁 등 지식구성에 있어서 역사적 현실에 근거한 실천이론을 구축해가고자 하는 노력이 없었던 것은 아닙니다. 또한 이를 기초로 변혁운동의 전략노선을 둘러싸고 치열한 이론전선이 만들어지기도 했습니다. 그리고 참조체계 또한 사회주의 진영에 한정되는 것이 아니라 제3세계 운동과도 부단한 접속을 이루어왔습니다. 그러나 1989년 사회주의 중국에서 톈안먼 사태, 그리고 동구권의 현실사회주의권이 패퇴함에 따라 인류의 진보지향에 대한 도저한 회의 속에서 이론적 근저도 사회변혁의 경로 모색도 허망한 노릇이 되어버리고 말았지요.

1987년 민주화 열기와 계급운동의 폭발적 대두가 한편으로는 정권교체와 보편적 민주주의의 실현, 다른 한편으로 계급운동의 광범한 조직화와 전선을 형성해내었지만, 부르주아 민주주의의 실현이 계급운동의 발목을 잡는 체제내화 과정에 대응할 동력은 무력화되었습니다. 그러나 그렇다고 해서 사회주의적 변혁 이외의 전망, 새로운 정치세력화의 상상력이나 가능성 자체가 완전히 소멸되었다고 볼 수는 없습니다. 그것은 한마디로 말하면 신자유주의 세계화에 대한 대안 세계화 운동의 흐름과 함께 한 과정으로 개괄할 수 있을 것입니다.

천광싱 한국의 경우는 좀 특수한 측면이 있는데, 홍콩의 문제는 우리 모든 지역과 높은 호응 관계를 갖는다고 볼 수 있지요. 이렇게 이야기해보죠. 우리가 제국을 좀 크게 놓고, 너무 크게는 말고, 동북아에 놓고 봅시다. 남북한의 분단, 홍콩·마카오·타이완과 중국의 분단관계가 있는데, 오키나와와 일본 본토의 모호한 관계는 분단이라고 할 수 있을까요? 그렇게 보기는 쉽지 않습니다. 여기에 베트남을 가져오면 문제가 아주 분명해지지요. 남북베트남의 분단관계인데, 그러나 그것은 기본적으로 극복되었습니다. 그리고 좀더 남쪽으로 내려가보면, 싱가포르, 말레이시아가 있습니다. 이는 분단이라기보다는 분열이라고 부릅니다. 제가 보기에 이런 것들은 모두 같은 구조에서 발생한 것입니다.

백원담 싱가포르와 말레이시아의 경우는 민족해방운동을 거쳐 근대적 국민국가의 구성 과정에서 종족적으로 분리되어 나온 것인데 그것을 전후 세계에서 식민과 냉전의 중첩적 전개 과정에 의한 분단과 구분해서 보시는 것으로 이해됩니다. 물론 거기서 구미의 식민주의의 작동과 각축을 간과할 수 없지요. 그리고 세계적인 냉전의 체제화 과정이 중첩되면서 결과적으로 이들 분열 과정이 일어났다고 보는데 그런 점에서 모두 같은 구조라는 말씀에 동의합니다.

천광싱 몇 가지 역사적 좌표가 있습니다. 개략적으로 말해보면 1840년을 먼저 얘기할 수 있습니다. 홍콩의 관계는 매우 특수합니다. 이는 순수한 식민지 관계가 아니었습니다. 조계(租界)였지요. 나중에 식민지라고 규정한 것은 '정치적 통치'가 영국정권으로 전환되었을 때입니다. 이는 다른 구도입니다. 그런데 이 문제는 왜 지금까지 한번도 연구되지 않았을까요? 영어로 Concession이라고 하는 이 말은 '너에게 양보할게'라는 뜻입니다. 그런데 중국어로 번역되면 '내가 너한테 빌려줄게'라는 뜻으로 바뀝니다. 이는 다시 회수할 수 있다는 것이지요. 체면 문제와 관련됩니다. 물론 이는 불평등 조약에서 초래된 것입니다. 결국 이 문제는 지금까지도 분석 차원에서 다시 토론되어야 합니다. 이른바 1997년의 '회귀'는 또다른 구조입니다. 한국에서는 1945년을 '광복'이라고 부르는데, 이는 남북한의 관계가 1910년 이전의 상황으로 회복되어야 한다는 의미를 가지고 있지요. 그런데 동북아의 구도와 아프리카의 구도는 또 완전히 다릅니다. 아프리카는 1960년대에 주로 독립을 이야기했습니다. 그러나 동북아에서 독립이란 역사적으로 이미 존재했던 정치체제로 회귀함을 의미합니다. 물론 이 정치체제는 현대화 이후의 상태와 완전히 다른 것입니다. 현대 민족국가의 거대한 존재와 방대한 힘은 사회에 대한 국가의 침투력으로 표현되지요.

백원담 전근대 시기의 동북아시아와 아프리카의 다른 역사궤적까지를 거론해주셨는데, 물론 전 지구화 시대에 탈식민 문제를 이야기하기 위해서는 그런 대비와 다른 역사적 경험들을 하나의 지평에 전치해놓고 참조해나가는 것은 매우 중요합니다. 무엇보다 제3세계에서 식민의 경험은 다양하기 때문에 이를 원점에 놓고 그 역사적 궤적을 살펴보는 가운데 그 다른 식민의 경험이 이후 제대로 된 극복 과정을 거치지 못하고 순수한 '분단'으로도 볼 수 없는 역사구조를 가지기 때문에 그 갈등지점이 매우 복잡한 양상을 보일 수밖에 없는 것이지요. 중국으로의 회귀라고 했을 때 그 중국도 정치체제로서는 사회주의이지만, 경제적으로는 전 지구화가 가장 활발하게 일어나는 장소이니 일국양제의 현상과 그 귀결은 매우 어려운 지점이 아닐 수 없습니다.

천광싱 아시아에서는 독립 또는 회귀 이후 주요한 동력이 식민 시기와 다릅니다. 제3세계에서 1930~40년대부터 줄곧 이어져 내려온 것은 '인민'을 '국민'으로 만들어내는 것입니다. 그러나 그것이 중국과 같은 곳에서 형성될 때, 이는 역시나 다민족적 국가가 됩니다. 그래서 nation을 '민족'으로 번역해왔고, '국민'으로 번역하지 않았습니다. 즉 원래 아주 느슨한 것이고, 소수민족 사이의 관계는 매우 다원적이었습니다. 충돌이 발생하기도 하고요. 그러나 이러한 국민국가가 일단 형성되면 큰 문제가 발생합니다. 전쟁, 내전, 폭력이 그것입니다. 남북한도 그렇고 양안도 그렇습니다. 그리고 여기에 가장 간단히 말하자면 대리인proxy이라는 것이 있습니다. 북한은 사회주의 진영을 따르고, 남한은 미국을 따르는데, 이와 같이 전후에 냉전으로 인해 갈라진 권역 전체가 국민국가 구조의 산물입니다. 일찍이 아시스 난디Ashis Nandy가 제3세계에서의 민족 국가 형성 과정에 폭력을 초래하지 않은 예외가 거의 없다고 이야기한 바 있습니다. 대부분은 전쟁의 형식을 거치는데 동북아에서는 내전이라고 불립니다. 특히 남북한이 그렇습니다. 양안의 경우도 내전이었죠. 물론 한국과 한반도는 양안에 비해 훨씬 격렬했습니다.

중국은 판도 자체가 너무 컸습니다. 1911년 쑨원(孫文)의 신해혁명(辛亥革命)으로 장악한 공간은 매우 작았습니다. 중국대륙 전체가 아니었죠. 그리고 전체 동력은 노동자 농민과 유리되어 있었습니다. 중국공산당이 1949년에 독립적으로 건국할 수 있었던 거대한 동력은 이른바 좌익적 사상인데, 수정된 좌익사상, 수정된 마르크스주의였습니다. 농민이 혁명의 주체가 되었죠. 농민입국의 장소로서 중국은 인민과 유리될 수 없습니다. 여기서 공산당의 대단함은 공산당의 사상적 자원이 전략적인 무기를 제공했다는 것에 있고, 국민당은 상대적으로 이 부분이 박약했지요. 국민당의 사상 자원은 사실 모호합니다. 그저 정치적 역량이었을 뿐이죠. 그래서 여러 정책 방향에서 중심을 잡지 못하고 흔들렸는데, 물론 그래서 더욱 큰 유연성을 가지기도 했습니다. 예컨대 타이완은 중국 대륙보다 사회주의적인 측면이 있는데, 빈부격차도 그리 크지 않았고 실업률도 높지 않았으며, 1990년대 타이완에 국민의료보험이 생겼는데, 세계적으로 신자유주의의 길을 걷던 시기에 타이완은 다른 길을 걸었던 것입니다. 이런 맥락에서 동아시아 지역을 다시 보면 신자유주의만 있는 것이 아닙니다.

백원담 세기적인 식민화의 문제를 제기하셨는데 아시아에서는 제2차 세계대전 이전의 유럽식민주의 문제도 크지만 타이완이나 한국이 일본 제국주의의 식민지였다는 점에서 식민성의 내용 또한 간과할 수 없겠지요. 그리고 1945~49년까지 국공 내전과 사회주의 중국의 성립 및 중화민국의 존속이라는 문제를 사상문화구조로 이해해본다면, 그리고 1980

년대 중국이 자본주의로 스스로 편입되면서 2008년 개혁개방의 성공에 이르는 과정까지 타이완과 홍콩 자본의 중요한 역할을 고려해본다면 탈식민화 문제는 보다 복잡한 구조를 갖는다고 할 수 있습니다.

레이 황(黃仁宇Ray Huang)은 장제스와 국민당은 그럭저럭 새로운 국가를 위한 상부구조 – 군대에 대한 국가의 통일된 지휘체계, 법정 통화, 중앙집권적 재정, 새로운 행정기구, 일단의 군사학교를 포함한 통합된 교육시스템 등 – 를 창조해내었고 그런 점에서 중국이 근대 세계에 자리를 잡는 데 기여했다고 평가했습니다(레이 황, 2009). 물론 하부구조를 뒤엎는 일은 마오쩌둥(毛澤東)과 공산당이 감당해내었고, 궁극적으로 대륙에 사회주의 국가를 건설해내었지만, 근대국가 건설의 최종 단계인 오늘날 상부와 하부의 제도적 연결고리를 다시 짜고 진정한 근대국가 중국을 완결하는 과업이 놓여 있다고 제기한 것입니다. 이는 서구 독자들을 겨냥한 글쓰기로 기본적으로 서구적 근대국가를 모델로 한 한계는 분명하지만 논의거리는 제공합니다. 그리고 국민당의 사상적 빈약함 역시 그 장제스가 왕양명(王陽明)의 추종자였다는 점과 그 사상성이 아닌 의지력에 근거한 중국통치를 마오의 주의주의와 마주 세워볼 필요성, 어쩌면 그 위대한 실패의 역상(逆像)을 제대로 대면하지 못한 것이 1990년대 유럽과 미국의 지식체계에 귀속되는 자기오리엔탈리즘으로 귀결된 것은 아닐까요.

그리고 홍콩의 우산운동은 중국 정부가 2017년 지도자 직선제 입후보 자격 제한에 대한 결정에 대한 반발로 일어나게 되었는데, 그것은 결국 중국 정부가 일대일로의 국가전략을 제시하며 대국굴기의 화평노선을 관철하고자 하지만 정작 중국 내부의 문제에 대해서는 오히려 강압적 질서를 만들어온 것으로 인한 자명한 귀결이 아닌가 합니다. 특히 일대일로의 그림 속에 타이완과 홍콩, 그리고 한반도와 일본 등 동북아시아가 대상화되어 있다는 것은 확실히 문제적입니다.

그런데 쉬진위(徐進鈺)가 주장한 바와 같이 경제적 타개책의 의미도 있지만, 국제전략으로서의 일대일로가 '중국과 관련 국가들 간에 이미 존재하는 다자 기제를 충분히 활용하여 이미 효력을 발휘하고 있는 지역 협력 플랫폼'을 실질화시킬 가능성 또한 배제하기 힘듭니다. 그리고 그것이 현실화된다면 지오반니 아리기Giobanni Arighi와 아리프 딜릭Arif Dirlik이 말한 경제중심의 세계질서 재편, 새로운 반동, 곧 문명연방의 가능성을 열어낼 수 있겠지요. 따라서 오늘의 중국은 식민, 냉전, 전 지구화의 모순이 고도로 집중된 장소라는 점에서 이남주의 지적대로 일대일로의 가능성을 제약하는 요인들을 드러내고, 부단히 새로운 가능성을 발견하는 국제적 관계의 협력이 어느 때보다 중요한 시점이라고 하겠습니다. 물론 가장 연선지역에 있는 타이완과 홍콩에서 일대일로에 극히 예민한 반응을 보이며 반중국 정서가 강화되고 주권독립이 주창되는 현실에서 그것이 중국에 대한 경제적 의존관계 자체를 부정할 수 없는 조건에 있으므로 실제적 타당성은 없지만 그 중국요인에 탈식민화 이외에 다른 접근이 필요하다는 생각입니다.

천광싱 내 생각에 가장 핵심적인 것이 바로 중국 대륙과 홍콩 사이의 상호작용의 관계에 있는데, 이는 타이완에 비해서 훨씬 밀접합니다. 게다가 체구 자체가 작기 때문이고, 초래되는 문제 또한 이러한 측면입니다. 예를 들자면, 홍콩과 타이완은 서로 다른 상태입니다. 마카오를 도입해보죠. 마카오는 토론의 좌표가 되지 않는데 그 이유는 무엇일까요? 상대적으로 마카오의 회귀는 객관적으로 볼 때 평탄했습니다. 나는 이를 옳고 그름의 문제로 제기하지 않습니다. 그런데 홍콩은 전후와 전전의 여러 조건과 지식의 누적으로 인해 마카오에 비해서 중국과의 모순이 더욱 심각합니다. 예를 들어, 대륙의 여행객들이 타이완으로 올 경우

거시적인 통제가 행해집니다. 매일 수많은 제약이 있습니다. 홍콩에서는 그렇지 않죠. 이것이 반영하는 것은 "(중국으로) 회귀했으니 너를 우리의 일부분으로 우리가 간주하겠다"는 것입니다. 그러나 실질적으로 중국 대륙의 사상계에는 아주 큰 문제가 있습니다. 진지하게 홍콩의 식민지 문제를 사고하지 않는 것이지요.

백원담 대륙 지식인들이 홍콩의 식민지 문제를 사고하지 않음으로써 어떤 문제들이 야기된다고 보십니까?

천광싱 문제를 너무 크게 제기했는데, 이른바 탈식민 문제에 관해서 타이완이 큰 책임을 져야 했습니다. 그런데 냉전으로 인해 전환되었지요. 그래서 나중에 탈식민 문제가 냉전 문제로, 그리고 다시 자본주의와 사회주의의 대립 문제로 전환되었습니다. 그러나 식민지 문제는 냉전 문제로 환원될 수 없습니다. 경제구조, 법률제도, 대학시스템, 교육 시스템, 사회구성 등 너무 많은 차원에서 식민지 문제가 작동하고 있기 때문입니다. 150년의 식민지 역사가 아직도 정리되지 못하고 있습니다. 그것은 타이완에 큰 책임이 있습니다. 우리가 전후 냉전으로 인해 이 작업을 하지 못하고 지연시켰기 때문입니다. 예외적인 인물이 바로 천잉전(陳英眞) 같은 사람입니다. 그는 이 문제에 매우 민감했습니다. 그래서 1959년에 "어떻게 다시 중국으로 돌아갈 것인가", "중국인이 된다는 것은 무엇을 의미하는가"라는 질문을 제기했지요. 그러나 당시 지식틀의 제약을 받았습니다. "계급 문제로 탈식민 문제를 치환"하고자 했던 것입니다. 계급운동을 통해서 모든 식민지 문제를 해결할 수 있다고 생각했지요. 이러한 명제는 지금 우리의 입장에서 보면 성립할 수 없는 것입니다만, 그 또한 시대적 지식의 한계에 놓여 있다고 보아야 합니다. 그렇지만 그는 모든 문제를 제기했습니다.

　　가장 큰 문제는 좌익 지식인으로서 또는 마르크스주의자로서 어떻게 식민지 문제를 처리할 것인가입니다. 식민지 문제가 아닌 경우에는 경제 층위에서 토론할 수 있습니다. 그러나 문화, 정치, 교육 등 모든 층위를 마르크스주의가 어떻게 토론하나요? 이런 층위는 연속적인 것입니다. 지식 측면에서 이러한 식민 상태는 지속되고 심화됩니다. 그래서 타이완에서 보면 아주 명확하게 드러납니다. 민주 선생(德先生Democracy)과 과학 선생(塞先生Science)은 5·4 신문화운동이 가져온 것입니다. 그것은 중국 대륙에서는 마르크스주의가 되었습니다. 그런데 1980년대 이후에 궤도 수정을 하면서 다시 5·4로 돌아가서 타이완의 중앙연구원과 다시 연결됩니다. 이 과정에서 앞선 지식을 전면적으로 뒤엎어버립니다. 중국 대륙에서는 이를 아주 간결하게 서술해버립니다. 중국 대륙에 있어서 그것들은 '이데올로기'였던 것입니다. 다시 말해서 자유주의는 이데올로기가 아니고 세계 공통의 길이라는 것이지요. 이러한 역전된 구조하에서 중국 대륙이 궤도를 수정한 것이고, '지금의 미국은 내일의 중국'이 된 것입니다. 그런 흐름은 1980년대 이후에 이미 출현했습니다.

백원담　중국에서 1980년대 민족과 사회주의를 어떻게 동시에 살릴 것인가를 놓고 문화연구붐(文化熱)이 일어나고 5·4 운동의 계승으로 계몽의 과제를 다시 제기하는 신계몽운동으로 전화되었지만 그것은 도저한 서구화의 물결 속에서 1989년 톈안먼 사건이라는 폭압정치로 귀결되었고, 1992년 덩샤오핑(鄧小平) 남순강화(南巡講話) 이후 자본주의적 개혁이 박차를 가하면서 시장의 확장이 정치적 민주를 보장해줄 것이라는 자유주의 입장이 제기되는 과정을 문제화하셨습니다. 무엇보다 그것이 타이완 지식계가 식민지 문제를 제대로 해명하지 못하고 대륙 지식인들이 홍콩의 식민지 문제를 사고하지 않음으로써 야기된 것이라고 파악하는 것은 흥미로운 분석인 것 같습니다. 왕후이(汪暉)는 이를 탈냉전화를 제대로 이루지 못한 문제로 제기했는데 강조점이 다른 때문이겠지요.

천광싱 예컨대 범위를 좁혀서 이야기하면 영국의 지식인과 홍콩의 지식인의 관계는 무엇인가라는 문제가 처리되지 않았다는 것입니다. 중국은 다른 한 덩어리입니다. 중국의 지식계는 이 문제를 처리하지 않았습니다. 중국인의 심리는 아주 단순하죠. 되돌아오기만 하면 역사와 시간이 해결해줄 것이라고 생각합니다. 그런데 해바라기운동 및 우산운동에서 결국 폭발하고 말았습니다. 처리되지 않았기 때문에 이러한 상황을 초래하게 된 것입니다. 중국의 문제는 아주 복잡합니다. 식민주의를 경험하지 않은 지금 35~55세에 걸쳐 있는 친구들은 식민주의를 후식민 학술로 여기면서 이는 중국에 적용되지 않는다고 말합니다. 그러면서 중국 대륙에는 식민주의가 없다고 말합니다. 이것이 주류적 이데올로기입니다. 게다가 1955년 반둥 평화회의 이후에는 사회주의가 민족주의로 축소되었습니다. 앞선 세대들은 이렇지 않았습니다. 비교적 간단한 표현을 써보죠. 중국을 하나의 사람으로 보면, 잘려나간 왼쪽 손이 홍콩이고, 잘려나간 오른쪽 손이 타이완이며, 잘려나간 오른쪽 다리가 마카오라면, 그리고 반(反)중국도 있습니다. 일제시대에 이미 있었죠. 그래서 이들이 신체의 일부분인데 중국이 사지가 다 없는데 어떻게 식민지가 아니라고 할 수 있나요? 그래서 잘 아시겠지만 마오 주석이 '반식민지 반봉건'을 이야기한 것이죠. 그는 반식민지가 식민주의만도 못하다고 했습니다. 이러한 조건에서 중국의 지식계조차도 이 문제를 사고하지 않으면서, 식민지더러 혼자 알아서 문제를 해결하라고 할 수 있나요?

백원담 식민 및 후식민의 차원에서 홍콩과 타이완의 문제를 제시했습니다. 어떻게 중국을 그들에게 다시 재정위시킬 것인가라는 논제도 제기되었고요. 물론 모든 문제가 중국에 귀결되는 것은 아니고, 중국을 그 대상으로 찾아냈을 뿐인데, 이와 같은 중국에 대한 설명체계가 필요하지 않을까요? 타이완이 바라보는 중국과 홍콩이 바라보는 중국은 다른 것 같습니다. 그리고 중국은 하나의 중국이 아닌데, 그 복합적 정체성은 무엇인가? 각각의 구체적인 국면들이 존재하는데 이를 기초로 복잡성을 다시 문제화한다면, 일국양제라는 준 국가간 체제의 문제와 그것을 넘어서는 새로운 관계성 등의 문제를 논의할 필요가 있지 않을까요? 여기에는 식민, 냉전, 지구화 등의 문제가 중첩적으로 결합되어 있다는 점에서 쉽지 않은 과정일 것입니다.

천광싱 먼저 한 가지 명확히 하고자 합니다. 인식론적 차원에서 나는 일반적인 학술토론과 다르게 접근합니다. 나는 '후식민'으로 문제를 제기하지 않습니다. 많은 사람들이 내가 식민을 이야기하면 후식민 학술담론으로 여기는데 그렇지 않습니다. 나는 후식민 문제가 없다고 하는데, 그 뜻은 우리가 기본적으로 여전히 식민 상태에 처해 있다는 것입니다. 후식민이라고 하면 하나의 분수령이 있는데, 이는 정치결정론입니다. 다시 말해서 국가독립을 의미합니다. 식민지로부터 벗어났다는 것입니다. 그러나 정신, 경제, 제도적인 연속성의 입장에서 보면, 후식민을 사용해서는 제대로 볼 수 없습니다. 이는 (실제적으로) 전 세계를 석권했던 하나의 과정이고, 식민화의 과정이었습니다.

  이런 의미에서 나는 특히 학술계에 대해 이야기하는 것입니다. 사상계가 아니고요. 그런데 나는 답을 가지고 있지는 않습니다. 왜인가요? 첸리쳰 선생이 말했던 부분입니다. 이른바 중국 현대사가 지금까지 정리되지 않았다는 것입니다. '현대'는 대개 1850년 이후로부터 지금까지를 말하는데, 막힌 원인의 하나는 국공(국민당과 공산당) 때문입니다. 그런데도 여전히 이를 민족국가의 민족주의의 틀에서 토론합니다. 더욱이 중국공산당의 역사는 중국공산당만 쓸 수 있었던 상황 또한 문제적입니다. 외부에서 내부적 정신상태를 공유하지 못한 채, 외부적 관계만으로는 중국의 상태를 써낼 수 없는 것이지요. 이것이 첫 번째 문제입니다.

두 번째는 우리가 권역사와 세계사를 연결하는 능력을 아직 가지지 못했기 때문입니다. 동아시아 권역에 대한 관심은 다른 제3세계 역사의 발전 과정으로 확장될 수 있습니다. 그러나 그렇게 세계사로 나아가는 사유가 아직 전개되지 않았습니다. 그래서 우리는 지금 구체적인 답을 제시할 수 있는 조건을 가지지 못합니다. 몇 가지 실마리를 제기할 수 있을 뿐입니다.

3. '일국양제'라는 흥미로운 발명 또는 허구

백원담 중국현대사 다시 쓰기는 확실히 필요합니다. 그런데 중국공산당에 의한 공식당사의 권위주의도 문제지만, 중국대륙의 학자들 역시 사회주의 중국 이후의 역사를 대상화하고 있는 점 또한 문제적입니다. 그리고 사실 중국 학술계는 식민주의를 후식민 학술로 수용하는 것도 극히 일부분에 한정되어 있고, 오히려 홍콩 지식계를 영국 식민지 경험으로부터 벗어나지 못한 식민상태로 몰아붙이는 것도 문제라고 봅니다. 타이완이나 홍콩 학술계의 민주와 과학의 추구로 인한 근대적 전개가 개혁개방 초기는 물론 개혁개방 30년의 성공을 이끄는 이론적 수원지가 되어왔다는 사실도 간과할 수 없습니다. 아울러 타이완과 홍콩의 지식계는 여전히 사회주의 중국의 사상적 정치적 탈구지점 혹은 해방구였다는 사실 또한 중요합니다. 그래서 중국현대학술사를 다시 쓰기하고 그 발화지점이 어디든 상관없이 지적하신 것처럼 상호 되비추기, 참조체계로 삼아 재역사화하는 작업이 중요로운 시점입니다.

천광싱 사실 어떻게 탈식민화할 것인가의 문제는 매우 복잡하게 얽혀 있습니다. 이미 세계관을 개방해서 다시 도전해야 한다고 역설했고, 다원적 세계를 이야기하기도 했습니다. 그런데 세계관이 이렇게 단일화된 상황이 불가능을 의미하지는 않습니다.

백낙청 선생이 '분단체제'를 이야기했는데, 사회과학에서는 이 개념이 없으니 크게 문제가 됩니다. 즉 어떻게 땅에 닿는 분석을 할 것이냐는 문제를 이야기하는 것입니다. 우리의 지식방식은 구미와 다릅니다. 우리의 지식방식은 구미의 '뉴스' 또는 '뉴스 평론'과 가깝습니다. 즉 현실문제에 대해 해석을 제시합니다. 학술과 다릅니다. 해석한 후에 계속해서 이론화를 합니다. 이론화의 과정은 다른 지역에서 참고할 수 있는 것입니다. 그러나 우리는 제국주의적 방식으로 '이것이 세계의 진리다'라고 말한 적이 한번도 없습니다. 해석을 추상적 명제로 치환해서, 다른 지역으로 가져가 뒤집어 씌우지 않습니다. 본래 주제로 되돌아와서 이야기하면, 이는 세계관의 일부로서의 지식계 구조 전체가 소멸했음을 반영합니다. 소멸이라고 하면 좀 과장된 것 같습니다. 왜냐하면 나는 줄곧 민중사상은 살아 있다고 말하고 있기 때문입니다. 그러나 어떻게 민중의 세계관과 접궤하고, 더욱 많은 세계관이 부활될 수 있도록 할 것인가가 바로 진정한 '민주' 및 '다원'적 세계의 관건이 됩니다.

중국인의 표현 중에 '예를 잃어버리면 변경에서 예를 찾아라[禮失求諸野]'라는 말이 있습니다. 사실 민중의 세계관은 줄곧 존재해왔습니다.

이는 아시스 난디가 말한 것인데, 세계에 대해 우리가 가진 공헌이라 할 수 있습니다. 우리는 영매를 가지고 있고, 사원도 있고, 중의(中醫) 등등을 가지고 있습니다. 제1세계와 제2세계는 이런 것들을 내다버렸습니다. 그러나 이는 버려지지 않습니다. 정도는 조금씩 다르겠죠. 타이완에 1만 개의 사원이 있습니다. 민남 지역인 푸톈(莆田)에 2천8백 개의 사원이 있고 계속 성장하고 있습니다. 그 뒤에는 가족이 있습니다. 그러나 가족 clan은 혈연관계가 아닙니다. 이러한 사회구성 속에서 계속해서 작동하고 있습니다. 그러나 지식인은 이를 보지 못합니다. 지식이 용납하지 않기 때문입니다.

백원담 전에 화인세계담론을 제기하신 바 있는데, 중화문명의 복원을 새로운 지식구성의 말씀(화두)으로 제출하시는 것인가요?

천광싱 중국의 문제를 권역적 관점에 놓고 보면, 중국인의 문제가 아니고, 중국인만의 문제도 아닙니다. 민족국가의 존재로 인해, 민족주의적 틀로 인해, 타이완, 홍콩, 마카오는 당연히 중국의 문제가 됩니다. 그러나 그것만은 아닙니다. 토론 과정 중에 우리는 동시에 묻습니다. 한국의 젊은이와 중국의 관계는 무엇인가? 이에 대해 나는 답을 가지고 있지 않습니다. 상대적으로 볼 때, 일본의 젊은이들이 갖는 반중 정서가 아주 강하다고 봅니까? 나는 그렇게 느끼지 않습니다. 일본의 반중 정서는 늙은 세대들에게서 연유합니다. 한국은 상대적으로 이 권역에서 반중정서가 약합니다. 적극적으로 중국의 굴기를 이용하려고 하지요. 단지 비판 지식계만이 반중 정서를 가지고 있습니다.

백원담 한국과 일본, 타이완과 홍콩에서의 반중국 정서라면 거기에는 식민과 냉전, 전 지구화 차원이 모두 중첩된 후과로서 보아야 할 필요가 있겠지요. 우선 식민주의 문제라면 만주국이나 중일전쟁과 같은 직접 점령통치와 제국주의적 침략전쟁도 있었지만, 일본이 구축한 아시아 제국 질서의 문제가 크다고 봅니다. 특히 중국을 하위국가로 전락시키면서 조선이나 타이완을 2등국민화 하는 식민주의가 내재화된 아제국주의의 욕망의 역사적 과정이 있습니다. 한국의 경우 반중국 정서는 한국전쟁 당시 중국 참전으로 인해 적대국으로 대치관계에 있었던 측면도 작동합니다. 홍콩의 경우에는 또다른 식민적 지배가 한 세기 반에 걸쳐 지속된 문제가 있지요. 거기에 냉전이 중첩되는데, 뤄융성(羅永生)은 주변 아시아로서의 홍콩이라는 장소를 다양한 난민의 그것으로 각인한 바 있지요. 홍콩은 국민당과 공산당 그리고 영미 세력의 각축장이었으며, 1945년 이후 이들 각 세력들 간의 상호 충돌과 상호 용인 과정에서 수많은 정치 난민, 경제 난민, 지식인 난민을 양산하였고, 그 다양한 난민들의 집합지였다는 점에서 주변적 시야가 생성되는 장소로서의 홍콩에서 지식체계를 후식민의 문제만으로 접근할 수 없다고 봅니다. 오히려 그러한 지적 풍토 속에서 반중국의 정서는 그 난민담론들의 오랜 경합 과정에서 정치적 선택을 해왔던 경험의 소산일 가능성이 크지요. 예컨대 홍콩인들이 자부하는 법치에 의한 사회시스템, 비폭력·평화의 가치 등은 사실은 오랜 식민통치의 산물이고, 우산혁명을 전개하는 과정에서 견지되었지만, 우산혁명의 실패로 그 공고한 가치체계를 추문하는 과정에 이르렀습니다. 중국에 의해 거절된 직접 민주주의의 실현이라는 이상이 궤멸되는 순간 대다수 홍콩인들의 반중국 정서는 한편으로는 중국과 중국인을 겨냥하고 있지만 다른 한편으로는 홍콩의 역사적 궤적과 그속에서 익숙해서 이데올로기적 동의를 이루었던 신념과 삶의 질서들과 정면으로 대면하는 계기도 맞고 있는 것이 확인됩니다.

확실히 반중국 정서에는 왕후이가 제기한 바와 같이 사회주의 중국이 그 이념적 기능을 더이상 가동할 수 없는 탈정치화 상태, 대표성의 정치를 실현하지 못한 문제 등이 있지요. 오늘의 중국이 일국양제로 홍콩을 하나의 정치 실험대에 올려놓았지만, 그러나 그러한 당위적인 체제화 논리 외에 어떤 사상적 이념적 지향을 제기해내지 못한 채 실제 정책에서도 강권정치로 일관함으로써 설득력을 잃은 것입니다.

천광싱 왕후이가 이야기한 것들에는 옳은 점이 있다고 봅니다. 일부는 내가 동의할 수 없는 것도 있고요. 탈정치화의 정치는 해석력이 부족합니다. 더욱 거시적인 것을 제시하기 어렵습니다. 주로 1949년 이후의 상황에 대해서 이야기하고 있지요. 그리고 투쟁의 역사라는 관점에서 탈정치화의 정치 개념을 제시하고 있습니다. 왕후이의 개념에 대해 많은 평론을 제시하긴 어렵지만, 부분적으로 동의하고 있습니다.

모든 지역에는 더욱 복잡한 층위의 관계가 존재합니다.' 한국의 중국성'이라는 문제에 대해서도 이야기해본다면 그것은 무엇인가요? 한자입니다. 한자는 기호일 뿐, 정신적인 것이 아닙니다. 다시 말해서, 백기완 선생 자신에게는 그 세대의 탈한자화된 한민족의 독립 과정이 축적되어 있습니다. 그러나 그는 한자를 읽을 수 있습니다. 이 문제를 어떻게 토론해야 할까요? 아주 복잡한 문제가 내재되어 있습니다. 그런데 이 세대들을 간단히 민족주의자로 볼 수는 없습니다. 반식민적 국제주의의 동력이 그 안에 있는 것입니다.

그러나 젊은이들은 그렇지 않습니다. 젊은이들은 오히려 더욱 민족국가화 과정을 겪었습니다. 이유는 정치체제, 학교 등 모든 제도 측면 때문입니다. 초등학교에서 대학에 이르는 교육은 이미 명백하게 민족국가에 의해 규범화되어 있습니다. 이로 인해 특정 문제들로 축소됩니다. 그러나 이러한 시각에서 문제를 토론하면 상황이 다름을 발견할 수 있습니다. 홍콩의 젊은이들은 역사를 공부하지 않습니다. 중국사를 읽지 않는데, 읽을 수가 없습니다. 지금까지도 마찬가지 상황입니다. 타이완은 꼭 같지 않습니다. 타이완은 그 자신의 서술체계를 가지고 있는데 문제가 많습니다. 중국의 좌표에서 타이완 좌표로의 이동이 그렇습니다. 그러나 더욱 광범위한 시야로 이 상황에 접근하지 못하면, 수많은 문제에 대해 답할 수 없게 됩니다. 우리의 일상생활은 이미 우리 자신의 민족국가적 틀에 의해 제약 받고 있음을 보여줍니다. 그런데 타이완은 민족국가가 아니잖아요. 홍콩도 그렇고요. 민족국가의 틀을 씌워서는 안 됩니다.

백원담 타이완이나 홍콩에 민족국가의 틀을 씌워서는 안 된다면 어떤 지향이 가능할까요?

천광싱 나는 오히려 '일국양제'가 흥미로우면서 허구적인 구상이라고 생각합니다. 이는 두 가지 제도인지 여러가지 제도의 상호충돌인지 문제가 됩니다. 중국 대륙은 무엇인가 명확히 이야기하기 어렵습니다. 이는 수많은 사회주의 전통과 기타 등등을 섞어놓았습니다. 너무 복잡한 관계와 연결된 하나의 혼합체입니다. 그러나 일국양제로 표현하고자 할 때, 오히려 민족국가를 초월하는 가능성을 제공합니다. 우리는 하나의 국가인데, 여기는 이렇고 저기는 저런데, 여기도 이렇게 하자는 식이지요. 그래서 이는 하나의 흥미로운 실험장인 것입니다.

홍콩 문제와 관련해서 나는 친구들에게 '50년의 이행기'를 어떻게 이행할 것인가를 묻습니다. 현재 이에 대한 토론이 없습니다. 지금 홍콩의 가장 큰 문제는 계속 이행할 가능성이 높다는 데 있습니다. 150년 동안의 시간을 거쳐 지금까지 왔으니, 어쩌면 또 한번의 150년, 심지어는

300년이 걸려야 이행을 마칠 수 있다는 것입니다. 그러면 이행은 무엇일까요? 이미 국가 상태 아래로 되돌아왔는데, 이행이 미완성이니 계속 이행하라는 것은 무책임한 말입니다. 국가와 사상계가 어떻게 이행하고 융합할 것인지에 대해서 적극적으로 제시해야 합니다. 이미 이야기한 것처럼 중국 대륙이 아주 큰 책임을 져야 합니다. 이는 홍콩에 책임이 없다는 뜻이 아닙니다. 홍콩도 동시에 같은 구조 안에서 이 책임을 져야 합니다. 그래서 아주 많은 참조가 이 과정에서 형성될 수 있습니다.

'일국양제'는 오키나와의 사고에 참조가 되어주는 것 같습니다. 티베트도 그렇고, 특히 홍콩의 일국양제는 고도의 정치화된 문제입니다. 그러나 오키나와 친구들에게 있어서 우리와 일본의 관계는 어떤 것일까요? 일국양제는 사실 흥미로운 발명입니다. 현실 문제를 해결하기 위해서는 이렇게 처리할 수밖에 없습니다. 그런데 이것은 형성된 이후에 '일국다제'가 될 수 있습니다. 어쩌면 '다국다제'가 될 가능성도 있습니다. 하나의 사상 자원이 될 수도 있지요. 그런 점에서 나는 일국양제를 초월해야 한다고 생각합니다.

그런데 문화와 정신적 궤적으로 보면 일국양제의 실현가능성은 높지 않습니다. 궁극적으로 우리가 이야기하는 제도가 무엇인가를 의미합니다. 일반적인 이해는 다시 자본주의, 공산주의 등으로 환원되기 때문입니다. 그러나 하나의 공감대가 있습니다. 나는 모든 지역이 자신의 특성을 가지고 있다고 생각합니다. 그리고 그 지역의 긍정적 측면이 발휘될 수 있도록 해야 합니다. 지금까지 상황은 평면적으로 보면, 중국 대륙의 상황은 매우 황당합니다. 본래 운동을 통해서 형성되었는데, 결과적으로 지금은 어떻게 운동을 조직하는지 모릅니다. 오히려 운동으로 형성되지 않은 한국, 타이완의 상황에서 참고할 부분이 있습니다. 타이완 친구가 중국 대륙으로 가서 노동운동을 조직하고자 합니다. 이유는 중국이 이미 너무 체제화되었고, 노동운동 전체와 노동조합의 체제화 과정으로 인해 조직의 축적을 상실했기 때문입니다.

백기완 선생이 이야기한 것처럼 우리는 공감대를 가지고 있습니다. 우리는 민중의 생활로 돌아가 다시 그들이 세계관을 발굴해서 민중 사상을 얻어야 합니다. 그들의 세계관을 억압하는 것이 아닙니다. 그러나 이러한 민중 사상적 세계관은 아마도 매우 다원적일 가능성이 높습니다. 따라서 진정으로 다원, 공존, 포용을 이야기하려면 세계관의 복원이 필요합니다. 또는 그것이 수면 위로 떠오르게 해야 합니다.

세계관은 생활상태에 대한 총체적인 신념입니다. 이는 인간을 중심으로 하지 않습니다. 여러가지 예가 있는데, 불교 또한 인간이 중심이 되지 않습니다. 이는 우주 만물을 하나의 전체로 보기 때문에 아주 간단한 어떤 것일 수가 없습니다. 그래서 우리가 어제 토론할 때, 지구earth와 세계world는 도대체 무엇인가라고 질문을 던졌습니다. 지구의 전체 상황을 이야기할 때, 이곳의 모든 것은 그 구성 부분이 됩니다. 인간은 그 가운데 한 부분입니다. 인간은 그 안에 살면서 어떻게 존재해야 할까요? 지금 많은 문제들이 문화와 자연으로 환원되고 있습니다. 환경운동의 가장 큰 문제가 여기에 있습니다. 그 담론은 우리가 다음 세대를 위해서 생각하자고 합니다. 여전히 인간을 중심으로 하는 사상이라는 문제가 있습니다. 그러나 진정한 정신, 수많은 신명의 존재 또한 우리를 구성하는 부분입니다. 이에 대해 나 또한 충분히 이해하지 못하고 있습니다.

4. 냉전의 박물관에서 아시아공동체로

백원담 본래 특집을 기획할 때, 해바라기운동과 우산운동에 참여한 젊은이들의 정치화 경험의 의미를 다루고자 했습니다. 타이완의 경우 그후 과는 젊은이들이 작고 확실한 행복[小確幸]의 추구로 나타나고 있고, 다른 한편 제도정치에 수렴되어감으로써 지방선거에서 두각을 나타내고 있는 것으로 파악됩니다. 홍콩에서는 우산운동의 결과 젊은층이 사회운동뿐 아니라 정치에도 적극 참여하는 정치적 주체로서 대두되고 있습니다. 또한 우산운동 과정에서 이동민주교실이나 거리로 나온 문화예술의 동력 등은 탈정치화된 식민무간도를 새로운 정치의 장소로 탈바꿈시켰습니다. 이러한 정치적 주체의 등장과 정치적 장소들이 자발적으로 구축된 점을 새로운 정치화의 징후로서 그 실패의 지점들을 대면해야 한다는 생각에서입니다.

이는 제가 1980년대에 고민했던 것을 반추하게 합니다. 1980년대 저와 동료들은 줄곧 한국사회에서 새로운 권력의 맹아를 어떻게 만들어 낼 것인가를 고민했습니다. 두 가지 방향이 있었습니다. 하나는 코뮌이었고, 다른 하나는 소비에트였습니다. 중공업 지역의 남성 노동자들을 대상으로는 소비에트를 구상했고, 경공업 지역과 농촌 지역은 생활과 결합된 공동체로서 코뮌 형태를 고민했었습니다. 이것이 결국 다 실패하고 1990년대로 접어들면서 상황이 바뀌었습니다. 주체사상파들은 북측에 권력이 있으니 부르주아 정당과 대중운동조직만 있으면 된다는 입장이 전체 판을 주도했지요. 자생적인 민중정치권력을 세워야 한다는 입장이 이에 첨예하게 맞섰지만 현실정치라는 논리에 눌려 좌절되었습니다. 그후 계급운동의 명맥은 전국 범위 대중조직의 현존 속에서 지속되고 있었고 제도정치권에 진출도 했지만 새로운 전화를 이루지는 못한 와중에 최근 사회적으로 새롭게 코뮌 이야기가 나오고 있고, 이전처럼 강력한 계급사회를 기반하지 못하지만 다양한 계층 및 계급 그리고 젠더, 소수자 등을 포괄한 다양한 개진이 이루어지고 있습니다. 따라서 타이완이나 홍콩에서의 경험 역시 무화되지 않을 것으로 봅니다. 2005년 홍콩 반WTO운동에서 확인했듯이 경계를 넘는 초국적인 관계성이 형성되어 있고, 축적된 제3세계 사상자원을 어떻게 접속해낼 것인가 하는 문제가 있습니다. 이 관계는 어떤 계몽주의적인 것이 아닐 것입니다.

천광싱 백 선생님이 문제를 아주 크게 제시했는데요. 사실 내가 반드시 이 문제를 이야기할 능력을 가지고 있다고 볼 수는 없습니다. 특히 타이완적 맥락에서 나는 아주 구체적인 실천을 많이 보았습니다. 정춘치(鄭村棋), 샤린칭(夏林) 등이 '인민이 첫째[人民老大開開團]'라는 행동을 진행했는데, 소비에트 선거의 과정과 유사했습니다. 당신이 나를 대표하지 않으며, 우리들에게 책임을 져야 한다는 것입니다. 이들은 아주 작은 집단이 조직 작업을 했습니다. 여기에 참여하게 되면 모든 정책은 모두의 토론을 거쳐야 효력을 갖습니다. 그런데 현재 상황으로 보면, 나는 이에 대해 매우 비관적입니다. 어떤 관점에서 보면, 조직화 작업이 여전히 전통적 방식입니다. 물론 그들의 동원은 매우 소규모로 진행됩니다.

다른 하나는 방금 이야기한 코뮌에 관한 것입니다. 머릿속에 하나의 그림이 떠올려지는데 바로 소농입니다. 최근 타이완에서의 소농(小農)운동은 대부분 젊은이들이 참여합니다. 이러한 협동조합 방식이 여러 지역에서 전개되고 있습니다. 이는 생존을 위한 것이고, 수많은 사람들이 연대합니다. 사실 이는 전통적으로 이미 존재했던 것이지요. 지금도 존재하고요. 가정은 본래 이런 것입니다. 돈을 벌면 그 자원을 사당에 두는 것입니다. 이를 통해 가난한 사람을 구제합니다. 이는 모종의 코뮌입니다.

코뮌은 본래 돈을 가지지 않는 것입니다. 인도 사람들이 쓰는 표현으로 Trusteetion이 있는데, 타고르Rabindranath Tagore 같은 사람은 많은 시골 사람들을 돌보아 줄 필요가 있었습니다. 이러한 의미에서 미래의 정치형식은 무엇일까라는 질문에 대해 우리는 너무 조급해할 필요가 없습니다. 먼저 관찰해야 합니다. 그 형식이 출현하기를 기다려 토론할 수 있습니다. 우리가 그 형식을 코뮌이라고 설정하고 명명하면 이는 과거의 문제가 되기 때문입니다. 그래서 나는 돌을 더듬으며 강을 건넌다는 것이 이 뜻이라고 봅니다. 물론 무엇인가 생각이 떠오른다면 그것을 실천해야 합니다.

백원담 미래의 정치형식과 관련하여 한국에서 백낙청 선생이 제기한 복합적 정치공동체라는 개념이 있습니다. 세계체제의 위기가 한반도에서는 분단체제로 집중되어 있다는 점에서 한반도 분단체제의 극복태일 수도 있고, 아시아의 불행한 역사적 관계성의 지양을 위한 다양한 국민국가 비국민국가 간 결합태로서 복합적 정치공동체를 제기한 것으로 이해할 수 있겠지요.

천광싱 단적으로 말해서 나는 그러한 용법에 동의하지 않습니다. 백낙청 선생은 이미 조금씩 미래 세계와 한국의 청사진을 그리고 있습니다. 마땅히 어떤 길로 가야 한다고 제시할 수 있고 그것은 하나의 참고자료가 됩니다. 그러나 그러한 계획이 미래에 절대 현실화되지 않을 것이라고 나는 믿습니다. 누구나 미래에 대해 상상할 수 있는 권리는 있습니다. 마르크스도 그랬습니다. 그러나 나는 거꾸로 이상사회가 무엇인지를 조급하게 제시할 필요는 없다고 봅니다. 그렇게 되면 같은 오류를 반복하게 되지요.

조금 반동적으로 이야기하자면, 나는 오히려 지금 우리가 과거에서 자원을 찾아야 한다고 생각합니다. 기존의 사회에서 이미 가지고 있는

싹을 보아야 한다는 것입니다. 여러 가지 좋은 것들이 있습니다. 그런데 우리는 그것을 계승하지 않고 있습니다. 전체를 보지 않고 부분적으로만 이 사회가 어떻게 되어야 한다고 이야기하는 것입니다. 지금 절박한 것은 계속 말씀드리는 것처럼 우리가 민중 생활과 유리되어 있다는 사실입니다.

백원담 과거에서 자원을 찾아야 한다는 문제는 다른 기회에 보다 긴밀한 토론이 지속적으로 이루어질 필요가 있겠습니다. 한편 전 지구화 과정 속에서 현실적인 상호관계 문제를 토론하지 않을 수는 없지요. 일국다제와 같은 가능성 같은 것 말입니다.

천광싱 일국은 다제일 수밖에 없는 것이죠.

백원담 그러한 가능성의 능동적 기초는 무엇일까요?

천광싱 이 기초는 근거 없이 이야기할 수 없습니다. 우리가 실현해야 합니다. 예를 들면, 홍콩의 일국양제의 기초는 무엇일까요? 한반도의 일국양제의 기초는 무엇일까요? 내용 없이 이야기할 수 없습니다. 역사적 과정으로 들어가서 이 기초를 이야기해야 합니다. 어떤 것이든 땅에 닿으면 그 역사적 궤적과 맞물립니다. 역사적 조건과 환경은 모두 다릅니다. 추상적으로 이야기할 수 없는 것입니다.

백원담 알겠습니다. 그 실마리를 하나 제공해보면 한국에서 1980~90년대에 한반도 통일 문제는 노동자와 학생들이 같이 토론하고 경로를 열어가고자 했습니다. 그러나 김대중 정부 이후 이는 남북한 분단정권

간의 정책 과제가 되었습니다. 대다수 국민들의 삶은 분단의 피해양상을 이루어왔는데 그 국민들은 이 과정에서 소외된 것이지요.

천광싱 이 문제는 참 재미있습니다. 사실 타이완의 경험으로 이야기하자면, 1970년대 『하조(夏潮)』가 제기한 원주민, 환경 등등 여러 문제는 나중에 민진당에 의해 접수되었습니다. 이런 관점에서 보면 정당이 지식계의 요구에 응답할 수 있다고 볼 수 있는데 그것이 민중의 요구였는지는 잘 모르겠습니다. 그들은 부단히 흡수합니다. 스스로 의제가 없기 때문이지요.

미래 세계의 청사진이 무엇인가? 또는 한반도 사회의 청사진은 무엇인가? 일부는 이에 대해서 생각해야 합니다. 그러나 우리가 그런 능력을 가지고 있지는 않습니다. 일부는 정책 집행 부문의 위치에서 생각할 수 있습니다. 그러나 우리가 하고 있는 것은 정책에 대해 암시적인 작용을 합니다. 당연히도 정책 집행의 위치에 있어야만 문제를 명료하게 생

제8장 타이완과 홍콩 그리고 사상의 일대일로

각할 수 있습니다. 사실 나도 정책 집행자입니다. 아시아사회연구위원회의 경우에도 정책을 제정할 것입니다. 그 위치에 있을 때 지금 조건이 어떠하고 우리의 기초가 어디에 있는지 판단할 수 있습니다.

그런데 사회의 커다란 청사진을 그리는 위치라는 것에 대해서 적어도 나는 이 일을 할 준비를 하지 못했습니다. 돌을 더듬으며 강을 건너는 것이죠. 우리가 이번에 과감히 아시아사회연구위원회를 하려고 하는 데는 우리가 과거에 무엇을 했는지 알고 있고 지금 무엇을 할 수 있는지 알고 있기 때문입니다. 미래를 상상할 때 대체적으로 이런 방향에서 생각해볼 수 있습니다. 그러나 여기에는 절대적으로 자유로운 공간이 부여되어야 현실 상황에 결합될 가능성을 창조할 수 있습니다. 이는 지금 내가 무엇을 하고 있는가의 문제와 관련됩니다. 나는 백낙청 선생 등이 하고 있는 일들에 대해 완전히 이해합니다. 그들은 한평생 어떻게 분단을 극복할 것이고, 한반도의 미래의 발전은 어떠해야 하는지 등과 같은 부분을 사고해왔습니다.

백원담 한국의 경우 4·16 세월호 사건 이후로 국가와 사회의 관계에 거대한 변화가 일어났습니다. 이전의 반독재민주화 운동이나 사회변혁 운동과는 다른 차원이지요. 정치에서 사회로의 전환이라고 할 수 있는데, 재난자본주의 시대 국가의 통치능력의 부재가 계속되면서 대다수 국민들이 각자의 조건에서 사회를 복원해가는 흐름이 일어나고 있는 것이지요. 창비의 경우 그런 점에서 여전히 국가 중심의 상부 정치의 영역에 머물러 있는 것이 아닌가 합니다.

천광싱 아마 그들은 너무 명확하게 분리하는 것 같습니다. 한반도는 한반도, 정치는 정치, 6자 회담은 6자 회담이라는 식입니다. 그러나 6자회담이라는 틀 아래에서 민중 사이에 서로 연결이 되고, 자본도 유통됩니다. 이런 것들이 정세의 변화를 만들어냅니다.

남북한 분단 초극의 부분적인 동력은 중국과 남한의 통합에 있습니다. 그것은 일대일로와도 결합되어 있습니다. 그래서 그다지 듣기 좋지 않은 농담을 하는데, 양안이 통일되려면 타이완과 홍콩이 먼저 통일되어야 한다는 것이죠. 가능성이 있습니다. 왜냐하면 모두들 공산당을 혐오하기 때문이죠. 민주의 요체는 민중의 자제력이라고 백낙청 선생이 이야기한 바 있습니다. 분단 문제를 국가 층위, 즉 국가간inter state 차원만 두는데, 사실 그 아래 여러 차원에서 이미 통합이 이루어지고 있습니다. 그리고 이 유동성은 상당히 강한 것입니다. 한국 학생이 타이완으로 유학을 가고, 중국 대륙 학생이 타이완으로 유학을 옵니다. 타이완 학생도 대륙 중국으로 갑니다. 이는 하나의 새로운 상황으로서 우리가 대면해야 합니다.

그리고 지금 갈수록 명확해지는 것이 있습니다. 당신들은 북한에 갈 수 없지만, 우리는 갈 수 있습니다. 우리가 북한에 가서 대신 연대를 할 수 있는 것입니다. 이러한 사상계의 연대가 발생할 것입니다. 우회를 하는 것입니다. 한국 친구들이 북한 문제에 너무 집착하지 않기를 바랍니다. 이는 여전히 민족문제에 머뭅니다. 오히려 양안 문제에 관심을 갖는 것이 실질적으로 북한 문제에 관심을 갖는 것이 됩니다. 우리는 지금 개입할 동력을 가지고 있습니다. 북한에 갈 것입니다. 우리는 이미 권역적으로 문제를 사고하고 있기 때문입니다. 북한의 이탈에 대해 우리가 관심을 가져야 합니다. 북한의 상황이 곧 우리의 문제입니다.

백원담 해바라기운동의 주역들은 서비스무역에 대한 문제제기를 했는데, 사회주의중국이 신자유주의적 지구화의 첨병이라는 문제제기 자체는 흥미로운 부분 아닌가요? 그 의미를 확장하면 일대일로에 대한 선제공격 이라고도 할 수 있겠는데요.

천광싱 자본의 동력에 대해서 우리는 그 힘을 빌려 힘을 가해야 합니다. 일대일로가 출현할 때, 우리는 행동가로서 개입해야 합니다. 중국의 자본의 서비스 무역에 반대하면서, 미국의 헐리우드 영화라는 하나의 서비스 무역에 대해서는 반대하지 않습니다. 이러한 입장은 근거가 박약합니다. 우리는 이 과정 속에서 어떤 힘에 대해서도 차별하지 않아야 합니다. 마르크스주의로는 부족합니다. 그것은 단지 자본의 이동에 반대하는 것이죠. 문제가 너무 간단해집니다. 모든 층위에서의 자주라는 것이 핵심입니다. 이전에 제가 말한 바 있습니다. 아시아의 통일이 곧 아시아의 독립이라는 것이죠. 이는 경제, 정치, 문화 등 여러 층위를 포괄하는 하나의 구호입니다. 아랍 세계가 통일되면 팔레스타인이 독립할 필요가 없다는 것에 비유될 수 있습니다. 이미 독립되어 있는 것입니다. 충분한 통일로 강권과 제국주의에 대항할 수 있습니다. 아시아는 반드시 통일되어야만 제국주의에 대항할 수 있습니다. 전통적으로 말하면 이렇습니다. 구획되어버리는 순간 대리인 정치가 되는 것입니다. 이러한 맥락에서 대륙을 단위로 하는 정치상상을 하는 것입니다. 따라서 국가간 체계로서의 유엔은 재구성되어야 합니다. 동아시아 공동체, 남아시아 공동체, 아랍공동체 등이 있을 수 있습니다. 그 위에 다시 아시아 공동체를 세울 수 있습니다. 이런 과정을 거쳐 대륙간 연맹이 만들어지면 유엔 같은 것이 될 것입니다. 물론 유엔이라고 불리지 않겠지요. 새로운 형식입니다. United community라고 할까요? 잘 모르겠습니다. 이는 아래로부터 위로 재구성되는 것입니다. 국가는 지방 정부, 권역 정부 같은 것이 되겠지요. 터키는 유럽에도 속할 수 있고 아시아에도 속할 수 있습니다. 이집트는 아랍 공동체와 아프리카 공동체에 동시에 속할 수 있습니다.

백원담 마오쩌둥이 제기한 동방체계라는 것이 있는데, 거기에서 중간지대라는 사유가 나옵니다. 여기에 아시아 공동체에 관한 사상적 자원이 존재합니다. 이는 과거로부터 사상자원을 가져오기 하는 작업을 오늘의 현실 속에 어떻게 전개할 것인가 하는 문제를 사고하게 하는데, 쉬진위가 타이완 지식인의 위상에서 중국의 일대일로(一帶一路) 기획을 긍정적으로 검토하고 일대일로가 미국·일본의 지정학적 경제포위에 대한 저항에서 출발했다 하더라도, 남-남원조의 관점에서 지지·격려해야 한다고 역설했습니다. 그리고 또다른 식민주의로 간주하기보다는 중국공산당이 한때 지녔던 제3세계 연대의 정신에 근거하여, 아시아 지식사회를 비롯한 다양한 관계수준에서 비판적으로 개입하는 것이 중요하다고 역설했습니다. 그리고 천선생님은 '일대일로의 민간판'으로서 제3세계적 국제주의에 입각한 사상의 '일대일로'를 제기하셨습니다. 그러나 중국 중심성에 개입하는 현실의 무게가 결코 가볍지는 않다고 봅니다.

'냉전의 박물관'이 아니라 냉전이 현재진행 중인 한반도와 아시아에서 분단은 체제와 이념의 대립만을 의미하지 않습니다. 냉전-분단은 식민, 냉전, 전 지구화의 모순이 중첩된 오늘, 아시아를 살아가는 대다수 아시아인의 삶의 적대-분단으로 내재화되었기 때문입니다. 따라서 진정한 평화와 평등을 위한 사상운동의 새로운 바람을 불어일으킬 계기는 충분하다고 봅니다. 특히 타이완과 홍콩, 아시아에는 그것을 위한 극복의 경험들, 국민국가의 경계를 가로지르며 부단한 연대를 이루었던 사상연쇄와 실천운동의 경험들이 산재되어 있기 때문이지요.

천광싱 마오쩌둥 사상이 현실에 놓여질 때, "중국이 제3세계의 지도자가 되어야 한다"는 문제가 있는데, 이는 다시 검토되어야 합니다. 집체지도는 무엇인가라는 문제이지요.

백원담 중국과 비중국으로서 타이완과 홍콩을 최근 해바라기운동과 우산운동의 전개와 그 징후들로부터 새로운 아시아 관계상 형성의 가능성을 논의해보았는데 마지막 말씀은 그 강고한 중국적 수렴 메카니즘의 엄연한 현실에 대한 경계로 읽겠습니다. 오랜 시간 여러 차례에 걸쳐 좋은 말씀 고맙습니다.

이 대담은 〈중국과 비중국:홍콩과 타이완의 역상〉이라는 제목으로 3회에 걸쳐 진행되었다.

　　이 대담이 있기 전 '동아시아 비판적 잡지 회의'가 〈동아시아에서 '대전환'을 묻다〉라는 주제로 창비 50주년 기념관에서 열렸다. 2006년 창비, 황해문화 등 국내 잡지와 타이완의 타이완 사회연구, 인간사상, 중국의 독서, 열풍학술, 일본의 현대사상, 케에시(返風)까지, 말레이시아의 당대평론, 그리고 인터아시아저널(Inter Asia Cultural Studies Journal) 등 잡지 주관자들은 한자리에 모여 "동아시아의 연대와 잡지의 역할"을 의제로 논의와 연대를 모색해왔다. 그리고 10년의 세월을 거치면서 식민과 냉전으로 인한 아시아의 불행한 역사적 관계상을 상호 되비치는 초기 대면단계를 넘어 전 지구화 시대에 겪는 문제의 보편성을 확인하고 그에 대한 비판적 시각의 공유와 공동의 대응논리와 대안적 전망을 모색하기에 이르렀다. 잡지라는 사회적 공론장을 국민국가의 경계 밖으로 펼쳐내었다는 의미를 가진다. 그리고 2011년에는 아시아의 현대 사상자원을 체계화하고 대안적 세계화의 사상을 구성해내기 위한 아시아현대사상계획(亞洲現代思想計討論會)을 가시화하고, 아시아 지식인 연대기구인 아제서원(亞際書院, Inter-Asia School)을 출범시킴으로써 오늘의 중국과 아시아의 부상을 통해 가시화된 세계권력재편의 계기를 아시아에서 민족해방운동과 탈냉전기획, 1955년 빈둥(Bandung) 평화회의 정신, 제3세계 연대 경험 등을 아시아의 사상전통으로 하여 새로운 대안적 세계화를 모색하는 사상기획을 수립하고자 한다.

　　천광싱 교수는 이러한 전체 과정과 아제서원의 기획자로서 이 회의에서 '일대일로의 민간판'으로서 제3세계적 국제주의에 입각한 새로운 세계 사상방안과 추동단위의 구축기획을 제출했다. 아시아 지식사회가 탄탄한 학술사상체계를 갖추었으므로 대안적 세계구상을 현실화할 때가 되었다는 문제인식의 소산이다.

　　따라서 이 대담은 자본주의와는 다른 세계가 가능하다는 사상의 '일대일로'가 중국을 중심축으로 기획되는 현실의 무게를 안으면서 타이완과 홍콩을 통해 중국과 아시아 관계의 역사성을 성찰하고 새로운 관계상의 형성 문제, 그 가능성과 한계를 짚어보는 작업의 일환으로 기획되었다.

　　이 대담이 3차에 걸쳐 진행된 것은 문제의 복잡성에도 한 원인이 있지만, 되도록 천광싱 교수의 입장을 경청하는 차원에서 최소한의 개입만 하다보니 대담 형식이 이루어지지 못한 한계가 있어서 재차 논의의 자리를 만들어갔기 때문이다. 이는 전적으로 대담 진행자의 미숙에 기인함을 밝히며 재정리 과정에서 부분적 수정을 감행할 수밖에 없었다는 점에서 천광싱 교수와 연광석 선생, 그리고 독자 여러분께 이해를 구한다.

참고문헌

레이 황(2009), 『장제스 일기를 읽다』, 푸른역사.
郭紀舟・詹曜齊・蕭阿勤・鄭鴻生(2007), 「臺灣的70年代」, 『思想』 4, 臺北: 聯經出版社.
Wondam Paik(2016), "The 60th anniversary of the Bandung Conference", *Inter-Asia Cultural Studies Journal*.

백원담(白元淡)

성공회대학교 중어중국학과/국제문화연구학과 교수, 동아시아연구소장, 中國 上海大學文化硏究學系 해외교수, 『황해문화』 편집위원, 臺灣 『人間思想』 편집위원. 한국냉전학회/한국문화연구학회 회장 역임, 논저로는 『열전 속 냉전, 냉전 속 열전』(2017), 『신중국과 한국전쟁』(2013), 『냉전아시아의 문화풍경 Ⅰ·Ⅱ』(2008, 2009)(공저), 『동아시아 문화선택 한류』(2005), 주요논문으로 「아시아가 만드는 세계: 38미터의 관계학에서 신시대 평화연대로」(2018), 「The 60th anniversary of the Bandung Conference and Asia」(2016) 등이 있다.

웡익모(黃弈武)

홍콩 民間人權陣線 Civil Human Rights Front 전(前) 부의장(vice convener)

제9장 홍콩은 우리 한복판에도 있다

- 대담인 : 윙익모 · 백원담
- 일   시 : 2019년 7월 17일 15시 30분
- 장   소 : 성공회대학교 새천년관 7702호
- 통   역 : 김미란(성공회대학교 동아시아연구소 HK교수)
- 정   리 : 백원담, 박다짐(연세대학교 중문과 석사과정)
- 기   록 : 곽수진(연세대학교 중문과 석사과정)
- 번   역 : 서형규(연세대학교 중어중문학과 박사수료, 경동고등학교 교사)

1. 범죄인중국송환반대운동과 민간인권전선

백원담 우선 이렇게 격변의 시점에 바쁘신데 이곳까지 와주셔서 감사드립니다.

먼저 한국 언론이 전달한 것과 다르게 홍콩 현지의 시위를 주도하는 당사자의 한사람으로서 한국의 독자들에게 홍콩의 송환법반대운동 –(범죄인송환조례수정 반대운동, 反對逃犯條例修訂草案運動), 특히 중국으로의 송환 우려가 핵심이므로 줄여서 '중국송환반대운동(反送中運動)'이라고도 부른다– 이 무엇이고 왜 일어났는지 그 배경과 진행과정을 소개해주시기 바랍니다.

제9장 홍콩은 우리 한복판에도 있다

윙익모   송환법반대운동의 배경은 다음과 같습니다. 홍콩인 한 명이 여자친구와 타이완 여행을 갔는데, 그곳에서 여자친구를 살해했지요. 그 후 그는 살해한 여자친구의 카드로 돈을 인출한 후 홍콩으로 도주했습니다. 경찰 조사가 시작되었을 때 이미 그는 홍콩으로 도주했기 때문에 용의자를 잡을 방법이 없었습니다. 홍콩과 타이완 사이에 범죄인 인도 조례가 없기 때문이었고, 홍콩 정부는 이 일을 계기로 범죄인 인도 조례를 만들어 살인 용의자 찬퉁카이(陳同佳)를 타이완으로 인도하려고 했다는 것이 기본적인 배경이지요. 그런데 우리는 인도 조례가 이미 있었습니다. 다시 말해 애초에 범법자를 체포하려고 할 때에, 비록 법률 전문가는 아니지만, 제가 아는 바 대로 말하자면, 우리 홍콩과 중국 사이에 '인도'한다는 것은 불가능한 일입니다. 사실 인도조례의 초안을 잡을 때부터 우리는 중국의 법률 제도와 홍콩의 법률 제도는 약간의 격차가 있음을 이미 알고 있었지요. 그래서 홍콩 사람 혹은 홍콩에 거주하는 사람이 법률을 어겼다는 이유로 중국으로 넘겨지지 않도록 하기 위해 중국은 우리의 인도조례 상 예외에 해당한다고 명시하고 있지요. 그렇다면 왜 이번에 타이완과의 사이에서 범죄인 인도가 되지 않았느냐, 이는 중국이 타이완을 중국의 일부로 보기 때문입니다. 사실 타이완과 홍콩 사이엔 교류하려는 뜻이 있었고, 찬퉁카이가 여자친구를 살해한 이후로도 줄곧 타이완과 소통하고자 했습니다. 그러나 타이완 측의 표현으로는 홍콩 정부가 계속해서 반응이 없었다고 합니다. 이후 홍콩은 인도조례 개정을 시작했고, 6월 초에 이 인도조례를 심의하기 시작했는데, 이 때 많은 사람이 하나의 운동이 시작되려고 한다는 것을 알게 되었지요.

백원담   선생님은 지금 '민간인권전선'[1]이라고 하는 이 단체의 부소집인자격으로 오셨습니다. 거기는 원래 지도부 없는 운동을 전개한다고 하셨는데 그렇다면 이 단체가 갖고 있는 대표성이란 무엇을 의미하는 것인지요? 한국에서도 지도부 없는 운동이 전개된 바 있지만 사실 쉽지가 않았습니다. 박근혜 퇴진 국민운동 당시 천여 개의 단체가 모였고 거기서 각 단체나 개인 간에는 대등하고 수평적인 관계성을 이루고 있었지만, 의견결정과 방향을 찾아나가는데 있어서는 상당한 문제점을 안고 있었습니다. 그런 점에서 운동의 대표성 문제를 어떻게 보시는지 궁금합니다.

윙익모   우리 민간인권전선은 현재 50여 개의 단체로 구성되어 있고, 계속해서 변동이 있습니다. 그래서 정확한 숫자는 알 수 없지만, 대략 50개 정도가 아닌가 합니다. 민간인권전선은 2002년에 시작되었으나 이듬해인 2003년에 1차 발기대회를 했고, 같은 해 7월 1일(홍콩 반환일) 대규모 시위를 맡아서 주도했습니다. 그때로부터 줄곧 이런 종류의 시위를 주관해 왔지요. 처음부터 민간단체로 성립되었기 때문에 정당이 언제 민간인권전선에 가입했는지는 잘 모르겠습니다. 어쨌든 지금은 민간단체도 있고, 정당도 구성원을 이루고 있습니다. 매년 가입 단체에서 대표를 파견하여, 내부의 연차 대회를 통해 민간인권전선의 의장과 부의장을 선출합니다. 대회는 물론 우리 민간인권전선의 가장 큰 행사이며, 정기적으로 대회를 소집해 토론을 진행하고 있습니다. 이 외에 비서실도 있는데 이

---

1   민간인권진선에서 진선은 영어로 front로 표기되고 한국에서 전선으로 흔히 번역되지만 '陣線'이라는 명명에서 陣은 진영, 선, 열 등을 의미한다는 점에서 나란히 대등한 관계성 속에서 전열을 이루는 함의가 크고, 그 자체 홍콩 시민운동의 특징을 반영한다고 볼 수 있다.

비서실의 구성원이 바로 의장과 부의장, 그리고 몇 명의 직원들이지요. 다시 말하면 우리는 실질적인 조정을 하는 단체인 셈이지요. 시위에 참여할 때 조직을 하고, 그 일정을 짜는 등의 작업이 우리의 일입니다. 모든 사안을 모든 사람에게 물어볼 수 없는 것으므로 그래서 우리도 이런 권리를 부여받아 대신 조정을 한다고 보면 될 것입니다. 가장 중요한 것은 대회를 통해 여러 사람이 토론하고 소통하여 중요한 의제를 결정하게 됩니다.

백원담 그렇다면 지금까지의 과정에서 중요하게 결정한 내용을 하나 소개해주실 수 있을까요?

윙익모 결정 말인가요? 사실 우리도 정례 회의가 있는데, 모든 구성 단체가 함께 정기적으로 회의를 하는 것입니다. 의제가 있을 때 대회에 제안을 하여 모두에게 결정하게 하는 방식이지요. 예를 들어 '송환법반대' 운동을 처음 시작할 때 우리는 이 사안에 대해 즉각적으로 시위를 조직해야 할지, 아니면 모든 사람의 결정을 통해 우리의 목표와 요구 사항을 정한 후, 시위가 어떤 결과를 가지고 올 것인가에 대해 이해를 공유하고 시작할 것인지를 결정해야 했습니다. 이 운동을 시작했을 때, 많은 사람이 이 일에 대해 충분히 잘 알지는 못했기 때문입니다. 처음 시작할 때에는 각자 다들 다른 생각들을 가지고 있었습니다. 몇몇 자원봉사자들의 시각에서는 몇 가지 문제점이 보였고, 우리는 그 문제점들에 대해 최대한 알아내려고 했습니다. 어느 경우에는 반대하는 사람도 있게 마련인데, 이번에는 물론 없었습니다. 우리가 회의를 통해 이 시위를 지금 주관하는 것이 맞는지 다시 결정했는데, 이는 이번 시위가 우리가 정기적으로 했던 7월 1일이나 1월 1일, 10월 1일(중국 건국기념일) 시위가 아니었기 때문입니다. 우리가 대회에서 많이 논의하는 것은 시위 주제 등의 종류인데, 다같이 모여 회의하고 토론해서 공감대를 형성하는 것이 바람직하지만, 공감대가 없으면 표결을 하기도 합니다.

백원담 그런데 선생님은 2014년 우산운동 당시에 게임을 하던 중 갑자기 결합을 하게 되었다고 들었습니다.[2] 그때부터 지금까지의 개인적인 역정을 잠시 소개해주시지요. 그리고 이번 사태에서 본인의 역할은 어떤 것이고 그에 대해 어떤 입장을 가지고 계시는지도 말씀해 주시기 바랍니다.

백원담

윙익모 먼저 제 역할 중에 '지도자'라는 말은 조금 피하고 싶습니다. 우선은 '지도자'라는 표현이 약간은 중국식인 것 같고, 또한 우리는 '도우미 조직' 같은 것이지 무슨 리더 같은 역할이라고는 감히 말할 수 없을

---

2 윙익모씨는 보통시민으로서 2014년 6월의 마지막 날, 특별한 직업 없이 게임에 몰두하던 중 게임 대기시간 휴대폰으로 뉴스를 훑어봤는데, 경찰이 시위대를 향해 '최루탄tear gas를 쐈다'는 글귀가 눈에 들어왔다. '최루탄이 뭐지? 무슨 일이 터졌나?' 잠시 고민하다 다시 게임을 했는데, 다음날 친구가 "시위에 함께 나가자"고 메시지를 보냈고 호기심에 "그러자"고 답하면서 운동에 깊이 참여되었다고 회고했다.

것 같습니다. 저는 2014년엔 그저 참가자에 불과했습니다. 심지어 최루탄을 발포하던 그 날에는 현장에 있지도 않았지요. 그 다음에야 지지 표명을 요청 받았는데, 당연히 해야 할 것이라고 여겨 현장에 갔고, 그곳에 가서야 비로소 홍콩에 대한 전반적 이해를 할 수 있었습니다. 어려서 타이완에서 일정 기간 살았기 때문인데, 홍콩에 대해 정치적 의제가 아닌 다른 많은 문제에 관심을 가졌지요. 그리고 그때서야 홍콩의 문제들이 매우 다양하다는 것을 알게 되었습니다. 노인이나 학생들의 발언 속에서, 어떤 조직을 만드는 사람일 수도 있고, 다양한 수많은 사람들로부터 그런 문제들을 발견했습니다. 자원봉사를 시작하면서 스스로 할 수 있는 최선을 다해 뭔가를 할 수 있도록 도울 수 있다고 생각했지요. 결국 홍콩의 민주화운동을 지지하게 되었고, 서서히 민간인권전선에 참여하고, 가입하게 되었습니다. 첫해에는 조용히 돕기만 했고, 2년 차에는 동료의 격려를 통해, 부의장 선거에 참여할 수도 있겠다는 생각이 들었고 만일 당선되면 '명분이 정당하면 말도 이치에 맞는다'라는 말처럼 이 신분을 통해 어떠한 일을 할 수 있게 될 것이라 여기게 되었습니다. 그리고, 작년 10월에 당선되어 네 명의 부의장 중 한 명이 되었지요.

백원담 그 단체의 구성원들이 각자 다양한 경력을 가지고 열정적으로 활동하는 것으로 보이는데 주로 어떤 분들이 참여하고 있는지 궁금합니다.

웡익모 현재까지 송환법반대 운동에서 우리는 스스로 무언가를 할 수 있다고 여기지 않았습니다. 이는 민간인권전선이 우산혁명 이후 지난 몇 해 동안 주관한 시위에서 인원이 점점 줄어들었고 그래서 전체 시민이나 사회의 상황이 절대로 좋은 것만은 아니었고, 거기에 엄청나게 열정적인 사람이 와서 참여한 것도 아니었기 때문입니다. 우리 또한 해야 할 일을 한다고만 생각했고, '송환법반대' 운동이 조직 소속의 여부와 관계없이 민간에서 이렇게 열정적으로 참여하게 될 줄은 미처 생각지도 못했습니다. 오히려 그 과정에서 우리가 어떤 리더인지, 어떤 지도자인지 느끼게 되었다고 할 수 있지요. 우리는 그저 우리가 원래 하려고 했던 것을 잘한 결과가 되어버렸습니다. 적당한 때에 시위를 주관했고, 이에 우리는 계속 이

웡익모

일을 잘할 것이며, 정부가 하려는 것에 대해서도 마땅히 대응할 것은 대응하는 것이 이 운동을 잘하는 것이리라 생각했습니다. 우리가 이번 운동에서 하나의 구성원으로 참여할 뿐 아니라, 누군가에게는 일정한 영향을 끼치고 있음을 잘 압니다. 홍콩의 많은 사람들이 이런 종류의 운동에 참여해 본 경험이 없고, 누군가 이끌어주길 바랍니다. 그런 점에서 인도자, 리더라고 할 수도 있겠죠. 어떤 사람이 정말 인도해주고 이끌어주기를 바랄 때, 우리는 여러 생각을 고려해서 최대한 균형을 잡고 이러한 일들을 수행해나갈 것입니다.

백원담 2017년 7월 1일 홍콩의 정례적인 반환기념시위에 참여한 적이 있습니다. 그때 "영국으로 반환하라"라는 구호를 보고 놀랐습니다만, 가장 인상적인 것은 갖가지 구호가 제각각 표출되고 있었다는 사실이었습니다. 시위대가 하나의 전선을 형성하여 구호를 외치며 투쟁하는 것이

아니라 십만 명 정도가 각기 다른 이슈를 제기하면서도 같이 줄지어 행진해가더군요. 다양한 모금 활동도 있었고, 지지를 호소하는 데 있어 각기 다른 입장을 제기하지만 서로 부딪치는 것이 아니라 같이 흘러서 가는 풍경이 놀라웠습니다. 이번 송환법반대 운동 초기에도 입장은 서로 다르지만 한꺼번에 몰려나와 전선을 형성하고 대응하는 모습이 매우 인상적이었습니다. 어제는 이번 사태에 대해 폭력의 문제와 독립 문제로 설명을 하셨는데[3], 전선에 일어난 약간의 변화의 변화 지점을 이해할 수 있도록 짚어주셨으면 좋겠습니다.

---

[3] 웡익모 부소집인은 2019년 7월16일 서울대 동아문화연구소(소장 김병준)의 초청으로 한국을 찾았다. 7월 16일 서울 관악구 서울대학교 신양인문학술관에서 〈홍콩 시위는 무엇에 관한 것인가〉라는 주제로 강연했다. 웡 부소집인은 이날 강연에서 2014년 홍콩 우산혁명과 최근의 송환법 반대시위를 비교하며 "당시는 경찰과 시위대 간 폭력 사태를 두고 범민주파와 본토파(홍콩의 이익을 우선시하는 정치조직) 사이의 의견 대립이 극심했다"고 회고했다. 범민주파는 폭력 시위가 대중의 지지를 잃을 수 있다며 본토파와 거리를 뒀고, 웡 부소집인도 그 중 하나였다. 청년들이 주축이 된 본토파는 범민주파가 평화 시위를 고집하느라 당국의 탄압에 무력하게 대응한다고 맞섰다. 하지만 5년이 지난 현재 "폭력을 쓰지 말라"는 배제의 구호는 "우리는 함께 떠난다(一齊走)"는 연대의 구호로 바뀌었다고 웡은 말했다. 이러한 차이를 보여주는 대표적 장면으로는 시위대가 입법회 건물 점거에 나섰던 지난 7월 1일, 경찰은 2일 자정을 기해 입법회 건물에 진입해 엄중 대응하겠다고 예고했다. 대부분 시위대가 빠져나왔지만 이중 4명은 '죽을 각오로 싸우겠다'며 건물 안에 남았다. 그런데 그때 갑자기 입법회 건물 앞에 있는 청년들 사이에서 토론이 붙었다. 이들은 '우리는 함께 떠난다'고 결론을 내리고, 입법회 건물 안에 들어가 남은 이들을 데리고 나왔다. 관련 글로는 심윤지, "홍콩 시위 이끈 웡익모 부의장 "지도부 없는 시위, 지속가능성 고민중"", 「경향신문」, 2019.7.17.; 장정아, "서로를 포기하지 않는 운동: 홍콩 시위가 남긴 것", 「월간 워커스」 57호, 2019.7.29. 참고.

웡익모 우선 영국으로 반환하라는 것을 지지하는 세력에 대해 설명을 해야겠습니다. 실은 그런 사람이 많지는 않고, 2014년부터 현재까지 점점 그런 주장을 지지하는 사람이 줄어들고 있거나, 그런 주장을 점차 적게 듣는 것 같습니다. 그저 소수 사람을 대변할 뿐이라는 것이지요. 이런 주장은 아마도 중국의 통치 방법에 대한 불만에서 비롯된 것 같은데, 어떤 사람들은 직접 영국의 통치를 겪었기 때문에 그때가 더 좋았다고 생각하는 것 같습니다. 사람은 상상이 필요할 때가 있는데, 미래에 대한 상상이 어려울 때, 자신의 경험을 통해 그때가 더 좋았다고 말하는 사람이 있는 법이지요. 영국으로 돌아가자는 문제는 바로 이런 차원의 것이고 누군가 그런 식으로 생각할 수도 있다고 봅니다.

한편 중국의 '일국양제(一國兩制)'를 지지하는 입장이라면, 분명 우리 시위대 안에는 있지 않을 것입니다. 그들은 우리의 시위가 그저 '지역분규'라며 시위대 옆에서 소리를 질러대겠지요. 이것은 해마다 일어나는 일이고, 선생님께서 어떤 상황을 보았는지는 잘 모르겠지만, 그 당시도 물론 계속해서 매우 평화로웠을 것입니다. 사실 홍콩인은 평화를 사랑하며 규칙을 잘 지키는 데 이것이 홍콩의 특징이기도 합니다. 폭력에 관해서는, 사실 홍콩 독립과 폭력은 또한 별개의 문제입니다. 폭력은 충돌하는 폭력이나 제도적인 폭력, 또는 신체적인 폭력 등이 있습니다. 2014년부터 지금까지, 우리는 2014년 당시에 심각한 의견 차이가 있었습니다. 바로 '비폭력'과 '행동으로 옮기는 것' 사이에서의 갈등이지요. 계속해서 비폭력의 평화적 이행을 할지, 아니면 행동으로 옮겨야 할지 문제는 조금 다른데, 당시에는 실제 행동으로 옮기는 문제를 토론한 적이 없었습니다. 하지만 우리는 신체적인 충돌 같은 것이 있을 것으로 예상했습니다. 홍콩인 대다수는 이런 것에 반대합니다. 다른 입장에서는(본토파) 또한 우리가 계속 평화를 유지한다고 해도 정부가 별 반응이 없을 것이라며 행동할 것을 주장했습니다.

우산 혁명 이후, 시민사회에서 이런 운동에 참여하는 인원이 점점 줄어들었다고 좀전에 말씀드렸는데, 이러한 원인도 있으리라 봅니다. 많은 젊은이들이 우리의 시위가 별 소용 없다고 생각했습니다. 그래서 시위 대오에 젊은이가 많지는 않았지요. 지난 몇 년간 젊은이들의 참여가 많지 않았기 때문에 당연히 대부분이 평화적 시위를 지지하는 사람들이었거나 좀더 온전한 방식을 지지했습니다. 그러나 올해 들어서 모두들 사건의 중요성을 인식하게 되었습니다. 지난 5년 간의 과정을 검토해 본 결과, 우리는 두 주장 사이의 갈등이 줄어든 것을 발견했고, 심지어 현재는 모두들 한 사람 한 사람의 참여가 매우 중요하며, 어떤 사람이 어떤 방면에 대해 무력충돌을 하면, 무력 충돌을 지지하지 않는 사람일지라도 비난하지 않으며, 직접 물리적 시위에 동참하지 않더라도 참여하지 않는 사람을 책망하지 않는 이런 분위기가 되었음을 확인하게 되었습니다. 우리는 이런 상황이 계속되어야만 이 운동이 지속될 수 있을 것이라 생각합니다.

백원담 기본적으로 이 운동 안에 참여하는 사람들의 경험은 모두 다르지 않습니까. 각종의 경험들이 다양하게 존재하고, 이전에 영국 식민지 경험에 대한 잔상이 의식·무의식적으로 남아있는 사람부터, 이념적으로 좌파입장을 견지하여 온 경험에서 친중파도 있고 경제적 이해관계 속에서 친중파도 있을 것이며, 젠더별 경험과 세대별 경험이 모두 다를 것이라고 생각합니다. 제가 우려했던 것은 이런 것입니다. 예를 들어 중국의 일국양제에 대해 민주인권전선이나 이번 시위참여자들에게 있어서는 부정되고 있는 것으로 보이는데, 그래서 전선이 민주와 독재의 구도로 고착화되는 문제, 즉 중국은 독재를 하고 있고 우리는 민주화로서 그에 저항하고 있다는 차원으로 대치되는 문제입니다.

윙익모 영국을 그리워하는 사람이 있는 와중에도, 이 운동 전반에 걸쳐서 누구도 중국을 그리워하지는 않습니다. 중국을 그리워한다는 것은 바로 우리와 맞서고 있는 홍콩 정부를 지지한다는 의미이기 때문입니다. 우리가 하고 있는 이 운동과정에서 한 번도, 어느 누구도, 중국이 현재 이런 식으로 하는 것이 좋다거나, 현상을 유지해야 한다는 등의 말을 하지 않았습니다. 그런 부류의 사람은 우리의 항쟁에 참여하지 않을 것이고, 우리도 그런 부류 사람들을 지지하는 행위를 금지할 것이기 때문입니다. 세대나 젠더 간에도 특별할 것은 없습니다. 이 항쟁 가운데 세대나 성별에 따른 특별한 역할은 없다는 말인데, 이 방면에 대해 잘 모르므로 많은 말은 하지 않겠습니다. 세대 간에는 다소 차이가 있기는 한데, 장년층 일부는 일국양제를 주장하고, 중국의 민주화도 중요하다고 말하며 이런 주장이 우리 모두에게 어느 정도 영향을 미치는 것은 사실입니다. 우리도 중국의 민주화를 도울 수 있을 것이고, '세대'를 논하기 이전에 이미 중국의 많은 것들이 홍콩에 도움을 준 것들이지요. 천안문 사태처럼 많은 홍콩인이 참여한 것도 있고, 현재 일부 노동운동의 많은 조직책이 홍콩에 있기도 하고, 인권 변호사들의 법률 지원도 가능합니다. 다수의 젊은이들은 스스로 정체성에 있어 자신은 홍콩인이며, 중국인이 아니라고 생각합니다. 심지어 누군가는 독립을 원한다고 말하며, 반면에 누군가는 이 문제에 대해 말하지 않을 수도 있습니다. 하지만 정체성에 대해 확실히 젊은 사람들은 점점 더 자신이 홍콩인이며 중국인이 아니라고 생각하지요. 중국이 독재를 하는지 여부에 대해 전 세계가 스스로 결론을 내렸으리라고 생각하는데, 저는 현재 홍콩의 중요한 문제 중 하나는 중국의 '보호' 아래에서는 우리 홍콩이 마땅히 가지고 있어야 할 어떠한 것들이 그 목적을 잘 이루어낼 수 없다는 입장입니다. 예를 들면 법률과 제도 같은 것이 그렇지요. 우리는 보통선거를 원하고 이것은 매우 중요한 문제입니다. 우리에게는 보통선거가 없어서 정부나 입법부가 기능을 제대로 발휘하지 못하고 있고, 중국에서 왔다고 확신하기 어려운 정경유착이나 부동산 권력의 문제 등도 발생할 수 있지요. 그런데 이런 일들은 세계 어느 곳에서도 일어날 수 있는 것인데, 다만 세계 어느 곳이든 이런 문제를 해결할 수 있을 것입니다. 하지만 하필 홍콩만큼은 민주주의가 없어서 중국에서 넘어온 문제를 차치하고서라도 우리가 근본적으로 가진 빈곤이나 토지 문제 등도 해결할 방법이 없습니다. 사실 공산당이 없더라도 우리에겐 토지 문제가 있겠지만, 우리는 그걸 해결하려 했을 겁니다. 하지만 현 홍콩정부 때문에 우리는 그들을 흔들어대거나 영향을 끼쳐 우리 문제를 해결하도록 할 방법이 없습니다. 흔든다는 것은 말 그대로 휘둘러 진동하게 한다는 것입니다. 그들을 동요시키는 것이지요. 그런데 정부로 하여금 우리의 문제를 직시하게 할 방법이 없습니다. 우리의 모든 요구에 대해 정부는 전혀 상관하지 않아요. 이것은 중국이 홍콩에서 보통선거를 불허하기 때문이며, 이 때문에 우리의 어떠한 문제도 해결할 방법이 없게 되었습니다. 이것이 바로 중국의 통치하에서는, 적어도 우리가 지금 목격한 바로는, 중국 정부가 홍콩의 자유를 이처럼 옥죌 경우 어떠한 문제도 해결할 수 없다는 것입니다. 법적으로 우리에게 부여된 권리가 있어야 한다는 것이 우리가 해결해야 할 최소한의 문제입니다. 우리에게 반드시 있어야 하는 바로 그것 말입니다.

2. 일국양제의 명암

백원담 홍콩에서 어떻게 판단할지는 모르겠지만 중국은 일국양제를 2047년까지 하겠다고 했는데 중국이 일국양제에 대한 구체적인 상(象)은 아직 마련되지 않은 것으로 보입니다. 사실은 중국이 홍콩을 반환받을 당시 아직은 경제적으로나 정치적으로 홍콩을 그대로 통합하기에는 역부족이었기 때문에 일국양제를 택할 수 밖에 없었던 상황이므로 이후 경로를 강압적으로 추동하는 것 이외에는 합리적 이행과정을 사고하지 않았고, 그러한 경험도 부재하기 때문에 그 정치적 여파만 우려해온 것이 아닌가 합니다. 그런 차원에서 일국양제의 전반기가 지나고 앞으로 후반기로 접어들면서 '양제'가 아닌 '일국'으로의 통합과정을 중심으로 홍콩이 중국의 한 지역으로 들어오는 것이 자연스런 과정으로 상정하고 단련이라고 할까요, 적응방식의 통치행태를 가져가는 게 아닌가 합니다. 빈곤이나 토지문제나 또 삶의 질의 문제 등은 중국에서는 치리사회(治理社會governance)라고 효율성문제로 내부에서 해결(?)해 나가고 있다는 점에서 실제적 대응을 간과하는 것으로 보이기도 하고요. 많은 대륙인들이 홍콩에 부동산 투기나 주식시장에 관여하여 홍콩의 대륙에 대한 경제적 의존도가 날이 갈수록 높아지고 세계적인 금융도시로서의 위상과 역할도 점차 변화하는 것도 사실이지요. 따라서 홍콩에서 정치적으로 직선제에 의한 자치문제를 제기하거나 경제적으로 토지문제나 대륙경제와 일원화하는 문제를 제기하면, '저들은 반중 세력들'로 척결대상으로 생각하는 시각의 격차가 크지요. 그리고 홍콩행정부는 친중파로서 중국의 입김 하에 있고, 홍콩민의 입장에서 대화의 창구라던가 평화적 해결경로를 찾기보다는 폭력적 대응을 함으로써 사태를 더욱 악화시킨 책임이 크다고 봅니다.

윙익모 일국양제라는 것이 원래는 중국과 영국이 공동성명을 채택했을 때 초안을 잡기 시작한 것이고, 시간이 많이 흘러 현재까지 20여 년이 지났습니다. 만약 중국 측에서 애초에 준비가 하나도 안 되었었다고 한다면 말이 안 되는 것입니다. 지난 20여 년을 돌이켜 보면 일국양제의 실행이 시간이 갈수록 수준이 떨어지고 있는 것은 중국 지도자들의 변화와 관련이 있거나, 중국의 경제발전, 중국의 성장도 역시나 영향이 있을 수 있습니다. 홍콩은 원래 줄곧 자체 법률을 가지고 있었는데, 일국양제라는 것은 상대방이 이쪽의 법률을 존중하고 그것을 통해 통제하면 되는 것입니다. 전국적인 시각에서 '너희들은 이렇게 해라, 우리는 우리의 관점을 통해 너희를 바라보겠다'는 것이 아니지요. 홍콩의 법률과 제도의 관점을 통해 바라보지 않고 지금의 이런 식이라면 수용하기 어렵습니다. '양제(두 가지 제도)'라고 부를 수 없기 때문입니다. 또한, 홍콩에서 시위나 투쟁은 경찰청(경무처, 警務處)에 '통지'라는 형식으로 사전 신청하게 되어 있습니다. 이 또한 문제이지요. 이미 많은 부분에서 법률적으로 극복해야 할 부분이 있고, 법률이 완비되어 있다고 느끼지도 않으므로 수정하는 것이 낫다고 생각합니다. 하지만 현재 중국은 자신들의 목적을 거의 달성했다고 여기는지 우리의 법률에 위해를 가하고 있습니다. 고속철도만 해도 그렇습니다. 사실 여러 해 전에 시작한 것 같은데 고속철도 사업에 재정을 지출하며 무언가를 했는데, 당시 홍콩당국이 약속했었지요. 중국 관리들이 홍콩 내에서 법을 집행하도록 하지 않을 것이며 그렇게 하면 범법이라고 말입니다. 하지만 현재는 강제로 그들이 하겠다고 하면 그렇게 됩니다.[4] 이것은 그들이 (홍콩의) 법률 제도를 파괴하는 것

---

[4] 현재 중국대륙과 홍콩 사이를 오가는 고속철도의 홍콩역 내 일부 구역에선 중국 법이 집행되고 있다.

이 아닙니까? 범법 행위가 아닙니까? 게다가 그들은 우리 의원의 자격을 박탈하기까지 했습니다. 중국의 법률 해석 과정 또한 문제가 있습니다. 물론 기본법[5]이 어떻게 쓰여졌는가는 역사적인 문제이기에 우리가 바꿀 수 있는 것은 아닙니다. 하지만 중국이 지금 이런 식으로 법률을 문자 그대로 해석하지 않고 우리 법률에 아예 새로운 것을 덧붙이기까지 하는데, 이것을 '법률 해석'의 문제로만 볼 수 있는가? 전혀 법률적으로 부합되지 않는다고 봅니다. 하지만 강력한 권력의 지배를 받고 있기 때문에 우리는 받아들일 수밖에 없는 실정이지요. 홍콩 의원은 입법회에 소속되

---

[5] 기본법은 중화인민공화국홍콩특별행정구기본법(中華人民共和國香港特別行政區基本法)을 말한다. 1990년 4월 4일 제7회 전국인민대표대회 제3차회의에서 통과되어 주석령으로 공포되었고, 1997년 7월 1일 홍콩반환과 함께 시행되었다. 홍콩 사람이 홍콩을 다스린다는 '항인치항(港人治港Rule by Hong Kong People)'과 한 나라에 두 개의 제도가 공존한다는 '일국양제(一國兩制)' 시행을 위한 정치적 국제법적 기본근거를 제시하고 있다. 외교와 국방을 제외한 분야에서 홍콩은 고도자치권을 향유할 수 있다는 것을 기본원칙으로 한다. 그리고 1984년 12월 19일 홍콩 문제에 관한 영·중 공동선언에 따라 현행의 자본주의 체제 및 생활양식이 50년간 변하지 않고 유지된다. 제1장 총칙은 11조로 구성되어 있으며, 5조까지 내용은 다음과 같다. 제1조 홍콩특별행정구는 중화인민공화국의 분리할 수 없는 일부분이다. 제2조 전국인민대표대회는 홍콩특별행정구에 이 법의 규정에 따른 고도자치를 수권하며 홍콩특별행정구는 행정관리권, 입법권, 독립적인 사법권과 최종심판권을 향유한다. 제3조 홍콩특별행정구의 행정기관과 입법기관은 홍콩의 영구주민이 이 법의 유관규정에 따라 조직한다. 제4조 홍콩특별행정구는 법에 따라 홍콩특별행정구의 주민과 그 밖의 사람의 권리와 자유를 보장한다. 제5조 홍콩특별행정구는 사회주의 제도와 정책을 시행하지 아니하며 원래의 자본주의 제도와 생활방식을 유지하고 50년 동안 변동하지 아니한다.

어 있는데, 입법회에는 비서실이 있고, 그 비서실도 역시나 정부의 명에 따르고 정부의 지휘를 받습니다. 이런 상황에서 정부가 급여를 차압하고, 집도 봉쇄하면 의원으로서 활동을 할 방법이 없지요.[6] 정부는 줄곧 이런 식으로 범법을 저지르는데, 정부를 고소할 방법이 없어요. 검찰도 정부측이기 때문이지요.

백원담 사실 제가 일국양제를 중시하는 이유는 한반도도 앞으로 북한과의 관계설정에서 중요한 참조체계가 되기 때문입니다. 중국에서 양제에 대한 구체적인 계획을 갖고 있지 않다는 것은 중국 내에서는 사회주의 국가에서 노동자·농민·빈민 등 인민에 의한 대표성 정치가 실현되지 못하고 있다는 문제와 직결됩니다. 전국인민대표대회에 인민대표가 3천 명 정도 있는데 그중에 노동자, 농민이 오륙백 명밖에 안되지요. 중국 정부 자체가 대표성정치를 실현하지 못하고 있는 현실입니다. 그런데 한 나라 안에 두 가지 체제가 있다면 그런 대표성 정치가 제대로 이루어질 수 있는 기본토대가 근본적으로 취약하다는 것이고 그래서 남은 28년 동안 제대로 구현해 나갈 수 있는지 의문입니다.

  최근 중국에서의 노동운동 탄압과 사상적 억압상황은 그 엄혹한 정도를 잘 말해주고 있지요. 홍콩은 고도의 자본주의경제체제를 유지해와서 불평등구조나 토지문제들이 발생하는 것이 당연합니다. 그렇다면 이

---

[6] 2016년 홍콩고등법원은 홍콩의 자치파(범민주파) 입법의원 2명을 제명하였고, 2017년 4명의 자격을 박탈했다. 이들 4인은 입법회 취임선서에서 주어진 선서문을 그대로 엄숙하게 읽지 않았다는 것이 판결사유이다. 우리나라 국회에 해당하는 입법회 70석 의석 중 이들 범민주파는 30석에 달했지만 선서문제로 6명이 자격을 잃으면서 입법회에서의 비토 권한은 불안해졌다.

러한 사회적 모순들이 분출했을 때 어떻게 해결해 나갈 것인가. 홍콩의 입법회는 홍콩의 독점자본의 이해에 따라 기능해왔고, 중국은 영국의 식민통치체제가 낳은 기형적 선거제도를 그대로 유지한 채 홍콩행정부에 대한 지배를 강화하고 있으니 대다수 홍콩민의 삶의 문제를 해결할 길은 요원합니다. 중국정부는 우산운동이나 이번 송환법반대항쟁이 '내재적 식민화, 서양식 민주주의제도에 대한 맹신'에 집착된 독립 요구로 간주하며, 홍콩민들이 오히려 일국양제의 원칙을 훼손하고 있다고 경고합니다. 그리고 이번 항쟁에 대해서도 일국양제 하에서 민주는 허용할 수 있지만 폭력은 방관할 수 없다는 식으로 홍콩행정부의 단호한 대처를 촉구하고 있는 상황입니다. 민주인권전선의 입장이나 시위에 참여한 대다수 사람들의 입장에서 독립을 요구하는 것이 아니라 '직선제'와 명실공히 '자치'를 요구하는 것인데 그런 점에서 '일국양제'의 진정한 실현문제로 의제를 제기할 필요가 있지 않은가 합니다. 2047년까지 이것이 제대로 이루어질 때 중국도 자기 정당성을 가지고 '하나의 중국'은 물론 지금 봉착하고 있는 내부의 정치문제를 해결해나갈 수 있는 길을 찾을 수 있을지 않을까 하는 것이지요. 그리고 올해가 중화인민공화국 건국 70주년인데 홍콩사태의 심도는 중국 정부로서는 매우 부담스러운 사안이고, 미-중 무역전쟁으로 중국의 운신의 폭이 좁다는 것이 홍콩사태를 더욱 극단으로 치닫게 하는 요인이 되고 있지 않은가 합니다.

윙익모 대표성 정치란 홍콩 대표가 중국에 가서 발언하지 못하게 했다는 것인가요?

백원담 홍콩은 영국의 식민지배 하에서 영국총통부가 허용하는 한에서만 자유를 허락받았습니다. 참정권도 제대로 부여하지 않았던 영국 식민

정부는 중국 반환 결정 이후 1980년대부터 입법회와 구의회의 직선제를 확대하는 등 급속한 정치개혁을 시행했으며, 홍콩을 철저한 경제자유도시로 주조하면서 홍콩인들을 상대적 안정과 '민주 없는 자유'에 안주하게 했습니다. 이렇게 경제적 안정과 허용된 범위 하에서의 서구식 민주주의의 제도적 경험은 홍콩민들에게 이른바 홍콩적 정체성, 곧 사회주의 중국과는 차원이 다른 '민주사회'에 대한 자부심과 '시민'적 권리를 가지게 한 것 같습니다. 그런 점에서 우산혁명에서 비폭력 평화의 기치와 그 기조에 대한 강고한 집착, 그리고 이번 항쟁에서 직접선거의 요구는 홍콩적 정체성 문제를 성찰하게 하는 측면이 있습니다.

한편 중국이 홍콩의 경제문제를 해결하는 중요한 역할을 한 것이 사실이지만 그로서 중국에 대한 경제적 의존구도는 더욱 강화되었고 홍콩인들의 상대적 박탈감을 확대하는 결과를 낳았습니다. 따라서 이번 항쟁을 통해 홍콩이 새로운 정치경험 속에서 제대로 된 정치민주화의 상을 제시해나감으로써 일국양제를 아래로부터 재구성해나갈 수 있기를 바라는 마음이 간절합니다. 중국이 이번 사태를 상호공존을 위한 새로운 정치민주화의 계기로 포착하지 못하고 강박적으로 지배모델을 강행함으로써 이처럼 엄청난 정치파동을 야기하고 있으니 안타까울 따름입니다.

윙익모 사실 영국 통치시절에는 '민주'라는 것은 없었고, 큰 자유만 있었다고 하겠습니다. 그리고 우리는 영국 정부를 믿었었지요. 영국 통치 초기에는 그리 좋지도 않았고, 잦은 충돌도 있었지만 그게 19세기의 일이라고 생각해 보면, 그 또한 역사 아니겠는가 합니다. 영국이 통치를 시작하고 수십 년이 지나고 홍콩 사람들의 마음 속에는 영국의 통치는 꽤 좋은 것이라는 생각이 자리잡았습니다. 우리는 적어도 영국은 민주국가라고 믿었고, 선출된 인재가 홍콩을 통치했으니, 상호간의 통로도 지금

보다는 훨씬 좋았던 것이라고 생각합니다.

백원담   영국 통치에 대한 홍콩인의 입장은 좋았다고 볼 수는 없을 것 같습니다. 지속적으로 반식민운동이 있어왔고 그 결과 1970년대 이후 형식적 '민주'가 이식되고 반환 이전 정치개혁에 의해 참정권의 확대 등 민주적 정치경험이 확보되는 과정이 있었습니다. 만일 우리가 홍콩에서의 이런 민주화 발전의 성과를 인정한다면, 중국 정부도 홍콩인 스스로 발전시킨 민주적 제도의 합법성을 인정해야 한다고 봅니다.

윙익모   이게 바로 가장 근본적인 문제입니다. 중국은 민주화를 두려워합니다. 1990년부터 현재까지 중국은 민주화에 대한 극도의 공포감을 가지고 있지요. 홍콩인이 중국 본토인에게 이런 사고방식을 전파하는 것도 두려워하여, 중국에서는 진압과 살인의 방식으로 막고 있는 것입니다.

백원담   이런 대립 상황에서 어떻게 돌파구를 찾을 수 있을지요. 당장은 대화창구를 여는 것이 중요하지만 궁극적으로는 쌍방이 새로운 정치 모델을 찾는 차원으로 문제가 해결되어야 할 것으로 봅니다.

윙익모   만약에 대화를 한다면, 우리는 누구를 보내서 그들과 교류해야 할까요? 이런 일은 홍콩에 말할 것이 아니라 중국에 말해야 할 것 같습니다.

백원담   중국은 경제 방면에서는 '중국 모델'을 이야기하는데, 정치 방면의 '중국 모델'은 무엇인가? 그들이 타파하고자 하는 것은 서구식 민주주의이고, 보편 민주주의를 반대하는데, 그러나 이를 대체할 새로운 정치 모델은 아직 못 찾았습니다. 이렇게 말씀드려서 죄송하지만, 제 생각에는 홍콩이 중국 정치 부문에서의 리트머스 시험지가 아닌가 합니다. 예컨대 중국이 이번 홍콩사태에 대한 대처가 실패할 경우 어떻게 될까요? 과연 홍콩인들의 요구에 어떻게 대응해 자신의 정치적 공간을 만들어 낼 수 있을까요? 중국 내부에도 많은 정치적 요구가 있는데, 현재 중국의 연방주의 하에서는 이를 수렴해서 해결할 실질적인 경로도 제도도 없기 때문에 홍콩에서의 이런 대응사례가 중국 정부의 입장에서는 꽤나 중요할 것입니다.

웡익모 저는 잘 이해하지 못 하겠습니다. 홍콩에 대해서는 중국이 우리의 사고방식을 잘 이해하지 못하는 것이라고 생각하고 있습니다. 중국이 국내 문제를 어떻게 하느냐에 따라서 우리가 직접 영향을 끼칠 정도는 아니지 않나, 또 홍콩의 민주화 과정을 받아들이는지 여부도 중국에 물어야지 홍콩에 물어볼 것은 아니라고 봅니다. 우리는 홍콩의 요구를 줄곧 대표해 왔지만, 캐리 람 행정부가 중국 중앙정부에 가서 무슨 말을 하는지 알 방법이 없을 뿐 아니라 그들 정부 사람들이 홍콩 시민을 대표하는 대표성도 아예 없기 때문에, 그들의 불투명하고 대표성이 없는 말들은 결국 대화가 없는 것과 마찬가지입니다. 우리가 돌려받은 것은 중국 중앙정부의 진압과 탄압뿐입니다. 그래서 우리가 말하는 것을 그들이 어떻게 받아들일지에 대해 말할 수가 없는 것입니다.

3. 보통선거 요구와 국제연대

백원담 현실은 그렇지요. 이 문제는 너무 복잡한 문제라 짧은 시간에 논의하기는 어려울 것 같습니다. 다음으로 이번 싸움의 구체적 과정에 대한 이야기를 나눠보지요. 지금 투쟁은 차선책을 위한 것이라고 할 수 있는데 이를테면 홍콩민들의 입장을 대변할 수 있는 정당은 없지만 절차적으로 입법회에 진출하여 그 내부에서 동력을 만들어내는 전략을 채택하신 것으로 보입니다.

웡익모 이번 항쟁의 주요 목표는 송환법반대입니다. 그것을 토대로 요구사항의 변화를 짚어보겠습니다. 처음에는 송환법반대를 통해 캐리 람(林鄭月娥) 장관의 퇴진을 요구했습니다. 지난 2년 동안 람 장관은 너무나도 엉망이었는데, 이전보다 더 못했습니다. 우리 시민사회의 동력을 무시한 나머지 시간이 갈수록 원하는 대로 다 하려 했어요. 렁춘잉(梁振英) 장관 시대보다도 더 엉망인 것들이 통과되었지요. 그래서 송환법반대만 주장하다가, 람 장관의 횡포도 워낙 극심하고, 영향이 컸기 때문에 퇴진을 주장하게 된 것입니다. 우리는 3차 시위 이후 13만 명이 길에 나섰는데 그날 밤 캐리 람 장관이 직접 법안 2차 심사를 그대로 진행하겠다고 발표하여 사람들의 분노를 자극했습니다. 그리고 그날 입법회에서 2차 심사를 할 때 많은 젊은 시민들이 입법회를 포위했지만 경찰에 진압을 당했습니다. 무력진압이 매우 강경했지요. 그러나 시민들은 평화로운 시위를 했고, 우리도 입법 과정에 참여하기 위해 신청도 했었습니다. 하지만 경찰은 시위대의 머리를 향해 고무탄을 쏘아댔고, 몇 사람은 얼굴에 탄환이 스쳐 크게 상처를 입기도 했지요. 사람들에게 발사하기도 하고, 150발의 최루탄을 쏘았다고 발표했는데, 그것은 하늘을 향해 쏜 것이 아니라 사람들에게 직접 사격한 것이었습니다. 그때 우리는 정말 악의를 느꼈습니다. 패닉상태에 빠진 상황에 사람이 죽기까지 해서, 엄청난 분노를 느끼지 않을 수 없었습니다. 이 일이 발생한 후 세 가지 요구가 더 생겼지요. 경찰권 남용에 대해 철저히 수사하는 문제입니다. 그들은 견장의 경찰번호를 다 회수하여 누가 누구인지 알지 못하게 하고 책임을 물을 수 없게 했습니다. 홍콩 시민의 입장에서는 경찰이 때리더라도 고소할 방법이 없게 만들어버린 것입니다. 그들이 고소를 못하게 만들어버리고, 우리더러 폭력적이라고 하지만, 우리가 본 것은 경찰의 폭동입니다. 그런데도 그들은 우리가 폭동을 일으켰다고 하고, 공개적으로 우리를 폭동이라고 비난하고 있습니다. 우리는 그들이 물러서기를 바랍니다. 다섯 번째로 시위 중 체포된 사람들에 대한 모든 기소를 취하할 것을 촉구했습니다. 폭동죄는 10년형 구형까지 가능한데, 우리는 모든 죄목을 취하하길 촉구합니다.

우리의 운동이 발전되는 과정에서 기회가 한 번 있었는데, 'G20 프리 홍콩 대회'가 그것입니다. 우리는 국제 사회에 의사를 전달하고 우리의 문제들을 한층 더 높은 수준의 국면으로 끌어올릴 필요가 있습니다. 바로 홍콩 자유의 문제인데, '우리는 민주화를 원한다'는 것입니다. 당시 몇몇 젊은이들은 '지금 민주화를 이야기하면 체포당한 사람들을 너무 무시하는 것 아닌가'라고도 했었지요. 하지만 며칠 지나 7월 1일 시위가 있던 그날 저녁, 입법회를 점거한 후, 마지막에 모두들 동의하는 성명서의 초안을 낭독했습니다. 그 다섯번 째 항목은 캐리 람 장관의 퇴진과 행정장관 및 입법회의 보통선거였습니다. 우리는 젊은이들도 우리의 주장을 인정했다는 걸 알게 되었습니다. 사실 가장 근본적인 문제는 보통선거의 문제입니다. 우리는 이 운동의 전반에 걸쳐 공통의 인식을 가지게 되었고, 송환법이라는 정치적 문제를 보통선거 문제로 승격시킨 것입니다. 이것이 우리 운동 중에서 가장 중요하면서 줄곧 주장했던 요구사항입니다. 장관 퇴진 이외에 진정한 보통선거를 실현하고자 하는 것입니다. 그렇지 않다면 장관이 퇴진하더라도 전 장관과 유사한 다른 사람이 오거나 더 못한 사람이 올 수도 있으므로 송환법반대운동 속에서 지속적으로 보통선거 문제를 제기하는 것입니다.

좀전에 말씀하셨던 것이 '보통선거 방식을 통해 의원의 대표성을 얻는다'라는 것이었던 것 같네요. 홍콩의 많은 문제 중에서 입법회는 민생문제와 직결되어 있는데 그 구성에 문제가 큽니다. 한 예로 입법회에 들어가있는 홍콩의 어용 노동자연합 직능대표, 자칭 공회(工會)는 노동자들을 팔아 넘깁니다. 노동자들의 최저 노동시간과 최고 노동시간 의제에 대해 단체로 불참하고 투표도 하지 않고 통과시키지도 않지요. 쟁의를 해야 하는 사안도 그들은 투표도 필요 없고, 회의에서 논의할 필요도 없다고 여기기도 하고, 그냥 자버리기까지 합니다. 인터넷에서 일부 의원이 (입법회에서) 오래도록 자는 것을 찾아볼 수도 있습니다. 입법회 내에서 그들의 역할은 매우 작습니다. 근래에는 여섯 의원의 자격을 박탈하면서 (입법원은) 더욱 하고 싶은 대로 할 수 있게 되었지요. 우리 측 인원은 적어졌고, 표결권행사도 약화된 것입니다. 이는 매우 중요한 문제입니다. 홍콩 의회는 원래 지역구 35석, 간선제 직능대표 35석 합쳐서 70석으로 구성되지요. 노동자 직능대표들에 대해서 우리는 손 쓸 수가 없습니다. 노동자 직능대표의 이런 행위를 취소시키는 것이 우리의 먼 바람입니다. 우리는 전면적인 직선제를 원하는데, 이는 직접 선거를 하는 35석에 대해 줄곧 55% 대 45%로 의견이 갈려 왔기 때문이며, 직선에서는 우리가 55%의 득표율을 올릴 수 있기 때문이지요. 그러나 우리가 의회 안에서 얻을 수 있는 비율은 최대 29대 40(나머지 하나는 중립)입니다. 득표할 수 있는 실제 비율이 저렇게 높으니 홍콩인은 당연히 민주화를 원할 수밖에 없는 것이지요. 게다가 우리 민주파는 저들처럼 의회 폭력으로 직접 통과를 시키거나, 토론도 없고 의견 교환도 안 하거나, 그들이 원하는 것을 100% 실현시키려 의견을 수렴하지 않고, 노동자들에게 단체 협상권도 주지 않는 모습과는 다르지 않습니까. 그래서 우리가 근본적으로 해결해야 할 문제는 민주화뿐인 것입니다. 민주화를 통해 그들이 우리 목소리를 들을 수 있고, 그렇지 않으면 의견 수렴이 아예 없으니, 이렇게 강하게 민주화를 요구하는 것입니다.

4. 다중대표성과 정치화

백원담 지금 2백만 명이 시위에 참여했지만, 폭력이 지속되니 참가자가 줄어 문제가 되고 있습니다. 이런 상황에서 요구사항들을 어떻게 해결할 수 있을까요? 말씀하셨던 45대 55 또는 29대 40은 사실상 입법원에 의원으로 들어가서 가능할 수 있는 아주 구체적인 방안으로 나온 것입니다만, 지도부가 따로 없이 전개되는 상황에서 2백만 명이 감소세로 돌아섰을 때, 국가폭력이나 최근 친중파와 반중파의 대립구도로 몰아가며 백색테러를 자행하는 등 긴급한 사안들이 발생했을 때, 어떻게 대응이 가능한지요.

윙익모 홍콩의 항쟁은 참 특별합니다. 2014년부터 지금까지, 그때에는 이른바 '큰 무대'라는 것이 있었는데 바로 지도부였고, 우리는 가장 먼저 시위를 조직했던 사람일 뿐이었습니다. 물론 우리도 민주파 의원들과 강한 연대를 하고 있었고, 우리 구성 단체 중에도 정당이 있었습니다. 우리 사이에서도 많은 토론이 있었지요. 어떤 젊은이들과의 토론은 그들끼리의 토론도 특별했는데, 인터넷으로 많은 논의를 했지만 늘 같은 방식은 아니었습니다. 그리고 당시에 보통선거는 쟁론거리가 아니었습니다. 주로 어떻게 행동할 것이며, 어떻게 사람들을 동원할지에 대해 논쟁이 이루어졌지요. 홍콩의 많은 의제들은 우리가 충분히 홍보했기 때문에 사람들은 기본적으로 이것들에 대해 알 수 있었고, 토론하게 되었습니다. 가령 격한 반대 의견이 여러 통로에서 들어오면 문제의 소재를 다시 살펴보기도 했습니다. 그래서 점차 직접적인 지도부가 없게 된 것이며, 우리도 이런 형태로 조직되게 된 것입니다. 많은 젊은이들이 자신이 다른 사람의 대표가 되기를 원하지 않는다는 것을 발견했기 때문입니다. 입법회에 대표가 있듯이 어느 부분에서는 대표가 있을 수도 있습니다. 하지만 젊은이들은 자신의 목소리를 스스로 내기 원하는 것 같습니다. 그래서 우리도 이런 방식으로 계속 진행되는 것을 받아들이기로 했고, 결국 민주화는 모두가 바라는 바를 존중하는 것이므로 우리의 항쟁은 이런 모양으로 잠시 두기로 했습니다. 그러나 후에 인원이 적어지고 2백만 명이 되지 않게 되었는데, 사실 계속해서 2백만 명이 올 것으로 생각하지도 않았습니다. 운동이라는 것이, 지속되면 절대적으로 피로감이 오기 마련이고, 모든 사람이 다 여유가 있어서 나오는 것이 아니라 많은 사람은 생활에서 어려움이 있기도 하고, 어떤 사람은 계속 일을 해야 하고, 또 이곳 저곳 멀리서 비행기를 타고 날아온 경우일 수도 있는 등 여러 다른 원인이 있을 것입니다.

예전에도 그랬지요. 2014년부터 참가 인원이 계속 감소했지만 이 운동을 계속 지속했더니 올해 인원수가 회복되었으며, 이전의 50만 명에서 네 배로 늘어나 2백만이 되었습니다. 이것은 시민들이 이 운동을 지지해준다는 것을 믿은 것이지만, 지지해준다는 것이 매번 나와서 시위에 참여한다는 걸 보장하는 것은 아닐 것이고, 매번 나오면 지치게 마련이지요. 하지만 아주 특별한 것은, 이렇게 밀도 높은 항쟁은 없었다는 것입니다. 3월부터 시작해서, 4월과 6월에 두 차례, 7월에 또 한 번 항쟁이 일어났습니다. 이것은 모두 우리가 주도한 시위입니다. 그 외에 성서이

(上水), 샤틴(沙田), 몽콕(旺角) 등지에서 다른 민간단체가 많은 집회를 한 것이나, 어머니들이 경찰들에게 '우리는 어머니다, 네놈들이 우리를 때려서 끌어내리면 또 다른 여러 방식을 공유할 것이고, 혹은 강도 같은 짓을 한 것도 퍼뜨릴 것이다.'라고 말하는 집회 등도 있었습니다. 따라서 이제는 한 번 시위에 얼마나 많은 사람이 나왔는지보다 우리가 이 운동을 지속하는지, 전체적인 기세를 보아야 할 것이고, 적어도 이 시기 동안에 많은 사람이 계속해서 우리를 주목하고 있다는 것을 믿는 것이 중요합니다.

백원담 동감입니다. 2백만 명이 한번 동행의 경험을 했으면 그 경험이 내재되어 언젠가 또 다른 형태로 함께 뜻을 세우고 나아가는 것이 가능하지요. 지금은 곳곳에서 각기 이해관계를 사회적 문제와 결합해서 해결해가고자 시위에 나선 그 자체 기운이 굉장히 중요한 시점입니다. 다만 우산운동 당시에는 이동식 민주교실이라는 것이 있었는데 이번에는 보이지 않네요. 민주교실은 서로의 문제를 공유하는 하나의 형식 또는 플랫폼으로, 그것을 통해 서로의 상태를 가늠하기도 하고 문제인식을 보다 심화시키는 과정이 매우 경이로왔던 기억이 납니다. 지금 그것이 분화되는 동시에 다시 수렴되는 구조를 위한 장치가 필요해 보이는데 어떻습니까. 그런 소통구조는 주로 뉴미디어에 맡겨져 있는 것으로 보이는데요.

웡익모 우리가 상호 소통하는 공간은 아주 많습니다. 특히 인터넷에서의 토론은 매우 활발하지요. 오프라인에서도 모두들 각자의 방식으로 마주치며, 또 다른 소통이 이루어지고 있습니다. 따라서 이런 방면에서는 걱정을 하지 않지요. 우리 운동을 집중된 것에서 분산형으로 바꾸어 나가는 것 또한 목표인데, 각기 다른 곳으로 분산되면, 참여해 보지 못한 사람들도 주목하게 될 수 있기 때문입니다. 심지어 지역별 교육방식도 있고, 구의원도 있고, 구의회도 있어서, 경찰의 폭력 영상 같은 것들을 지역 커뮤니티 내에서 함께 보도록 틀 수도 있습니다. 다양한 각종 홍보 정책이나 강좌도 좋고, 전단지를 살포하는 등의 방법으로 이 운동이 각 구역에 전파되길 바라며, 집중지역 이외에 분산된 지역에서도 서서히 행동해나가는 이런 왕래의 방식만이 홍콩 전체를 움직이게 할 수 있으리라고 봅니다. 그렇지 않고 홍콩섬에만 집중되면, 어떤 사람은 거리가 멀어서 왜 매년 홍콩섬에서만 일이 발생하고, 그가 사는 곳에서는 일어나지 않는지 이해하지 못할 것입니다. 우리는 정치문제만이 아니라 민생문제도 매우 중요하다고 생각합니다. 우리는 사람들에게 우리가 하는 사회운동이 선거나 득표만을 위한 것이 아니라는 것을 알리고자 합니다. 어떤 사람들은 우리가 의원이 되어 높은 급여를 받거나 권력을 얻고자 한다고 생각하지만, 절대 그런 식의 운동이 아닙니다. 의원이 되는 사람들은 민생 문제에 굉장한 관심을 가지고 있지요. 어쨌든 우리는 전체 시민사회가 다시금 움직이게 하고자 하고, 그런 움직임이 일어나길 희망합니다.

5. 홍콩과 중국, 중국과 홍콩

백원담 지금 중국에는 노동운동 탄압 등 문제가 큽니다. 중국의 노동운동은 원래 홍콩의 지원이 여러모로 있었지만, 중국의 젊은이들이 이런 문제에 대해 어떻게 인식을 공유할 것인가 또한 중요한 것 같습니다. 지금은 중국정부의 강력한 탄압으로 노동운동의 연대가 어려워진 상태이고, 대다수 중국민들 특히 젊은 층의 경우 발전주의에 침윤되어 국가주의에 함몰되거나 일종의 특권주의도 만연한 상태입니다. 그런 점에서 조금 시야를 확장해본다면 이번 사태의 구도가 조금 바뀌는 양상이 포착됩니다. 요컨대 홍콩민 대 중국민의 대립구도가 중첩되고 확산되고 있는 양상입니다. 최근 경계를 넘나드는 중국의 보따리장수(反水貨) 문제가 불거졌는데, 이번 항쟁에서 반중국 문제가 다양한 이동과 이주상태에 있는 중국민에 대한 혐오의 정치로 전화되는 문제에 대해서는 어떻게 보시는지요. 이번 싸움이 처음 시작할 때는 정치문제, 즉 송환반대라는 문제였는데, 최근에 홍콩에서 중국으로의 수화물 운송, 구매대행 반대 문제가 등장한 점을 어떻게 보시는지요? 한편 현재 중국의 진보적 청년들과는 어떤 교류가 이루어지고 있는지요?

웡익모 이런 문제는 매우 조심스러운데 분명한 것은 우리와 중국 민간사회 간의 교류가 많지는 않다는 점입니다. 정말 교류가 거의 없지만 홍콩 변호사 단체는 중국 쪽 일을 계속 해왔을 수 있습니다. 그러나 홍콩 전체를 두고 보면 교류가 결코 많다고 볼 수는 없습니다. 왜 이리 많은 사람이 송환법반대를 외치느냐, 그것은 홍콩인의 생활이 너무나도 힘들다는 문제가 줄곧 제기되었지만 정부는 줄곧 무시해왔기 때문입니다. 그래서 이번이 아마도 반격의 기회가 된 것일 수 있겠습니다. 그리고 민간차원에서 대립구도가 커졌다는 것은 접촉면이 넓어지면서 일어나는 문제가 아닌가 합니다. 성서이 지역의 수화물 문제 등은 송환반대에서 의제가 거기까지 확장되었다고 보기보다는 이런 문제는 줄곧 존재했고, 줄곧 요구되어 온 것입니다. 많은 부분 개선을 희망했지만, 직접적 응답을 받지 못했고 홍콩 시민들로 하여금 항의하게 만든 것이지요. 어째서 2백만 넘는 사람이, 무엇 때문에 도시 인구의 4분의 1 이상이 거리에 나와 항의를 하는가? 이 도시 자체가 병들었다고 생각되지는 않나요? 그래서 절대로 우리 운동의 주축이 이런 문제 쪽으로 옮겨졌다고 할 수는 없고,

많은 사람이 아주 잘 알다시피 문제는 훨씬 산적해있었는데 마침 성서이에서 그 문제가 두드러진 것일 뿐입니다.

백원담 어제부터 이야기를 들으면서 알게 된 것은 정치 방면에서 이번 항쟁이 대다수 홍콩민의 생활 차원에서 삶의 문제, 생존의 문제가 매우 큰 요인으로 작동했다는 것입니다. 민주/독재의 구도로 문제를 파악하는 것에 대해서는 좀더 심도있는 논의가 필요하지만, 반환 이후 삶의 질 자체가 계속 저하되고 생존문제들이 대두되면서 정치문제로 전화된 것임을 이해하게 된 것입니다.

김미란 언어 측면에서 문제는 어떤지요? 홍콩의 국어가 파괴되고 있는 등 침탈상황이 굉장히 직접적이고 분명한 것 같습니다. 우선 초등학교 교육과정에서 만다린으로 수업을 해야 하고, 최근 대륙에서 홍콩으로 오는 신(新) 이민 초등학생들은 광둥어를 전혀 배우지 않고 자기들의 푸퉁화(普通話)만 사용한다고 하는데, 이에 대해 홍콩 사람들 입장에서는 뭐라 할 수 없는 상황일 것입니다.

김미란

웡익모 사실 언어 측면에서 문자나 어휘가 달라졌다는 것이 가장 직접적으로 눈에 띄는 부분입니다. 표준중국어를 쓰라는 압박도 강한데, 내가 만다린을 할 줄 아는 것은 개인적인 문제인 것이고, 많은 홍콩인들은 만다린을 말할 줄 모릅니다. 그들에게 만다린, 곧 푸퉁화를 배우라고 압력을 가하는 것은 물론 국어와 문학 수업도 만다린으로 가르치라고 합니다. 언어는 물론 그 언어로 표현된 일반적인 것들도 배우라는 것이지요. 많은 지역에서 만다린으로 수업을 하고 광둥어로 공부하지 못하는 상황이지요. 홍콩으로 이주해 온 아이들의 경우 광둥어를 배운 적이 없기 때문에, 친구들과 만다린으로 대화를 하지요. 이 아이들의 시각은 다른 홍콩의 친구들이 '만다린을 할 줄 모르니까'라고 생각하는 것이니, 이는 그들이 이주해 온 것이 아니라 우리가 그쪽으로 이주한 셈이 됩니다. 여러 측면에서 이런 변화가 있는데, 이럴 때 우리가 침략당했다고 생각하는 게 당연하지요 누군가 우리 쪽으로 오면, 우리의 언어를 배워야 하는 것이지요. 누군가 한국에 가서 학교를 다니고 싶어하거나, 어린 나이에 이민을 가면 당연히 한국어를 배우는 게 맞지 않나요? 새로 이주해와서 우리의 자원도 사용하는데, 이런 상황에서는 언어 측면에서 아주 강하게 침략당했다고 느낄 수밖에 없지요. 특히나 제도적으로 침략당했다는 느낌입니다.

김미란 간체자 문제도 있지요. 중문 대학 일부에서는 새로 유학 온 분들이 간체자로 답안지 시험지 쓰는 것을 요구하고 조금씩 수용되는 추세라고 들었습니다

윙익모 저는 간체자를 잘 알아보지 못합니다. 점점 간체자를 허용하라는 요구가 많아지는데, 이 또한 강력한 침략이 아닐 수 없습니다. 내가 사는 동네나, 우리 어머니가 사시는 동네나 들어보면 다들 만다린으로 말을 합니다. 우리 집 경비원 같은 경우, 그들은 교대근무를 하는 데, 저

는 그들 중 누군가가 광둥어를 한마디도 못하고 목에 힘이나 주면서 사람들에게 만다린을 할 날이 올 것이라고 상상도 못했습니다. 제가 '못 알아 듣는다'며 광둥어로 말했더니 놀라면서 꿀 먹은 벙어리가 되더군요. 그는 광둥어를 한마디도 못했습니다. 정부가 앞장 서서, 동네마다 이런 식으로 시작하는 것입니다.

백원담 중국은 소수민족에 대해 자치구를 허용했지만 내용적으로는 흡수통합 형태의 통치를 해오고 있는 것이 사실입니다. 홍콩에서의 일국양제도 그런 식의 중국화 형태를 가져가는 것 같군요.

웡익모 티베트나 위구르 문제도 먼저 기찻길을 냈습니다. 경제발전을 위해 그랬다고 하는데, 그 다음에는 철길을 따라 사람이 들어가 그 지역이 중국화가 되어버리는 식입니다.

김미란 28시간 내에 군대가 거기까지 갈 수 있지요. 베이징에서 위구르까지. 기찻길이 난 이후로 감히 반항하지 못하게 된 상황입니다.

웡익모 현재 홍콩에는 중국인도 많고 신 이민자도 많습니다. 사실 끊임없이 옵니다. 매일 150명씩 오는데 우리가 제지할 수도 없습니다. 승인해 줄 권한도 없고, 중국은 우리에게 그런 권한을 주지도 않지요. 게다가 그중에 일반 사람들이 얼마나 되는지 아무도 모릅니다. 이렇게 몰려온 이후 문제는 투표에서 의원들이 각기 이해관계에 따라 문화적으로 달라지거나 배척받을 수도 있다는 것입니다. 그들이 우리 인구에 꽤 강렬한 영향을 끼칠 수도 있을 것입니다. 정말 중요한 전문 인재(專才) 문제도 있습니다. 그들은 홍콩에 와서 광둥어를 배우지 않고, 인식 또한 자신들은 중국인이고, 투자은행에 함께 하거나 자문 등 더 많은 중국인을 알아야 더 많은 자본을 얻을 수 있으니 증가추세에 있지요. 어떤 사람들은 영어는 할 줄 알겠지만, 그러나 영어를 할 줄 아는 것과 광둥어를 할 줄 아는 것은 아주 다른 문제이지요. 일상생활에서 영어를 중국어와 섞어 쓰는 식으로 교류하기도 합니다. 그들은 전에는 '홍콩에 자발적으로 오는 것도 좋다. 홍콩 생활이 절대적으로 중국 본토보다는 낫다'는 식으로 이야기 했었지만, 지금은 너무 비좁고, 오고 싶지 않다고 하기도 합니다. 홍콩에 오는 것은 결국 돈을 많이 벌 수 있기 때문인데, 이런 자발적 이주 방식 또한 우리 일자리를 뺏는 것입니다. 은행에서 일하는 홍콩인이 점차 감소추세입니다. 그래서 우리들의 주장은 이런 것들도 고려한, 관계있는 것들입니다. 세계화와 맞물려 그들이 홍콩으로 넘어오는 것을 막을 도리는 없습니다. 이건 정부정책이기도 한데, 이 정부는 우리의 정부도 아니고, 우리가 선출한 정부도 아니지요. 저들이 원하는 정부를 우리에게 주었으니, 우리 정부가 아닌 셈이지요. 줄곧 무력감만 느껴집니다.

6. 출로를 찾아서

백원담 정말 쉽지 않은 문제입니다. 싸움이 좀더 극단적인 국면으로 접어들면서 출구가 보이지 않습니다. 어떻게 해결국면으로 나아갈 수 있을까요?

윙익모 우리가 원하는 것은 보통선거입니다. 있는 힘을 다해 보통선거를 쟁취하고자 합니다. 보통선거가 있어야 최소한의 민주주의가 서는 것이니까요. 현재 직면하고 있는 많은 문제 중에 적어도 열 개 중 한두 개라도 해결할 수 있을지 모르겠지만 개선은 가능하리라 생각합니다. 이런 문제들은 '민주'가 있은 후에야 비로소 정부의 정책에 반영되길 바랄 수 있는 것이고, 정책을 수립할 때 권력자나 부자·상인·재벌 등에만 편파적이지 않고 민중의 소리를 듣기를 희망하는 차원의 문제들입니다.

백원담 보통선거, 정치적 권리는 이루어지고 나면 의석 등의 형태로 실현구조를 창출하는 것이 중요할 것입니다. 그리고 그것을 향해 가는 경로도 다양할 것입니다. 한국의 경우 촛불항쟁은 목표가 박근혜 정권 퇴진으로 아주 분명했지요. 그런데 홍콩은 보통선거라는 목표는 다각적 경로를 모색하겠지만 험로가 예상됩니다. 이 몇 달에 걸친 항쟁은 그런 방법들을 찾아가는 과정일 터인데, 이제 대다수 사람들의 삶의 문제가 좀더 다양한 지평에서 부각되고, 다양한 세대로부터 문제가 중층화되고 집중되는 것이 필요한 단계가 아닌가 합니다. 그 보편화된 요구들이 정치적으로 수렴되고 실질적 대표성을 가진 사람들이 해결주체로 나설 수 있는 민주적 제도장치 마련이 시급할 것입니다.

웡익모 사실 이 문제는 줄곧 하고 있는 일입니다. 매년 7월 1일 시위에 여러 단체가 거리에서 전단을 뿌리면서 수행을 하고 있지요. 저도 토지 관련 단체와 인연이 있어서 일을 도와준 적도 있고, 젠더문제나 환경보호운동에도 참여한 바 있습니다. 그런데 각 개인의 의제는 다르지만 기본적으로 의제의 대립은 잘 안 보입니다. 모두 소통을 잘하고 있고 서로 잘 이해하는 등 시민사회가 꽤 성장한 것 같습니다. 많은 의제에 대해 토론을 하면 결국은 '보통선거가 없다'라는 결론이 나지요. 입법회의 우리 측 의원들도 각기 소수민족이나 빈곤층 등 각자의, 지역구의 문제가 있고, 입법회 안에서 일을 하고 있지만, 반대표 때문에 요구가 해결되지 않습니다. 이런 문제가 반복되고 있는데, 그들은 의회 폭력의 방식으로 우리를 줄곧 대하고 있는 것입니다. 그리고 그들은 그들의 방식으로 거짓을 말하는데, 가장 큰 방송국이자 관영매체인 TVB를 이용해서 정부 측의 입장을 전달하고, 모든 보도에서 의도에 맞는 영상, 즉 시위자들이 잘못한 것 같은 부분만 편집하여 5초씩, 3초씩 내보내게 하고 전체적인 것은 절대 보도하지 못하게 합니다. 이것이 바로 홍콩이 직면한 오늘의 문제이지요. 따라서 어떤 의제에 대해 보통선거가 가능하다면 투표를 통해 사안을 통과시키는 것은 물론 정부가 그런 의제를 제기하려고 하지 않겠습니까.

백원담 각 지역의 많은 단체의 의견과 민간의 요구사항을 구의회가 무시한다고 하던데, 사실인가요?

윙익모 그 이상입니다. 지역적 의견은 일부이므로 의회는 비교적 민생 문제에 집중합니다. 그런데 문제가 있는 지역들은 이미 꽤 억압받는다는 것이 중요하지요. 찬성표를 던지지 않지요. 민생 문제를 돌아보지 않는 것입니다. 그들이 하고자 하는 것은 민간 요구에 대한 반대입니다. 조금 복잡한데, 그들도 재벌을 돕는다고 할까요. 그렇습니다. 홍콩은 현재 공산당을 제외하고라도 재벌이 주요 문제이지요. 그들은 재벌을 돕습니다. 홍콩 또는 중국의 자본가, 입법회나 정부도 그들을 돕습니다.

백원담 운동방식이 주로 매체를 활용하여 이루어지는데 그 점을 이야기해보지요. 주로 텔레그램으로 소통을 하는 방식인데 그것으로 저처럼 거대한 세력에 대항할 수 있을까요?

윙익모   그것이 우리가 줄곧 마주했던 어려움입니다. 몇 년 동안 이런 상태에 있었지요. 한국처럼 총에 맞아 죽고 그런 건 아니지만, 우리의 고통은 다른 층위에 존재합니다. 우리가 무력 투쟁을 했으면 인민해방군이 왔을 것입니다. 많은 젊은이들이 폭력을 사용하고 싶어하지만 위험한 생각입니다. 그러나 젊은이들의 그런 생각과 충동은 아주 강한 억압에서 온 것이라는 점을 인정합니다.

백원담   해바라기 운동이나 우산운동에서 실패했다고 하지만, 실제로 이러한 분출과정들은 우리가 촛불항쟁을 할 때 시사한 바가 큽니다. 마찬가지로 지금 홍콩운동의 어려움이라는 것에 대해 한국 사회가 아직 연결고리가 취약하지만 최근 한반도 평화프로세스의 교착이나 젊은 세대의 생존상태에서는 문제의 보편성이 있다는 점에서 어떤 식이든 새로운 관계 방식이 생겨야 하고 생길 것이라고 봅니다. 홍콩에서 또 개인미디어와 SNS 등 다양한 소통방식을 통해 탈경계적인 관계를 형성하고 지원과 연대를 요청하고 있고, 그것이 거대 미디어에 의해 취지와 양상이 왜곡되는 상황이 많이 발생하고 있지만 홍콩 사태가 폭압적 진압 등 극단으로 치닫고 있는 상황에 공동대응할 가능성은 계속 열려있을 것입니다. 홍콩의 문제제기는 매우 중요합니다. 중국 정부는 반드시 일국양제에 대해 잘 이행해야 할 것입니다. 7백만 중에 2백만이 들고 일어났는데 이에 강압적으로만 대응한다면 이후의 사태는 감당하기 힘들 것이라는 점을 분명하게 인식해야 합니다. 중국은 지금 일대일로(一帶一路)를 추동하고 있는데, 그 유라시아 경제협력네트워크는 6개의 경제회랑을 조성하여 경제적 통합구조를 만들어가고 있습니다. 그런데 홍콩사태가 폭력적으로 귀결된다면 해당 국가나 지역의 입장에서는 어떨까요? 홍콩사태는 홍콩만의 문제가 아니라 복합적 상호의존성속에 있는 아시아와 세계가 어떻게 다원평등한 공존관계로 새로운 세계를 구성해갈 것인가 하는 세계사적 전환의 시점에서 매우 중대한 시험대가 되고 있습니다. 홍콩의 경험은 중국이 다른 여타 국가·사회와 관계를 형성하는 데 있어서 중국에 대한 경제의존도가 커지면 커질수록 중대한 사태가 야기될 수 있다는 점을 엄중하게 경고하고 있습니다. 또한 중국 자체로도 일국양제의 성공 여부는 매우 중차대한 문제입니다. 타이완과의 관계도 그렇고, 2049년 하나의 중국으로 가는 길은 살얼음을 밟듯이 도처의 삶들, 마음들을 끌어안을 때만이 가능할 것입니다. 따라서 그 현대화강국 건설의 꿈은 과연 누구의 꿈인가를 치열하게 점검해야 합니다.

어려움을 무릅쓰고 한국에 오셨는데, 이틀동안의 강연과 대담 등이 선생님과 홍콩민들에게 어떤 의미로 다가왔는지 모르겠습니다.

윙익모 한국에서 여러분들과 이야기를 나눌 수 있어서 상당히 기쁘고 영광스러웠습니다. 여기 오기 전에 한국과 홍콩 사이에 많은 부분에서 교류할 것이 있거나, 혹은 비슷한 문제가 있을 것이라고 생각했습니다. 예를 들어 민주화 과정이라거나, 물리적 거리도 중국과 가깝기도 하고, 북한도 있고, 미중 사이에 끼어 있기도 하며, 혹은 경찰의 폭력이나 군대 문제 등 함께 소통할 부분이 많은 것 같습니다. 그런데 막상 와서 보니 이틀이라는 시간은 너무 짧군요. 그저 저를 초대해주시고, 한국인에게 홍콩의 최근 상황을 알릴 수 있게 된 것을 영광스럽게 생각합니다. 특히 이 방면을 연구하는 분들이 간과할 수 있는 부분에 대해 함께 논의할 수 있어서 다행인 것 같습니다. 무엇보다 우리 매체에서 보도하지 않은 많은 것들, 아무도 모르는 것들에 대해 여러분들이 마침내 마주하게 되고 우리가 비로소 답할 수 있게 되었습니다. 이런 방식은 중요하고, 홍콩에 있어서도 꽤 중요합니다. 방금 전 선생님께서 표정으로 말씀하셨는데, 홍콩의 문제들은 이처럼 많지만, 홍콩의 이런 모습을 제대로 봐준 사람은 많지 않았습니다. 여러 각도에서 우리의 모습을 종합해서 보아야 하는데, 우리가 이야기한 것은 생생한 경험이고, 또한 저는 여러분이 이런 것을 이야기하도록 이끌어 줄지도 몰랐기 때문에 이 자리에 불러서 이런 이야기를 나눌 수 있게 해준 것에 대해 정말 감사합니다.

백원담 다시 한번 우리에게 홍콩 사태를 다시 바라볼 수 있는 생생하고 진중한 이야기를 들려주셔서 고맙습니다. 건투를 빕니다.

이 대담은 홍콩의 범죄인중국송환법반대 투쟁의 초동단계에서 이루어졌다. 따라서 이후 폭력대치상황이 급격화되는 과정에 대해서는 다루지 않고 있다. 이후 홍콩사태는 주도세력에 있어서 초기에는 민간인권전선이 상대적으로 대표성을 띠고 그야말로 소집권을 행사했지만 이후 젊은 층(본토파)에 의한 무력충돌이 본격화되면서 청소년층의 등장이 두드러지는 가운데 민간인권전선의 활동은 주로 국제적으로 홍콩사태의 진상을 알리고 국제연대를 조직하는 다양한 활동을 전개하고 있는 것으로 파악된다. 따라서 이 좌담 이후의 상황, 특히 10월 1일 국경절 즈음부터 정치투쟁이 격화된 홍콩 시민불복종운동의 정황과 의미는 이 책에 실린 비평글 장정아, 「모든 것이 정치다: 2019년 홍콩 시위의 기억과 유산」글을 참조하기 바란다. 이 대담은 주로 50개 단체가 포괄되어 있는 민간인권전선의 활동을 중심으로 홍콩사태에 접근한다. 그리고 홍콩사태는 지도부가 없이 누구나 대표이고 다양한 참여양식을 갖는다는 점에서 이 대담 또한 웡익모씨 개인의 입장이 투영되어 있다는 점을 주지하는 바이다.

출처

머리말 새로운 동행(同行)을 위하여(백원담)

계간『황해문화』2016년 가을호(92호)에 특집 '중국과 비(非)중국'을 기획하며 권두언 게재

제1장 '이 폐허를 응시하라' 홍콩 우산혁명과 그 이후의 갈등이 드러낸 것(장정아)

계간『황해문화』2016년 가을호, 통권 92호 게재

제2장 타이완 정부의 '비중국 요인' 조절과
양대국 사이의 '신남향 정책'(천신싱/연광석)

계간『황해문화』2016년 가을호, 통권 92호 게재

제3장 홍콩 본토파와 '메뚜기론':
신세기의 우익 포퓰리즘(베리 사우트먼·옌하이퉁/연광석)

계간『황해문화』2016년 가을호, 통권 92호 게재

제4장 탈냉전의 사상과제로서 일국양제(백지운)

계간『황해문화』2016년 가을호, 통권 92호 게재(원제: 중국은 어떤 국가가 될 것인가: 타이완 홍콩 문제를 보는 한 가지 시각)

제5장 홍콩을 직면하다: 대중운동의 민주화 요구와 정당정치 '잔중(佔中)'과 '잔중(佔鐘)':
'홍콩 사회 '운동의 형성'과 '거대사건'의 형성(샹뱌오/박석진)

원문 전문(全文) 번역문으로 축약문은 『역사비평』2019년 가을호 게재
2019년 『참세상』, 『레디앙』, 『동아시아국제연대』에 공동 게재
대만 학술지 『고고인류학(考古人類學刊)』 2015년 제83기

제6장 모든 것이 정치다: 2019년 홍콩 시위의 기억과 유산

계간 『황해문화』 2019년 겨울호, 통권 105호 게재.

제7장 불가능의 자리가 품은 가능성: 국가안전법 이후의 홍콩

기존에 게재된 적 없음.

제8장 타이완과 홍콩 그리고 사상의 일대일로(백원담·천광싱)

계간 『황해문화』 2016년 여름호, 통권 92호 게재

제9장 홍콩은 우리 한복판에도 있다(백원담·웡익모)

계간 『황해문화』 2019년 여름호, 통권 105호 게재